Redescubre el Catolicismo

MATTHEW KELLY

Beacon
PUBLISHING

REDESCUBRE EL CATOLICISMO

Segunda Edición corregida y aumentada
Copyright © 2010 Beacon Publishing

Primera Edición publicada como *Rediscovering Catholicism*.
Copyright © 2002 Beacon Publishing

Library of Congress Cataloging-in Publication Data.

Traducción de la Segunda Edición en Inglés, *Rediscover Catholicism*.
Traducido por Christian E. Silva.

Kelly, Matthew

Rediscover Catholicism / Matthew Kelly, - Second Edition

ISBN 978-1-937509-20-0 (cloth.)

1.Religion.   2. Catholicism   3. Spirituality

4. Kelly, Matthew.

I Title.

If there are any questions about the author's meaning, particularly of a theological nature, please consult the original English language edition.

Cover and interior design: Faceout Studio

Otras Obras de Matthew Kelly:

The Rhythm of Life
The Seven Levels of Intimacy
Perfectly Yourself
Building Better Families
The Book of Courage
A Call to Joy
Mustard Seeds
The Dream Manager
The Shepherd
The One Thing
Off Balance
and
Why am I Here? (a children's book)

Contenido

• CUARTA PARTE •
Ahora es Nuestro Tiempo

La iglesia (como muchas otras cosas en la vida) no es algo que heredamos de generaciones pasadas o que nos llega de nuestros predecesores, pues es algo confiado a nosotros en calidad de préstamo para las futuras generaciones.

Prólogo

Imagínate.

Estás conduciendo tu auto a casa un lunes luego de un largo día de trabajo. Enciendes la radio y escuchas una corta información sobre un pueblo muy pequeño en la India, donde varias personas han fallecido repentinamente, de una extraña gripe jamás antes vista. No es influenza, pero ya cuatro personas han muerto. El Centro de Control de Enfermedades ha enviado algunos doctores al lugar para investigar

No le prestas mucha atención a la noticia—la gente muere todos los días—pero el domingo siguiente, regresando de la iglesia vuelves a escuchar un reporte en la radio. Solo que ahora no son cuatro personas las que han muerto sino treinta mil, en las montañas de la India. Pueblos enteros han sido arrasados y los científicos confirman que esta es una variante de gripe nunca antes observada.

Para cuando te levantas el lunes por la mañana, la noticia ya está en las primeras páginas de los diarios. La enfermedad se está esparciendo rápidamente. Ya no es solo la India el país afectado. Ahora, el virus ha llegado a Pakistán, Afganistán, Irán, Iraq y África del Norte. Pero todavía parece lejana. Cuando te das cuenta, la noticia ya está en todas partes. Los medios de comunicación la han denominado «La gripe misteriosa». El presidente ha anunciado que él y su familia están rezando por las víctimas y sus familias y que espera que la situación se resuelva pronto. Pero todos se preguntan si esta pandemia podrá ser detenida.

El presidente francés hace un anuncio impactante: Ha ordenado cerrar las fronteras francesas. Nadie puede entrar al país y mientras miras el noticiero de CNN antes de acostarte, te sorprendes al escuchar a una mujer sollozando en la televisión, cuyas declaraciones son traducidas del francés al español: Hay un hombre muriendo en un hospital de París a causa de la misteriosa gripe. Ha llegado a Europa.

Es entonces cuando cunde el pánico en el mundo. La poca información disponible indica que una persona, luego de contraer la enfermedad, es portadora durante una semana sin saberlo Luego, sufre cuatro días de horribles síntomas hasta que le sobreviene la muerte.

Inglaterra cierra sus fronteras, pero es demasiado tarde. La enfermedad aparece en Southampton, Liverpool y Londres y el martes por la mañana, el Presidente de los Estados Unidos hace el siguiente anuncio: «Debido a un riesgo de seguridad nacional, todos los vuelos desde y hacia los Estados Unidos han sido cancelados. Si usted tiene seres queridos fuera de las fronteras, lo siento mucho. No podrán venir a casa hasta que encontremos la cura para esta horrible enfermedad».

En cuatro días, el miedo ha cubierto los Estados Unidos. La gente se pregunta, *¿Y si la enfermedad llega a nuestro país?* Predicadores en la televisión están diciendo que es la ira de Dios. Luego, el jueves por la noche, durante una reunión de estudio bíblico en una iglesia, alguien entra corriendo desde el estacionamiento, gritando, « ¡prendan la radio!» Y mientras todos escuchan el pequeño aparato transmisor, se escucha el anuncio: Dos mujeres han muerto en Nueva York, debido a la gripe misteriosa. El virus ha llegado a los Estados Unidos.

En pocas horas, la enfermedad envuelve al país. Los científicos trabajan contra reloj tratando de encontrar un antídoto, pero nada funciona. La enfermedad ha alcanzado California, Oregon, Arizona, Massachusetts. Es como si estuviera barriendo el territorio americano desde las fronteras.

De repente, viene la noticia esperada: Se ha descifrado el código genético del virus. Se puede hacer una vacuna. Pero se necesitará la sangre de alguien que no haya sido infectado. En el país entero se corre la voz para que todos acudan al hospital más cercano para que se les practique un examen de sangre. Cuando las sirenas suenen por tu barrio, deberás acudir rápido y en silencio al hospital.

Cuando tu familia y tú llegan al hospital, es viernes por la noche. Hay largas colas de gente y una constante agitación de doctores y enfermeras tomando muestras de sangre y etiquetándolas. Finalmente, es tu turno. Entras primero tú, después tu esposa y les siguen los niños y una vez que los doctores han extraído su sangre les dicen, «Esperen en el estacionamiento hasta que los llamen» Te sientas junto con tu familia y vecinos, asustados, esperando. En silencio, preguntándote en tu interior, *¿Qué está sucediendo? ¿Será el fin del mundo? ¿Cómo llegamos a esto?*

Nadie ha sido llamado aún; los doctores se limitan a seguir extrayendo la sangre de la gente. Pero de pronto un joven médico sale corriendo del hospital, gritando. Gritando un nombre y agitando un formulario de registro. Al principio no lo escuchas. «¿Qué dice?» pregunta alguien. El joven grita el nombre otra vez mientras un equipo médico corre hacia ti, pero sigues sin poder escuchar lo que dicen. De pronto tu hijo te agarra la chaqueta y dice, «Papi, están diciendo mi nombre». Antes que puedas reaccionar se están llevando a tu hijo y gritas. «Esperen. ¡Un momento!» les dices, corriendo tras ellos. « ¡Ese es mi hijo!«

«No se preocupe» contestan. «Creemos que él tiene el tipo de sangre adecuado. Solo necesitamos hacer una prueba más para asegurarnos que no tiene el virus».

Después de cinco largos minutos, regresan los doctores y enfermeras, llorando y abrazándose entre ellos; algunos hasta riendo. Es la primera vez que ves a alguien sonreír en semanas. El doctor de mayor edad se les acerca a ti y a tu esposa y les dice, «Gracias. La sangre de su hijo es perfecta. Está limpia, está pura, no tiene la enfermedad y podemos utilizarla para hacer la vacuna».

La noticia corre por todo el parqueadero del hospital. La gente grita y llora de felicidad. Mientras escuchas a la multitud festejar alborozada, el médico de cabello grisáceo los llama a ti y a tu esposa y les dice, «Quiero hablar con ustedes. No pensábamos que el donante sería un niño y ... necesitamos que nos firmen una autorización para usar su sangre».

El doctor te entrega el documento y rápidamente empiezas a firmarlo cuando te percatas de algo. El campo para el número de unidades de sangre está vacío.

« ¿Cuántas unidades?» preguntas. En ese momento la sonrisa del doctor desaparece y contesta, «No pensábamos que sería un niño. No estábamos preparados para este caso».

«¿Cuántas unidades?», vuelves a preguntar. El doctor aparta la mirada y dice amargamente, «¡La necesitamos toda!»

«No entiendo. ¿Qué quiere decir con que la necesitan toda? «¡Él es mi único hijo!»

El doctor te toma de los hombros, te acerca, te mira directo a los ojos y dice, «Usted no entiende, estamos hablando de la cura para todo el mundo. Por favor, firme la autorización, la necesitamos toda».

Tu preguntas, «¿Pero no pueden hacerle una transfusión?»

«Si tuviéramos sangre limpia lo haríamos, pero no la tenemos. Por favor, firme la autorización».

¿Qué harías?

En un silencio y sin poder sentir los dedos que sostienen el bolígrafo en la mano, firmas porque sabes que es lo único que puedes hacer. El doctor te pregunta, «¿le gustaría tener un momento a solas con su hijo antes de que empecemos?»

Podrías entrar a la habitación del hospital donde tienen a tu hijo en una camilla diciendo «¿Papi? ¿Mami? ¿Qué pasa?» ¿Le dirías que lo amas? Y cuando los doctores y enfermeras vuelvan a entrar y te digan, «Lo siento, tenemos que empezar; la gente se está muriendo en todo el mundo», ¿te irías? ¿Dejarías la sala mientras tu hijo llorando te dice «¿Mami? ¿Papi? ¿Qué pasa? A dónde van? ¿Por qué me dejan? ¿Por qué me han abandonado?»

La siguiente semana, se organiza una ceremonia en honor a tu hijo por su fenomenal aporte a la humanidad . . . pero algunos no se dieron cuenta, otros ni siquiera se molestaron en venir porque tenían mejores cosas que hacer y otros vienen con una sonrisa pretenciosa y fingen que les importa, mientras otros están diciendo, «¡Esto es aburrido!» No te levantarías y les dirías «Disculpen, no sé si lo han notado, pero mi hijo murió para que tengan la vida maravillosa que tienen. Mi hijo murió para que ustedes pudieran vivir. Él murió por ustedes. ¿Es que acaso eso no significa nada para ustedes?»

Tal vez esto sea lo que Dios nos quiere decir

Padre, si lo viéramos desde tu óptica nos rompería el corazón. Tal vez ahora empecemos a comprender el gran amor que tienes por nosotros.

¿De aquí a dónde?

Los últimos años han sido una época difícil para ser católico en Estados Unidos. Son momentos de tragedia para la Iglesia en muchos aspectos. El abuso de nuestros niños es una tragedia. El escándalo del encubrimiento es una tragedia. El hecho de que todo el clero haya sido manchado por un pequeño grupo de sacerdotes con serios problemas es una tragedia. La ausencia de un liderazgo marcado y auténtico es una tragedia. La moral está por los suelos y el número de católicos que dejan la Iglesia es más alto que nunca. Los efectos de todas estas tragedias están llegando lejos. Han dejado al conglomerado con una opinión muy pobre sobre el catolicismo y han ocasionado que muchos católicos se sientan avergonzados de la Iglesia.

He meditado durante cientos de horas sobre el lugar en que nos encontramos ahora como Iglesia y una cosa que se ha hecho alarmantemente clara es que hemos olvidado nuestra historia.

El catolicismo es más que un puñado de curas que no saben lo que es ser un sacerdote. Hay 1,200 millones de católicos en el mundo. Hay sesenta y siete millones de católicos en Estados Unidos—Esto es por lo menos quince millones de personas más de lo que se necesita para elegir al presidente estadounidense y cada día, la Iglesia Católica alimenta, da refugio y viste a más gente, cuida a más enfermos, visita a más presos y educa a más personas que lo que cualquier otra institución sobre la faz de la tierra alguna vez podría soñar.

En tiempos de Jesús, ¿dónde crees que estaban los enfermos? ¿En hospitales? Por supuesto que no; no había hospitales en tiempos de Cristo. Los enfermos se apiñaban a un lado de los caminos o en las afueras de las ciudades y ahí era donde Jesús los curaba. Habían sido abandonados por sus familiares y amigos quienes temían contagiarse.

La verdadera esencia de la asistencia médica y el cuidado de los enfermos surgió a través de la Iglesia, a través de las órdenes religiosas, en respuesta al valor y dignidad que el Evangelio otorga a cada ser humano.

¿A cuánta gente de la nobleza conoces? ¿Personas cuyos padres o ancestros hayan sido reyes, reinas, duques, duquesas, condes, caballeros, etc.? Sospecho que a muy pocos, seguramente a ninguno. Pues bien, ese sería el número de personas educadas que conocerías si la Iglesia Católica no hubiera liderado la causa para llevar la educación a todos. Antes de que la Iglesia introdujera la educación para el hombre común, ésta se reservaba únicamente para la nobleza. Hoy día, casi todo el mundo occidental está educado gracias al rol precursor de la Iglesia en la educación universal.

El alcance y contribución de la Iglesia es enorme, pero el efecto nacional de la Iglesia en todos los aspectos de la sociedad es también impactante, aunque muy desconocido. En los Estados Unidos, la Iglesia Católica educa 2.6 millones de estudiantes todos los días, cuyo costo de diez mil millones de dólares por año es sufragado por los padres y las parroquias. Si no hubiera escuelas Católicas, estos mismos estudiantes se educarían en escuelas públicas, lo que costaría dieciocho mil millones de dólares. El sistema educativo católico por sí solo ahorra a los contribuyentes estadounidenses dieciocho mil millones de dólares por año.

En el campo de educación superior, la Iglesia tiene más de 230 centros de formación y universidades en los EE. UU., con una población de setecientos mil estudiantes y los estudiantes católicos y no católicos educados en nuestras instituciones ocupan las vacantes de mayor perfil en cualquier campo. En lo que a asistencia médica se refiere, la Iglesia Católica tiene un sistema hospitalario sin fines de lucro que comprende 637 hospitales, en los cuales cada día se atiende uno de cada cinco pacientes en los Estados Unidos.

Más allá del impacto nacional y global, la contribución que los católicos hacen diariamente en su comunidad es más que notable. Cada ciudad tiene sus propias historias, pero permítame dar un ejemplo para dejar claro este punto. En Chicago, hay cientos de organizaciones Católicas que atienden las necesidades de la gente de esa ciudad. Una de estas organizaciones es la Caridad Católica. Este año, el capítulo local de la Caridad Católica donará 2.2 millones de raciones de comida gratis a los necesitados en esa área. Esto es 6,027 porciones al día—solo un pequeño ejemplo de nuestra enorme contribución. Cada ciudad tiene historias como esta.

Nuestra contribución a escala local, nacional y global sigue siendo extraordinaria, a pesar de nuestros errores, ineficiencias y escándalos recientes; sin embargo, la Iglesia es despreciada por millones de estadounidenses, mientras la mayoría de católicos quieren esconderse bajo la mesa cuando la gente empieza a hablar sobre la Iglesia en alguna reunión social. Hemos olvidado nuestra historia y como resultado permitimos que el segmento anti católico de los medios distorsionen nuestra historia diariamente.

La tragedia continúa también a otro nivel. En tiempos en que millones de católicos se sienten disgustados y desilusionados con la Iglesia, es perturbador que no haya un esfuerzo significativo para recordarnos a los católicos quiénes somos realmente, que no haya un esfuerzo estratégico para elevarnos la moral, que no haya un esfuerzo organizado para recordar al mundo que, durante los últimos dos mil años, dondequiera que ha habido un católico ha habido un grupo de gente haciendo enormes contribuciones a la comunidad local, nacional e internacional.

Hemos gastado más de dos mil millones de dólares en arreglos extrajudiciales de demandas, pero no hemos gastado ni diez centavos en alguna iniciativa especial para incentivar a los católicos de Estados Unidos para que continúen explorando la belleza de su fe. No hemos gastado ni diez centavos en recordar a la sociedad en general sobre la enorme contribución que hacemos como Iglesia. No hemos gastado ni diez centavos en inspirar a los católicos, quienes se encuentran desilusionados de su fe y de su Iglesia tal vez como nunca antes y eso es una tragedia.

El libro que tienes en tus manos (y la campaña para llevarlo a bajo costo o gratis a cada católico en Estados Unidos) es el comienzo de nuestro intento para elevar la moral entre los católicos, para recordarnos que el catolicismo es grandioso y para comprometer a católicos desligados. Esperamos lanzar varios boletines y comerciales de radio y televisión que recuerden a la gente el gran impacto que la Iglesia ha tenido y que inspire a los católicos a mantenerse comprometidos.

Imagina una gran valla publicitaria en cualquier carretera de Chicago en hora pico. No se requerirían fotos, solo este sencillo texto: ESTE AÑO,

LAS ORGANIZACIONES DE CARIDAD CATÓLICAS DONÁRAN 2.2 MILLIONES DE RACIONES ALIMENTICIAS A LOS NECESITADOS DE CHICAGO. NO LES PREGUNTAMOS SI SON CATÓLICOS—SOLO LES PREGUNTAMOS SI TIENEN HAMBRE. REDESCUBRE AL CATOLICISMO.

El punto es que hemos olvidado nuestra historia y al hacerlo, hemos permitido que el mundo también se olvide de ella. Hemos permitido que el segmento anti católico de los medios la distorsione a diario. Nuestra historia no es infalible; nuestro futuro no será infalible. Pero nuestra contribución no tiene parangón y es necesaria hoy más que nunca.

Admito que he estado tan enojado y frustrado como la mayoría de ustedes por lo que ha sucedido, lo que sucede y lo que no sucede en la Iglesia. Supongo que la pregunta que deberíamos considerar juntos es: ¿Qué haremos con nuestra frustración y nuestra ira?

Parece que mucha gente ha dejado de pensar al respecto. Se han desligado de la Iglesia para un lado o para el otro y han seguido con su vida. Algunos se niegan a regresar a la iglesia. Una gran cantidad ha dejado de contribuir económicamente. Otros han dejado la Iglesia Católica por alguna iglesia local no confesional y algunos han tratado de ignorar el hecho de que están enojados por lo sucedido.

Ninguna de estas es una solución apropiada para mí. Mi caminar de los últimos quince años me ha convencido de lo siguiente:

1. El catolicismo es grandioso, si solo dedicamos tiempo y esfuerzo para explorarlo con humildad.
2. No hay falla en el catolicismo que no se pueda enmendar con lo bueno que tiene catolicismo.
3. Si no somos parte de la solución, somos parte del problema.
4. Si sesenta y siete millones de católicos en Estados Unidos fuéramos mejores, sucedería algo increíble.

Entonces, decidámonos aquí y ahora, a empezar a explorar la grandeza de nuestra fe, a ser parte de la solución y a mejorar.

Es claro, aún para el observador más casual que algo se ha perdido. Entonces, ¿a dónde vamos ahora?

Hace dos mil años, un pequeño grupo de personas captaron la atención e despertaron la curiosidad y la imaginación de todo el mundo Occidental. Al principio, no se les prestó ninguna importancia, se les creyó solo seguidores de un hombre considerado un predicador errante. Pero cuando este hombre fue condenado a muerte, una docena de sus seguidores se levantaron y empezaron a hablarle a la gente sobre su vida y sus enseñanzas. Empezaron a contar la historia de Jesucristo. No eran la élite educada de su época y no tenían estatus social o político, no eran pudientes y no tenían autoridad mundial; aun así, cientos de personas se iban uniendo a este callado grupo de revolucionarios.

Mientras aumentaba su popularidad, las autoridades reinantes temían su influencia, igual como temieron a su líder. En algunos lugares incluso intentaron acabar con este grupo asesinando aleatoriamente a varios de sus miembros. Pero los elegidos consideraban el más alto honor morir por sus creencias. Esto solo despertaba la curiosidad de los corazones y sorprendía aún más la mente de las personas de su época.

Este pequeño grupo fueron los primeros cristianos. Ellos fueron los seguidores originales de Jesús de Nazaret y los primeros miembros de lo que hoy conocemos como la Iglesia Católica.

Muchas cosas han cambiado con el paso de los siglos. Hoy en día, el catolicismo es la comunidad de fe más grande del mundo. Con más de mil millones de miembros a lo largo del globo, ya no somos la pequeña minoría que fueron los primeros cristianos. Responsables por el nacimiento de los sistemas de educación y asistencia médica que se constituyen pilares en nuestra sociedad moderna, continuamos liderando en estas áreas con excelencia. A través de los siglos, la iglesia también ha sido la benefactora más grande de las artes, consolidando los elementos de la vida cultural que han elevado con facilidad el corazón, la mente y el espíritu humanos hacia Dios. En este país, donde no se permitía a los católicos aspirar a ciertos trabajos, hoy en día se elige a más católicos para posiciones de autoridad pública que cualquier otra filiación religiosa. La Iglesia es una de las más grandes propietarias de inmuebles del mundo, poseyendo propiedades en casi todas las comunidades, desde la ubicación rural más remota hasta la ciudad más sofisticada. En estos tiempos modernos, cuando la vida y la dignidad de las personas se ven amenazadas a cada momento, la Iglesia Católica permanece como la más férrea defensora de los derechos humanos. Hoy en día, la Iglesia es una entidad global de considerables proporciones.

Hemos llegado bastante lejos desde nuestros humildes comienzos y aun cuando nuestros logros sean tan grandes y nuestros números sean tan impresionantes, parecemos incapaces de capturar la atención y la imaginación de nuestros contemporáneos de la misma forma como lo hicieron nuestros ancestros.

La historia de Jesucristo es la más poderosa de la historia y ha influenciado directa o indirectamente todo aspecto noble de la civilización moderna. Pero en medio de la prisa y el alboroto de nuestra vida diaria, es fácil distraerse y distanciarse de esta historia. De vez en cuando, aparece alguien que nos recuerda el poder que tiene el Evangelio cuando se lo vive realmente. Algunos de estos hombres y mujeres son los santos que se han convertido en nombres comunes; otros son sólo gente ordinaria: padres, abuelos, enfermeras, profesores escolares, asesores financieros y empresarios.

Por comodidad, nos hemos convertido en parte de la cultura secular moderna y esta comodidad ha traído como consecuencia un peligroso conformismo hacia las palabras de vida del Evangelio. Frecuentemente, escuchamos estas palabras pero no permitimos que penetren en nuestro corazón y transformen nuestra vida. Hay algo profundamente interesante en los hombres que se esfuerzan denodadamente por ser todo lo que Dios quiso que fuesen. Este esfuerzo es el que necesitamos redescubrir como Iglesia.

Este esfuerzo que es tan importante para la vida de la Iglesia, no es el esfuerzo humano que dice, «Hagamos un plan para que sucedan las cosas». Más bien, es el esfuerzo que yace sobre el Espíritu de Dios para iluminarnos, instruirnos y guiarnos a cada momento. Dios no quiere controlarnos, tampoco quiere ignorarnos. Dios anhela una colaboración dinámica con cada uno de nosotros.

Los primeros cristianos no eran perfectos; tampoco santos. Vivieron en comunidades que nacieron del esfuerzo de una forma admirablemente similar a lo que tenemos hoy en día y lucharon hasta el quebranto de su propia humanidad en la misma forma en que tú y yo lo hacemos. Pero ellos se ocupaban de lo básico.

El catolicismo no es un juego de fútbol, pero Pablo comparó una vez la vida cristiana con el atletismo y quisiera continuar con esta analogía. Los equipos que ganan campeonatos no son necesariamente aquellos con los jugadores más talentosos o las mejores jugadas, tampoco lo son los equipos con los mayores recursos o los que tienen un mayor conocimiento del juego. Los mejores entrenadores saben que los equipos que ganan campeonatos son aquellos que se enfocan en lo básico y lo dominan a la perfección.

Necesitamos volver a lo básico.

Sé que esto puede sonar trillado, pero cuando los católicos nos dedicamos a lo básico en nuestra dinámica espiritualidad, empiezan a suceder cosas extraordinarias.

Los primeros cristianos inspiraron la curiosidad de la gente de su tiempo. Lo propio hicieron los santos y en la actualidad, lo hace la gente ordinaria que acoge la vida cristiana. En muchos casos estas personas no hacen nada espectacular porque la mayor parte se comprometen a hacer cosas simples de manera espectacularmente bien y con gran amor y eso encanta a las personas. Necesitamos inspirar la curiosidad de las personas de nuestro tiempo en formas similares

¿A quién despierta curiosidad tu vida? No con logros espectaculares, sino simplemente con tu forma de vivir, amar y trabajar.

Si vivimos y amamos de la manera en que el Evangelio nos invita a hacerlo, inspiraremos a las personas. Respeta y atesora a tu cónyuge e hijos y verás como inspiras a la gente. Busca la manera de ayudar a los menos favorecidos y la curiosidad de las personas a tu alrededor se despertará. Cuando hacemos lo correcto, incluso si conlleva a un alto costo para nosotros, inspiraremos a la gente que está cerca. La paciencia, humildad, gratitud, generosidad, coraje, perdón y prudencia inspiran la curiosidad del prójimo.

Dios siempre quiere que nuestro futuro sea más grande que nuestro pasado. No igual, sino superior, mejor, más brillante. Dios quiere que tu futuro y mi futuro y el futuro de la Iglesia sean más grandes que nuestro pasado. Es este futuro más grande el que debemos ambicionar.

La habilidad más grande que Dios le ha dado al hombre es la capacidad para soñar. Somos capaces de mirar el mañana y de imaginar algo mejor que el presente y luego volver al presente y trabajar para hacer realidad ese sueño que imaginamos. Quién está haciendo esto por la Iglesia?

Por muchos años he estado reflexionando sobre un versículo del libro de los Proverbios que nunca deja de encender mi pasión por la Iglesia. «Sin visión profética, la gente perecerá» (Proverbios 28:19). He comprobado que esta máxima se cumple en cada aspecto de la vida. En un país sin visión, la gente perecerá. En un matrimonio sin visión, la gente perecerá. En un negocio, en una escuela, o en una familia sin visión, la gente perecerá.

Y con pesar me he dado cuenta de que al parecer, como Iglesia, estamos sin visión profética y como consecuencia, estamos pereciendo. Necesitamos una visión católica simple pero profunda para el lugar y tiempo en que vivimos. Una visión que inspire y mueva a católicos jóvenes y mayores. Una visión que sea entendida de igual forma por un niño de siete años como por un doctor en filosofía y teología.

Muchos se ofenden con mi teoría de falta de visión. Estoy seguro que otros lo consideran un despropósito. Sin embargo, si se preguntara a cien católicos acerca de la visión de la Iglesia en nuestro tiempo, sospecho que se obtendrían cien respuestas diferentes; es más, muchos ni siquiera sabrían qué responder. Consecuentemente, o no tenemos una visión, o los católicos no la conocemos. En ambos casos el resultado es el mismo: Estamos pereciendo.

Esta visión católica profética que buscamos no es solo responsabilidad del Papa, o de los obispos y cardenales. La visión de tu parroquia no es solo responsabilidad del párroco. Todos debemos trabajar en idear un futuro para la Iglesia que inspire a las masas y desacredite a los escépticos.

Muchas personas reclaman añorando el pasado. Son reaccionarios, mas no visionarios. Frecuentemente encontramos que sus reclamos son producto del miedo a lo desconocido y por aferrarse a la estabilidad del statu quo. En vez de confiar en Dios y cooperar con este futuro, permiten que su humanidad los domine mientras tratan de controlar lo que está más allá de su control.

Dios nunca retrocede; siempre se mueve hacia adelante. Adán y Eva fueron expulsados del paraíso. Dios podía haberlos redimido y enviado de vuelta, pero no lo hizo por dos razones: Dios siempre quiere que nuestro futuro sea más grande que nuestro pasado y Dios siempre va hacia adelante.

Corramos hacia la meta que es el futuro que Dios ha trazado para nosotros y para la Iglesia. Es momento de que volvamos a ser gente de posibilidades ya que mucho de lo que hacemos es producto de nuestra limitada forma de pensar. Nos movemos en el campo de lo manejable en vez de imaginar lo posible. Hemos perdido el sentido de mejora continua por enfrascarnos en la forma como siempre se han hecho las cosas. Es momento de re imaginar todas las cosas increíbles que son posibles si caminamos con Dios. Es momento de que los católicos nos convirtamos en personas de posibilidad. Imagina lo que serían capaces de lograr sesenta y siete millones de católicos estadounidenses. Imagina serían capaces de lograr más de mil millones de católicos.

Una cosa es cierta: Lo que sea que hagamos o dejemos de hacer determinará el futuro de la humanidad y del mundo.

Todo esto me lleva a concluir que ya es hora de que redescubramos al catolicismo. Trato de redescubrirlo todos los días y cuando busco hacerlo en serio, jamás termino decepcionado. Cuando soy capaz de dejar de lado mis egoísmos e intereses personales, quedo generalmente extasiado.

Hay muchos católicos y no católicos, que no quieren redescubrir el catolicismo. Otros piensan que la religión en general y el catolicismo en particular no tienen lugar en el contexto moderno. Admito que el catolicismo es antiguo. Pero yo te pregunto. ¿Si hallaras un antiguo mapa de un tesoro, lo tirarías solo porque es viejo? No. La edad del mapa no tiene importancia. Lo que importa es si conduce o no al tesoro. El catolicismo es un mapa de un tesoro: puede estar viejo y maltratado, pero igual nos lleva al tesoro. Redescubrámoslo juntos y ayudemos a otros a hacer lo mismo.

Matthew Kelly

Primera Parte

NOS CONVERTIMOS EN AQUELLO QUE CELEBRAMOS

Capítulo Uno

NUESTRA HAMBRE UNIVERSAL

A través de la historia, siempre ha habido hombres y mujeres dispuestos a señalar el camino correcto a la humanidad. De igual forma, para nadie ha sido un secreto que siempre han existido las mismas necesidades en las familias: alimento, cobijo, trabajo, compañía, libertad, perdón, aceptación y amor.

En toda época hay muchas personas que tratan de hablar sobre estas reales necesidades humanas y de anunciar las implicaciones sociales particulares del momento. Estas personas están en el cruce de los caminos señalando a los demás una vía que jamás han transitado. Incluso en nuestros días, hay abundancia de libros, CD's, DVD's, podcasts, páginas web, programas de radio, seminarios y programas de televisión intentando hablar sobre toda posible necesidad humana, de una forma relevante y cautivadora.

Pero a pesar de esta aparente abundancia, en realidad hay una gran escasez. No hablo de escasez material. Más bien, parecería que en toda época y en todo lugar la escasez siempre es de hombres y mujeres que estén dispuestos a liderar a la humanidad por el camino del bien con el ejemplo de sus propias vidas. Encontrar vidas auténticas a cada momento de la historia siempre ha sido difícil y raro.

• Apariencia vs lo Auténtico •

Nuestra propia época parece estar gobernada por la ilusión y la decepción. Hemos construido toda una cultura basada en las apariencias. Todo parece bien, pero al escarbar un poco bajo la superficie se encuentra poca sustancia. La apariencia se ha convertido en una norma. Nos hemos vuelto tan insensibles a las realidades del bien y el mal que mentir y hacer trampa se han convertido en prácticas universalmente aceptadas como males necesarios. Por eso las toleramos, mientras se realicen dentro del límite del respeto. Ocasionalmente, en medio de esta oscuridad cultural, la luz del espíritu humano se enciende con honestidad e integridad. En esos momentos nos vemos sorprendidos, incluso sin estar preparados. La honestidad y la lealtad parecen estar totalmente fuera de lugar en nuestro esquema actual.

Pero, hoy más que en ningún otro momento, bajo la superficie de apariencias hay gente como nosotros y si escuchas cuidadosamente, si prestas atención descubrirás que la gente está hambrienta. Fuimos creados para amar y ser amados y hay un vacío, una ansiedad, un descontento profundo con nuestra vida y nuestra cultura. Sentimos que nos falta algo y muy dentro de nosotros sabemos que ninguna cosa que pudiéramos comprar, ningún bien material del mundo podrá satisfacer este vacío.

Esta búsqueda preocupa al corazón humano y esto no es aleatorio ni accidental; todos lo sienten y lo sentimos por una razón. El Espíritu Santo (el «alma de nuestra alma» según el Papa Benedicto XVI) es la fuente de este deseo. Es la presencia de Dios en lo más profundo de nuestro ser lo que nos llama a movernos más allá de las preocupaciones superficiales de nuestra vida y explorar y experimentar algo más profundo.

Tenemos hambre no de apariencias, tampoco de cosas superficiales y triviales; tenemos hambre de sustancia. Estamos hambrientos de verdad. La gente de hoy en día se muere de hambre de autenticidad, se muere de sed anhelando la más pequeña gota de sinceridad, se muere de dolor ansiando experimentar el alivio de la transparencia.

• ¿Por Qué Ha Sido Rechazado el Cristianismo? •

El hambre por la verdad y el bien es enorme. Aun así el cristianismo (y particularmente el catolicismo) han sido ampliamente rechazados. Por supuesto que hay personas que asisten cada domingo a la iglesia, pero en número cada vez menor en detrimento de los que deciden no asistir más. Esto es verdad principalmente entre las generaciones de jóvenes.

La mayoría conocemos gente buena, inteligente y bien intencionada de nuestra comunidad, que no tiene nada que ver con el cristianismo. Muchos de los cuales fueron criados como cristianos de una forma u otra. Tarde o temprano, debemos empezar a explorar este fenómeno siempre en crecimiento y a hacernos ciertas preguntas incómodas de sondeo: ¿Es posible que hayamos fallado en convencerlas? ¿La hipocresía de ciertos miembros o líderes de la iglesia oscureció su experiencia de Dios? ¿Hemos fallamos al acogerlos? ¿Alguna vez los recibimos de verdad?

Los que nos llamamos cristianos lo hacemos porque creemos que la vida y las enseñanzas de Jesucristo son la personificación de la verdad, sinceridad y autenticidad y, en un sentido práctico, sencillamente la mejor manera de vivir. Si este concepto es correcto y si la gente del siglo XXI está ávida de autenticidad y de un mejor estilo de vida, entonces como cristianos debemos formularnos preguntas como: ¿Por qué hay menos personas acogiendo entusiastamente al cristianismo? ¿Por qué hay tanta gente hostil hacia Cristo y su Iglesia?

Pienso que es porque la gente de hoy cree que los cristianos, la cristiandad en general y tal vez los católicos en particular son probablemente parte de esta cultura de apariencias y decepción tanto como cualquier otro. Esta es una dolorosa realidad que debe ser enfrentada. La necesidad de la gente por buscar la verdad no ha disminuido, sino que se ha vuelto desconfiada, dudosa, escéptica e, incluso tristemente cínica en su búsqueda y, honestamente, no los culpo por su actitud. No comparto su posición, pero la entiendo y, más importante aún, me doy cuenta de cómo llegaron a ese estado de confusión filosófica y desolación teológica.

Mucha de esta confusión ha sido causada por la proliferación sin precedentes de símbolos, imágenes y todo tipo de comunicación en la última parte del siglo XX. La gente está cansada, están exhaustos, sobrecargados de información y sobrecogidos con el clima político, social y económico. No están esforzándose por prosperar, simplemente están tratando de sobrevivir. Estamos al frente de una cultura cansada.

• El Llamado de Ayuda •

Esta fatiga cultural está creando desesperación en la vida de más y más personas cada día y desde el centro de esa fatiga y desesperación están pidiendo ayuda.

Más que nunca, nuestros hermanos no-cristianos y no-practicantes nos están enviando, a ti, a mí y a todos los cristianos un mensaje; aunque probablemente no estén al tanto de él, indirectamente están dando testimonio del Evangelio. Ya que dentro del mensaje que la gente de hoy nos envía hay un reto profundo para que acojamos una vida más centrada en los ejemplos y enseñanzas de Jesucristo. Su mensaje es claro, inconfundible y alarmantemente simple. Nuestros hermanos, padres e hijos nos están enviando un mensaje, como lo están haciendo nuestros amigos, vecinos y colegas. Están diciendo, susurrando, gritando, «no me digas— *¡muéstrame!*»

Este pedido proviene de muy dentro de su corazón y representa su gran necesidad. No quieren ver otro predicador evangelista en televisión, no quieren leer otro libro o escuchar otro CD sobre el cristianismo y no quieren escuchar tu sorprendente historia de conversión. Quieren el hecho real. Quieren ver a alguien vivir una vida auténtica, aunque sea uno, cualquiera, alguien cuyas palabras sean soportadas sobre la autoridad de sus acciones. Alguien esforzándose humilde pero heroicamente por vivir en búsqueda de lo bueno, verdadero y noble en medio del—y a pesar del—clima actual.

No nos están enviando este mensaje para decirnos « ¡hipócrita!» Más bien, hay un clamor natural, un pedido de ayuda. Nos están diciendo «no me digas— *¡muéstrame!*» porque realmente necesitan de un ejemplo valiente de vida auténtica, de una vida vivida en plenitud, en nuestros días. Al ver los conflictos y contradicciones de nuestra vida, ellos nos gritan « ¡Hipócrita!», desde su dolor e ira. Están enfadados porque la decepción de descubrir que no estamos viviendo la vida que predicamos los priva de su propia esperanza de vivir una vida auténtica. Están desilusionados y en búsqueda, pero nunca dejan de clamar a nosotros como ovejas sin pastor, deseando ser alimentadas, deseando ser guiadas a los pastos de la compasión, la dulzura, la generosidad, el perdón, la aceptación, la libertad y el amor.

He escuchado este clamor miles de veces, pero las palabras de un hombre retumban en mi mente como una pesadilla que vuelve y atormenta a un niño aterrado. Son palabras de Mahatma Gandhi, un hombre por quien siento gran admiración, que luchó con todas sus fuerzas por vivir una vida auténtica. He estudiado su vida y sus escritos, pero un pasaje sobresale. Me habla con una claridad que perfora mi corazón

Referente al hecho conocido que Gandhi leía el Nuevo Testamento todos los días y muchas veces citaba las Escrituras cristianas, un reportero le preguntó una vez por qué no se había hecho cristiano. Él contestó, «Si alguna vez hubiera conocido a un cristiano, me habría convertido» En sus propias palabras, Gandhi estaba diciendo, «no me digas— ¡*muéstrame!*» haciendo evidente su búsqueda de un ejemplo de vida auténtica.

Con todo lo anterior dicho, también creo que dentro de cada uno hay un deseo de vivir una vida auténtica. No deseamos solamente ser testigos de vidas auténticas, sino también de vivirlas nosotros mismos. Deseamos genuinamente ser auténticos. A veces quizá hemos resuelto vivir una vida con todo el fervor que podemos reunir. Sin embargo, distraídos por la dulce seducción de los placeres y posesiones, nos hemos desviado de la senda estrecha. Sabemos la verdad, pero carecemos de la disciplina y fuerza de carácter para alinear las acciones de nuestra vida con la verdad (cf. Mateo 26, 41). Nos hemos entregado a miles de caprichos, antojos y fantasías. Nuestra vida se ha convertido en una mera distorsión de la verdad que conocemos y profesamos. Sabemos las necesidades familiares de bondad, compasión, generosidad, aceptación, libertad y amor, pero hemos dividido nuestro corazón con miles de contradicciones y compromisos.

A cada momento, el mundo entero se arrodilla ante nosotros, rogando, pidiendo, clamando que se levante algún valiente y lo lidere con su ejemplo de vida auténtica.

En muchos aspectos nuestra época es de abundancia, pero a pesar de esta abundancia (que en muchas ocasiones puede parecer imperante) aún hay un gran clamor en la gente de hoy. Sentimos una gran necesidad de autenticidad, un anhelo de ser, convertirnos y experimentar todo lo que somos capaces. Todo bien en el futuro (para nosotros, nuestros matrimonios, nuestras familias, nuestras comunidades, nuestra Iglesia, nuestra nación y la humanidad) depende de que nosotros sigamos o no este anhelo.

Capítulo Dos

LA FILOSOFÍA PREDOMINANTE

¿Qué es lo primero que se te ocurre cuando piensas en Filosofía? Tal vez se te viene a la mente alguna clase en la universidad que tuviste que tomar pero que, en realidad, nunca entendiste; o tal vez piensas en grandes filósofos como Sócrates y Aristóteles. La verdad es que todos somos filósofos y todos tenemos una filosofía.

En tiempos pasados, las filosofías han sido enfoques bien pensados hacia la vida. Las grandes mentes de cada época se han formulado preguntas inquietantes y universales: ¿Quién soy? ¿De donde vengo? ¿Para qué estoy aquí? ¿Cómo lo hago? ¿Hacia dónde voy? Todas estas preguntas nos llevan desde y hacia la pregunta que ha preocupado a la humanidad desde sus inicios: ¿Cuál es la mejor forma de vivir? Mientras más personas se formulen esta pregunta y persigan incansablemente una respuesta a ella, la sociedad será más dinámica y vibrante.

Toda cultura es fruto de las ideas y actitudes de su gente. Estas ideas y actitudes convergen tanto en el pueblo como en la cultura para formar filosofías. Nuestra propia época es de gran pobreza filosófica y, como resultado, vivimos tiempos de tremenda confusión ética y moral.

Hoy en día, nuestra cultura tiene muy poco rigor filosófico. Nuestra forma de consumir información nos lleva a pensar cada vez menos y menos sobre más y más. Perdemos gran parte de nuestro tiempo formulándonos preguntas sin importancia (normalmente relacionadas con asuntos controversiales y sensacionales) y muy poco explorando las preguntas trascendentales sobre nuestro breve paso por la tierra. Esta es la razón por la que muchas de las filosofías bajo las cuales vivimos nuestra vida son absorbidas a través de la cultura, en vez de ser el resultado de un enfoque bien pensado hacia la vida.

Cada uno de nosotros tenemos nuestra propia filosofía, nuestra propia regla de vida. Esta filosofía consiste en una serie de creencias bajo las cuales escogemos vivir. Estas creencias son probablemente varias y muy variadas. Una persona puede creer que hay un solo Dios, que la tierra es redonda y que nadie debería salir de casa sin un paraguas. Estas creencias son muy distintas, pero podrían coexistir dentro de la filosofía personal de un individuo. ¿Cuál es tu filosofía?

Aun cuando no puedas definir tu filosofía personal, cada día recurres a estas «reglas de vida» con mucha frecuencia. Todos los días tomas cientos de decisiones. Algunas en relación a lo que comes, o la ropa que usas, mientras otras afectan incluso al curso de tu vida. En ambos casos, las decisiones son determinadas por su filosofía personal.

Las comunidades también tienen filosofías. La filosofía de una comunidad es aquella que está formada por la colectividad de las filosofías individuales de sus miembros. Una comunidad puede ser tan pequeña como una familia, o tan grande como un país. Tu parroquia es una comunidad, así como lo es un campus universitario. En la época actual, hay ciertas tendencias filosóficas que gobiernan el proceso de decisión. Estas tendencias me parecen perturbadoras en muchos aspectos: Me perturban como ser humano, como hermano, como hijo, como padre y como miembro de una familia. Me perturban como ciudadano de una nación moderna. Me perturban como persona de fe y como cristiano y me perturban como católico, como miembro activo y creyente de una Iglesia que es una, santa, católica y apostólica.

Aunque hay muchas filosofías influenciando el esquema actual, me gustaría plantear la existencia de tres grandes filosofías prácticas sobre las cuales hemos construido nuestra cultura moderna. Dejaré a criterio del lector decidir si hemos construido nuestra cultura sobre roca, como hombres prudentes, o sobre arena, como insensatos (cf. Mateo 7, 24-27).

• Individualismo •

La primera de estas filosofías prácticas es el individualismo. Hoy en día, la mayoría de las personas, al enfrentarse a una decisión experimentan un diálogo interior que al parecer es doblegado por la pregunta « ¿Qué gano yo con esto?» Esta pregunta es el credo del individualismo, que está basado en un profundo interés por el yo. En el entorno actual, la tendencia más fuerte que controla el proceso de toma de decisiones—y en consecuencia la formación de nuestro sistema cultural de creencias—es el individualismo.

Ninguna comunidad, ya sea pequeña como una familia, o grande como un país puede consolidarse con esta actitud. El individualismo siempre debilita a la colectividad y causa sufrimiento al todo. Hay crecimientos malignos en todos los estamentos.

Las reformas sociales y políticas de nuestra época, han exaltado de tal forma al individualismo que se han convertido en nocivas para la sociedad en su conjunto. Los derechos de los individuos han sido elevados gradualmente y, por último, colocados por sobre los derechos de la sociedad, bajo la influencia de una serie de grupos de presión que representan solo a una fracción de la sociedad libre. Un buen ejemplo es la reciente situación en California, donde una corte prohibió que en las escuelas públicas, durante el juramento de fidelidad a la bandera de Estados Unidos que se hace todos los días, se diga la expresión «al amparo de Dios», ya que algunos estudiantes podrían considerarla ofensiva. Los derechos de los individuos han sido reforzados a cualquier precio, sin importar el bien o el mal y muchas veces en detrimento de la mayoría. Al mismo tiempo, se ha hecho lo posible para debilitar los derechos de la Iglesia, el Estado y demás autoridades de cualquier tipo.

Se ha hecho todo esto bajo el membrete de falsa libertad. La noción errónea es que la libertad es la oportunidad de hacer lo que quieres, donde quieres, cuando quieres, sin la interferencia de ninguna persona o entidad. Esto no es libertad.

Nuestra cultura otorga un valor muy alto a la expresión personal, pero olvida la importancia de producir «seres» cuya expresión valga la pena.

Los frutos del individualismo no son ocultos para ninguno de nosotros:

codicia, egoísmo y explotación. ¿En qué se convertiría una familia, o un estado en el que cada miembro adopte al individualismo como su propia filosofía personal?

• Hedonismo •

Este crudo individualismo es aupado únicamente por la aseveración de que el placer es el bien supremo, hecha por la generación actual. Esta aseveración descubre al hedonismo como la segunda marca filosófica de nuestra época. El Hedonismo es la filosofía que enfatiza al placer como la máxima meta en la vida. El motor, el credo, el lema del hedonista es, «Si se siente bien, ¡hazlo!»

Con el pretexto de una supuesta *libertad nueva*, este antiguo impostor ha seducido y engañado a la generación actual. Esta es la gran paradoja acerca de las marcas filosóficas de la época actual. Los que las promueven y difunden las presentan como nuevas y diferentes, mas si quitamos el velo a estas filosofías, rápidamente descubrimos que el ambiente cultural actual está basado en ideologías fracasadas del pasado. Erróneamente pensamos que estas filosofías son, de hecho, nuevas y diferentes. Pero, si escarbamos un poco bajo la superficie y vemos más allá, descubriremos que estas son la causa del declive tanto de las primeras culturas que las emplearon, como de las culturas que las han adoptado desde entonces.

El hedonismo, dondequiera que ha sido adoptado como filosofía práctica, ha producido individuos perezosos, lujuriosos y glotones. Es más, el hedonismo ha sido un factor determinante para el deterioro de toda cultura y subcultura en la cual ha sido adoptado apreciablemente. El Imperio Romano es un gran ejemplo de ello.

El hedonismo no es una expresión de libertad; es un pasaporte a la esclavitud de miles de deseos y adicciones y al final, lo único que produce es desesperación en vez de placer.

• Minimalismo •

La tercera marca filosófica de nuestra época se complementa perfectamente con la codicia del individualismo y la lujuria del hedonismo en detrimento del carácter humano. Junto a estos credos modernos, cuyos principios centrales son «¿Qué gano yo con esto?» y «Si se siente bien, hazlo», es el credo del minimalismo. El minimalista siempre se está preguntando «¿Qué es lo mínimo que puedo hacer?»

Un minimalista siempre busca realizar el mínimo esfuerzo y obtener la máxima recompensa. Consciente o inconscientemente, las personas por todas partes parecen preguntarse, «¿Qué es lo mínimo que debo hacer para mantener mi trabajo? ¿Cuánto es lo mínimo que me debería esforzar para obtener notas razonables en la escuela? ¿Qué es lo mínimo que puedo hacer para mantener vivo mi matrimonio? ¿Qué es lo mínimo que puedo hacer para estar en buena forma física? ¿Qué es lo mínimo necesario para llegar al cielo? ¿Qué es lo mínimo que puedo hacer para....?»

El minimalismo es enemigo de la excelencia y padre de la mediocridad. Es una de las más grandes enfermedades filosóficas de esta época. Ha infectado cada aspecto de nuestra sociedad y de nuestra vida y, trágicamente, es también una de las enfermedades filosóficas que está consumiendo a la Iglesia.

Precisamente dentro de los campos del individualismo, hedonismo y minimalismo es donde la mayoría toma sus decisiones hoy en día. Estas filosofías están siendo difundidas masivamente de una forma poderosa, aunque sutil a través de todos los medios de comunicación social, cultural y política. A través de películas y música, literatura y moda, políticas gubernamentales y educación, estas filosofías han entrado sutilmente en todo aspecto de nuestra vida. De haber sucedido súbitamente, habríamos reaccionado como la rana que salta cuando la meten en agua hirviendo. Pero si se pone una rana en una olla con agua fría y lentamente se calienta, esta se mantendrá dentro del agua, incluso hasta morir.

Con todo esto en mente, hoy en día no debería sorprendernos el aumento radical de la promiscuidad sexual y de los crímenes sexuales, o de la manipulación cultural y la destrucción de la unidad familiar, o el ataque gradual pero constante a los valores de familia en nuestras sociedades modernas. La verdad, no debería sorprendernos que, desde que nací, solo en Estados Unidos han sido víctimas del aborto más de nueve veces la cantidad de personas asesinadas durante la atrocidad a la que llamamos Holocausto. No debería sorprendernos casos de jóvenes disparando a sus compañeros y profesores en los colegios, niños matando a sus padres, adolescentes suicidas y la dramática y sin precedentes escalada de violencia no asociada a la guerra. Estas son señales de nuestro tiempo y son tristemente los frutos de las filosofías que marcan este momento de la historia.

Cualquier comunidad que adopta estas filosofías, ya sea pequeña como una familia, o grande como un país, lo hace bajo su propio riesgo. Una filosofía es una forma de vida. El individualismo, hedonismo y minimalismo destruirán a cada individuo de la comunidad que las practica. Son al final filosofías auto destructivas que dañan cuerpo, mente, corazón y alma.

La crisis del mundo moderno es una crisis de ideas. Las ideas dan forma a la vida y al mundo. La fuerza determina la acción. No debería tomarnos tanto tiempo el descubrir que las ideas tienen consecuencias muy reales.

Capítulo Tres

¿SIGUE SIENDO IMPORTANTE JESÚS?

Tampoco debería sorprendernos que en este ambiente moderno, se haya desestimado y cuestionado la importancia de Jesús. La razón? Sencillamente la filosofía de Cristo es muy distinta a las filosofías predominantes de la cultura actual. De hecho, son completamente opuestas entre ellas. Aun así, ambas enseñanzas, la de Cristo y la de las filosofías modernas, proponen ser la clave para alcanzar nuestros anhelos.

• Nuestra Búsqueda de la Felicidad •

El corazón del hombre está en constante búsqueda de felicidad. Cada persona anhela felicidad como un desierto anhela la lluvia. Tú deseas la felicidad, yo deseo la felicidad. Este deseo es universal y común a todos los miembros de la familia humana. Sencillamente deseamos ser felices y ese deseo nos mueve.

Muchas veces hacemos cosas que creemos que nos harán felices, para luego descubrir que al final nos han hecho desdichados. Esto sucede frecuentemente porque confundimos felicidad con placer y en ocasiones la desdicha prolongada se disfraza de placer inmediato. A veces buscamos la felicidad a través del placer, las posesiones materiales, el poder y el camino más fácil, bajo la influencia de filosofías como el individualismo, hedonismo y minimalismo. Cada uno de estos placeres inmediatos nos ofrece momentos efímeros de felicidad, que al terminar hacen que nuestra búsqueda de felicidad duradera continúe. Estos momentos de alegría y placer son reales por supuesto, pero reales como una sombra: La sombra de una persona existe, pero no es nada comparada con la persona real. Muchos de nosotros nos la pasamos la vida entera persiguiendo sombras.

En la actualidad, la búsqueda de la felicidad es gobernada por el individualismo, hedonismo, minimalismo y sus frutos: codicia, lujuria, pereza, egoísmo, explotación y engaño. Aun así, mientras estas filosofías se convierten cada vez más en el centro del estilo de vida moderno, cada día que pasa la gente se llena de más desdicha e infelicidad.

¿Estamos preparados para entender que estas filosofías no pueden darnos lo que prometen? ¿Es posible que estas filosofías carezcan de algo que hace que al ser humano se le haga imposible encontrar la felicidad a través de ellas?

• Dios y la Felicidad •

Creo que Dios quiere la felicidad para nosotros. Creo que Dios nos dio este constante anhelo de felicidad que retumba incesantemente en nuestro corazón. Al parecer, Dios ha colocado este anhelo dentro del corazón del hombre como un instrumento de navegación espiritual diseñado para conducirnos hacia nuestro destino. El mismísimo Dios es el autor de nuestro deseo de felicidad.

Como un padre que se interesa activa y sinceramente por la vida de sus pequeños, Dios envió a su único Hijo como respuesta al anhelo del hombre por la felicidad y para enseñarnos como satisfacerlo. Dios envió a su hijo al mundo, ciertamente para que nos reconciliemos con Él, pero también para darnos enseñanzas de vida.

La filosofía de Cristo es la mayor filosofía de felicidad humana. No es únicamente un estilo de vida; es *el* estilo de vida. Al mismo tiempo, la filosofía de Cristo es de auto entrega. Esta es la gran paradoja de las enseñanzas de Dios. En nuestro caminar descarriado, fuera de la filosofía de Cristo se puede encontrar pequeñas pizcas de felicidad. Incluso viviendo una vida contraria a la filosofía de Cristo se puede saborear la felicidad momentánea; pero estos, son solo momentos robados. Pueden parecer reales, pero son las sombras de algo infinitamente mayor.

• La Actitud de Cristo •

Jesús jamás preguntó « ¿Qué gano yo con esto?» Nunca lo motivó la corriente individualista; su motivación era el espíritu de servicio. Lejos de promover la divinización hedonística del placer, Jesús proclamó sutilmente una vida de auto renuncia, al decir «Si alguno quiere venir detrás de mí, que renuncie a sí mismo cargue con su cruz y me siga» (Mateo 16, 24). Ciertamente, Él no se preguntó « ¿Qué es lo mínimo que puedo hacer para traer la salvación a la humanidad?» Su pregunta fue, « ¿Qué es lo *máximo* que puedo hacer?» porque esta pregunta está motivada por el amor. La actitud de Cristo contrasta totalmente con las filosofías de individualismo, hedonismo y minimalismo.

La vida que Jesús nos invita a vivir es muy diferente al estilo de vida que nuestra cultura moderna propone. El Individualismo, el hedonismo, el minimalismo—y varias de sus filosofías derivadas, como el relativismo y el materialismo—nos incitan a hacer lo que queremos, cuando queremos y donde queremos. Jesús en cambio nos invita a vivir una vida de disciplina y discipulado.

Habiéndose aparecido a María Magdalena después de su Resurrección, Jesús convocó a los discípulos a Galilea. Cuando estuvieron reunidos los once en el monte, Jesús dijo, «Por tanto, vayan y hagan discípulos a todos los pueblos» (Mateo 28, 19). Él no dijo, «vayan y hagan seguidores a todos los pueblos del mundo».

Es fácil ser un seguidor, pero ser un discípulo significa ser un estudiante—ser humilde, dócil y abierto a aprender y a escuchar. Todo esto requiere disciplina. Cristo nos invita a una vida de disciplina, no para su beneficio, sino para el nuestro; no para ayudarlo a Él, sino para ayudarnos a nosotros mismos; no para hacerlo feliz, sino para permitirnos compartir Su felicidad.

• El Papel de la Disciplina •

Jesús dijo «Yo he venido para que tengan vida y la tengan en abundancia» (Juan 10, 10). La disciplina es el camino que lleva a una «vida en plenitud». Hay cuatro aspectos principales en el hombre: el físico, el intelectual, el emocional y el espiritual. Cuando comemos bien, nos ejercitamos continuamente y dormimos con regularidad, físicamente nos sentimos vivos en plenitud. Cuando amamos, les damos prioridad a las relaciones significativas de nuestra vida, cuando damos de nosotros para ayudar a otros en su jornada, nos sentimos emocionalmente vivos en plenitud. Cuando estudiamos la visión que tenemos de nosotros mismos y de Dios, el mundo se expande y nos sentimos intelectualmente vivos en plenitud. Cuando nos tomamos un momento cada día en la habitación del silencio para ir delante de Dios en oración, abierta y honestamente, experimentamos vida en plenitud en el aspecto espiritual. Todos estos esfuerzos vivificantes requieren de disciplina. El ser humano prospera con disciplina.

Y tú, ¿prosperas? ¿O únicamente sobrevives?

La disciplina nos despierta de nuestro estupor filosófico y purifica todos los aspectos del ser humano. No es un medio de esclavización ni de opresión; más bien, nos libera y permite elevarnos a alturas inimaginables. Afina los sentidos, dejándonos degustar los sabores sutiles de las experiencias humanas. La disciplina eleva estas experiencias a una realidad fundamental, ya sea que estas sean físicas, emocionales, intelectuales o espirituales. Cada experiencia es elevada y cada habilidad es mejorada con la disciplina. La vida y enseñanzas de Jesucristo nos invitan a acoger esta disciplina vivificante.

Muchas personas consideran irrelevante a Jesús hoy en día porque propone una vida de disciplina. ¿Debemos entonces considerar a la disciplina como el núcleo de la filosofía de Jesus? No. Cristo nos propone una vida de disciplina no por su bien y ciertamente tampoco para controlarnos u oprimirnos; sino más bien como una clave para ser libres.

En medio de las complejidades de la era moderna, nos encontramos presos, esclavizados por miles de caprichos, anhelos, adicciones y fijaciones. Como se dijo anteriormente, estamos enfrascados en la noción superficial de que libertad es hacer lo que queremos cuando queremos y donde queremos, sin que nadie nos lo impida, lo que coincide convenientemente con el enfoque equivocado que le damos a nuestra vida moderna. La libertad no es hacer lo que quieres. Libertad es la fuerza de carácter y auto dominio para hacer lo correcto, veraz, noble y bueno. De ahí que la libertad sin disciplina es imposible. La fuerza de carácter no se tambalea en momentos de necesidad y tentación. El carácter se construye poco a poco a lo largo de días, semanas, meses y años con miles de pequeños y aparentemente insignificantes actos de disciplina. El autodominio no es un derecho que espera llegar a nosotros, es un privilegio de unos pocos que lo construyen, defienden y celebran al haberse disciplinado a sí mismos.

Entonces, ¿debemos considerar la libertad como el núcleo de la filosofía de Jesús? No.

Entonces, ¿cuál es el centro de su filosofía? Pues bien, resulta ser que incluso la gente de su propia época sintió curiosidad por contestar esta pregunta.

Un día, mientras Jesús estaba enseñando a un grupo de personas en la sinagoga, alguien de la multitud le hizo una pregunta. Era una persona instruida, uno de aquellos doctores de la ley que no la entendían, debido a que los hombres habían convertido las enseñanzas reveladas a Moisés en algo enredado y confuso. Su pregunta fue, «Maestro, ¿cuál es el mandamiento más importante de la ley?»

Jesús abrió lentamente sus divinos labios, con la seguridad y calma de alguien que sabe de lo que está hablando y le contestó «Amarás al Señor tu Dios con todo tu corazón, con toda tu alma y con toda tu mente. Este es el primer mandamiento y el más importante y el segundo es semejante a este: Amarás a tu prójimo como a ti mismo. En estos dos mandamientos se basa toda la ley y los profetas» (Mateo 22, 34-40).

El centro de la filosofía de Jesús es el amor. Pero para poder amar uno debe ser libre. Porque amar es entregarte libremente y sin reservas. Mas para dar tu yo a otra persona, a una tarea, o a Dios, debes primero ser dueño de ti mismo. La libertad es poseerse a sí mismo. Es un prerrequisito para el amor y se obtiene únicamente a través de la disciplina.

• Jesús en la Historia •

El año pasado, días antes de Navidad, pude ver la intervención de un erudito Judío por televisión. El tema de la discusión era la influencia que ha tenido Jesús en la historia de la humanidad. En síntesis, el erudito concluyó, «El impacto que este hombre ha tenido en la historia de la humanidad es innegable. Gracias a esta persona que llamamos Jesús, el mundo jamás será igual. Por Jesús, los hombres y mujeres no volverán a pensar igual. Sin importar si creemos o no en su condición de Hijo de Dios, este hombre que caminó por la tierra hace dos mil años, cambió al mundo de tal modo que hombres y mujeres nunca más vivirán igual, jamás serán iguales».

En este turbulento ambiente cultural, que puede llegar a ser hasta anti cristiano, a veces podemos perder de vista el impacto que Cristo ha tenido en la historia. Atrapados en nuestras preocupaciones del día a día, olvidamos o pasamos por alto la extraordinaria influencia que este hombre ha tenido y continúa teniendo.

Hoy en día, gran cantidad de personas piensan que Jesús es irrelevante en el contexto contemporáneo. Sospecho que estas personas sufren de locura moderna, causada por el desconocimiento de sí mismos y de la historia. Conforme nos vamos conociendo a nosotros mismos, nuestras necesidades más profundas y la historia de la humanidad, empezamos a entender la relevancia de Jesucristo sobre el hombre de hoy.

¿Sigue siendo importante Jesús?

Junta todos los libros que se han escrito acerca de su vida y enseñanzas. Agrega a esto todas las obras de arte que ha estimulado la vida cristiana. Ahora considera toda la música inspirada en Cristo. Sin dejar de lado el hecho de que ha sido la Iglesia la que ha cultivado e incentivado el desarrollo del arte por siglos. El cristianismo es la base moral sobre la cual se han fundado los Estados Unidos y muchas otras naciones del orbe.

Ahora toma en cuenta que antes de que Cristo caminara por la tierra, no había nada parecido a un hospital. ¿Dónde se atendía a los enfermos cuando Jesús habitó nuestro mundo? A un lado de los caminos, abandonados para que se deterioraran y murieran, abandonados por sus propios familiares, cuya salud peligraba al estar junto a los enfermos.

¿Cómo es que nos hemos olvidado también que antes de que la Iglesia introdujera la formación académica masiva, no existía nada parecido a la educación para el hombre común? Esta era exclusiva de la nobleza hasta que la Iglesia reconoció y proclamó la dignidad de todos los seres humanos e implantó la idea de que todo individuo merecía una educación. ¿Y cuántas ciudades como San Francisco, tienen nombres de raíces cristianas?

Todos estos constituyen aspectos concretos del impacto que Cristo ha tenido sobre la historia universal. No obstante, estos son solo tenues reflejos de la persona que fue y es Jesucristo. Aún si juntáramos todos estos aspectos, no serían nada comparados al impacto que Jesús puede tener en tu vida, o en la mía. Todo el éxito mundial de Cristo y su Iglesia son insignificantes comparados con el cambio que Él quiere que se obre sobre tu persona y sobre tu vida.

La vida de Jesucristo está grabada indeleblemente en la historia; ni el paso del tiempo ni los devastadores y combinados efectos del demonio han sido capaces de borrar Su influencia. Algunas personas pensaron que estaba loco; otros lo consideraron un místico, un revoltoso, un rebelde. Fue condenado como criminal, aun así su vida y enseñanzas han perdurado a través de la historia. Él vio todo de manera distinta, no respetó el statu quo. Puedes rezarle, citar sus palabras, glorificarlo, o incluso no estar de acuerdo con él, no creer su enseñanza o hasta vilipendiarlo. Pero lo único que no puedes hacer es ignorarlo y esta es una lección que cada época aprende a su manera.

No es posible ignorar a Jesús, porque él cambió cosas. Se trata del agente de cambio más grande en la historia de la humanidad. Jesús hizo caminar al cojo, enseñó a los sencillos, liberó a los cautivos, devolvió la vista a los ciegos, alimentó a los hambrientos, curó a los enfermos, reconfortó a los afligidos, contrarió a los cómodos y, en todas estas cosas, captó la imaginación de las generaciones venideras.

Sus enseñanzas no son complejas o exclusivas, sino simples y aplicables a cualquiera, dondequiera y en cualquier momento de la historia, sin importar edad, color, o situación. Más allá de las complejidades de la vida, hay simpleza. Debajo del caos y de la confusión de la vida, hay entendimiento. Se trata del Evangelio, la buena nueva. En él y a través de él encontramos la salvación. La felicidad es parte de esa salvación – no la felicidad vacía y tonta que nuestro tiempo actual asocia con tener lo que deseamos. Sino más bien, una felicidad profunda y más grande que cualquier otra que hayamos imaginado jamás.

Cristo vino para reconciliarnos con el Padre y al hacerlo, satisfizo el anhelo de felicidad que tanto preocupa al corazón humano. El amor es nuestro origen y destino. Nuestro anhelo de felicidad es un anhelo de amor. Creados para amar y ser amados, buscamos alcanzar nuestro propósito. «Dios es amor» (1 Juan 4, 8) y nuestro anhelo de felicidad es finalmente, un anhelo de Dios. El Catecismo de la Iglesia Católica no pierde tiempo en afirmar esta realidad. El primer punto del Capítulo Primero, Primera Parte, dice, «El deseo de Dios está inscrito en el corazón del hombre, porque el hombre ha sido creado por Dios y para Dios; y Dios no cesa de atraer al hombre hacia sí y solo en Dios encontrará el hombre la verdad y la dicha que no cesa de buscar».

Nuestro deseo de felicidad no va a desaparecer. Es parte de la condición humana. Nuestra búsqueda de la felicidad es una búsqueda de Dios. He aquí la grandeza de Dios. Este anhelo de dicha es el mejor piloto automático, diseñado para dirigirnos sutilmente hacia nuestro hogar eterno. Dios nos crea, coloca un deseo en nuestro interior y nos envía al mundo. Hace esto sabiendo que tarde o temprano, si somos capaces de juntar aunque sea la más pequeña gota de humildad, seremos guiados de vuelta a casa, hacia Él gracias a nuestro deseo de dicha y felicidad—porque nadie más ni nada más podrá satisfacer este deseo.

Nuestro anhelo de felicidad es un anhelo de unión con nuestro Creador. Las palabras de San Agustín retumban en todo lugar, en toda época y en todo corazón: «Nuestro corazón está inquieto hasta que descansa en ti, Señor». Donde sea que el hombre anhele felicidad, Cristo será importante. Él sólo es el cumplimiento y la satisfacción de este anhelo y por lo tanto, para cada persona en cualquier lugar y época él sigue siendo «el Camino, la Verdad y la Vida» (Juan 14, 6).

Capítulo Cuatro

BUSCANDO IDENTIDAD

Como católicos, tal vez hoy más que nunca, luchamos por establecer una identidad positiva en nuestra sociedad. ¿Qué ha causado esta crisis de identidad? ¿Cómo podemos establecer una identidad vibrante para el catolicismo en nuestro mundo actual? Estas son preguntas que nos retan como individuos católicos, como comunidades parroquiales y como familia internacional de fe.

Los parámetros culturales de diferentes épocas pueden cambiar radicalmente, pero hay dos cosas que se mantienen inalteradas en cualquier momento de la historia: el anhelo de felicidad del corazón humano y la misión de la Iglesia. De hecho, la misión de la Iglesia es la respuesta directa e íntima de Dios al incesante deseo del corazón humano por la felicidad.

En los albores de este nuevo milenio, es esencial que recordemos que Cristo no confió a la Iglesia ninguna misión social, económica o política sino una misión eminentemente espiritual. La misión de la Iglesia es proclamar el Evangelio a las personas de todos los pueblos y épocas (cf. Marcos 16, 15). No obstante, al asumir esta misión, se puede y se debería afectar el orden político, social y económico de las sociedades en las que viven los cristianos—de hecho esta misión debería tener un impacto en todos los aspectos de nuestra vida. Si permitimos que el Evangelio transforme nuestra manera de vivir, amar y trabajar, todo esfuerzo humano honesto será enaltecido, así como todo aspecto de la sociedad. El Evangelio está vivo y activo. Tiene el poder para transformar nuestra vida, nuestras comunidades, nuestros pueblos e incluso el mundo entero. No hay palabra, pensamiento o acción en nuestra vida que esté fuera del alcance del Evangelio.

• La Aventura de la Salvación •

Una vez que somos conscientes de nuestro anhelo de felicidad y de la incapacidad de nuestro mundo para satisfacer ese anhelo, comienza la aventura de la salvación. El anhelo de felicidad de las personas es la forma en que Dios nos invita a vivir esta aventura. Dios tiene un sueño para ti y un plan para tu vida. Él quiere librarte de todo lo que se interpone en tu camino por llegar a ser la-mejor-versión-de-ti-mismo.

A lo largo de este libro vamos a hablar mucho acerca de convertirte en la-mejor-versión-de-ti-mismo. Con este término no estoy sugiriendo un enfoque de la vida narcisista o de auto búsqueda. Más bien, estoy invitándote a una cooperación dinámica con Dios. Es dentro y a través de esta cooperación que nos convertimos en la-mejor-versión-de-nosotros-mismos, en donde se encuentra muy presente la naturaleza amorosa de Dios.

Dios tiene un plan de salvación para cada uno de nosotros. Tu aventura de salvación es única y diferente de la mía. En mi libro, *El Ritmo de la Vida*, escribo ampliamente sobre la relación entre nuestras legítimas necesidades, nuestros más profundos deseos y nuestros talentos. Es a través de esta relación que Dios nos revela nuestro camino único de salvación. San Francisco de Asís transitó un sendero distinto que el que recorrió Santa Teresa de Avila. Ambos alcanzaron la-mejor-versión-de-sí-mismos, pero lo hicieron por vías diferentes, de acuerdo a sus necesidades únicas, sus talentos y sus deseos. Juan Pablo II vivió una vida muy distinta a la de San Maximiliano Kolbe. Sus senderos fueron diferentes, pero el resultado fue el mismo. Piensa por un instante en los doce apóstoles. Cada uno de ellos tenía muy diversos talentos y personalidades, pero Jesús llamó a cada uno de ellos por una razón específica, para cumplir un rol determinado y resulta que, hoy en día, tú y yo somos llamados por Él de una forma similar.

Dios nos creó con necesidades legítimas. Todos tenemos necesidades físicas, emocionales, intelectuales y espirituales. Si consideramos nuestra relación con la comida, el agua y el oxígeno, entenderemos estas necesidades legítimas de una manera básica y fundamental. Comer y beber son necesidades legítimas. Si no comes ni bebes, morirás. Si no respiras, morirás aún más rápido. Dios nos dio estas necesidades por una razón. Cuando escuchamos el llamado de estas necesidades estamos escuchando la voz de Dios.

De forma similar, nuestro corazón está lleno de sueños y deseos. Los sueños y deseos buenos que se encuentran ahí fueron puestos por Dios e impulsados por el Espíritu Santo, para atraernos hacia el sendero de la salvación. Una de las prácticas más antiguas de la espiritualidad cristiana es revelar los más profundos deseos de nuestro corazón a través de la contemplación y reflexión. Cuando escuchamos el llamado de estos deseos estamos escuchando la voz de Dios.

Finalmente, al crearnos, Dios dotó a cada uno de nosotros de ciertos talentos y habilidades. Nos dio estos regalos peculiares como herramientas para la vida. Él sabía qué talentos y habilidades necesitaríamos en nuestro camino único. Cuando escuchamos el llamado de nuestros talentos, estamos escuchando la voz de Dios que nos invita a participar plenamente de la aventura de la salvación.

Es a través de la oración, la reflexión, las Escrituras, la gracia de los sacramentos, la sabiduría de la Iglesia y la guía del Espíritu Santo, que descubrimos y caminamos el sendero que Dios quiere que caminemos. Todos estamos en la búsqueda de nuestro destino individual cada uno a su manera, Guiados por nuestro anhelo de felicidad, podemos buscar placer, posesiones materiales, e incluso poder, pero ni el mundo ni todo lo que él tiene para ofrecernos podrán jamás saciar al corazón humano. Solo Dios puede satisfacer los deseos más profundos de nuestro corazón.

Es tarea de la Iglesia hacernos ver nuestro destino al revelarnos el misterio de Dios, quien es nuestro fin fundamental y nuestro destino. Es tarea de la Iglesia asistirnos de todas las formas posibles para alcanzar este destino. Al decir «es tarea de la Iglesia», no me estoy refiriendo al trabajo de tu párroco, del obispo y de la gente de tu parroquia. Tú y yo tenemos un rol tan importante en la Iglesia como cualquier otro miembro. Tu rol puede ser distinto al mío, o al del sacerdote, pero no es menos importante. Lo que sí es importantísimo es que cada parte del cuerpo cumpla su rol lo mejor que su habilidad y talento se lo permita.

Permítanme replantear el último punto de esta forma: Tu tarea y la mía consisten en hacer conocer a otros su destino mediante la revelación a ellos del misterio de Dios. Tu tarea y la mía consisten en ayudar a alcanzar su destino a todos los que se cruzan por nuestros senderos. Al servir a otros de esta manera también nosotros estamos alcanzando nuestro propio destino. Esta es una de las formas brillantes y hermosas en que Dios nos ha enlazado unos con otros.

Al aceptar la aventura de la salvación, en cada esfuerzo que hacemos, nos acercamos un poco más hacia convertirnos en aquella persona que Dios soñó que fuéramos al crearnos. Cristo ha encomendado a la Iglesia que nos guíe y dirija a lo largo de este camino. Nuestro diálogo e interacción con la Iglesia están diseñados para ayudarnos a escuchar la voz de Dios en nuestra vida, para vivir la vida que Dios nos invita a vivir y para convertirnos en la-mejor-versión-de-nosotros-mismos. Jamás olvidemos que la gente no existe para la Iglesia—la Iglesia existe para la gente.

Es por esta razón que la Iglesia proclama las verdades intactas de la vida y enseñanzas de Jesucristo—el Evangelio. Al hacerlo, nos invita a vivir una vida de disciplina

Hay ciertas disciplinas que están relacionadas con la vida de un atleta que pueden ser comparadas con la vida de un cristiano. Los atletas permanecen bajo cierto régimen alimenticio y se ajustan a cierto plan de entrenamiento. Procuran evitar trasnocharse, porque saben que tienen que madrugar al día siguiente para el entrenamiento. Todo esto es parte de su estilo de vida. La vida de un cristiano es similar. Hay disciplinas y prácticas que deben ser asumidas y respetadas si queremos caminar fervientemente por el sendero de la salvación, alcanzar nuestro destino, convertirnos en la-mejor-versión-de-nosotros-mismos cada día y disfrutar de la felicidad con que Dios quiere llenarnos. Tu camino junto a Dios requerirá más disciplina que cualquier otra búsqueda que emprendas en la vida.

• Los católicos de Hoy •

Durante años me he preguntado cuál fue la visión de Dios para la Iglesia al comienzo y cuál es su visión ahora. He explorado la historia católica y estudiado las raíces del cristianismo. También me he preguntado cuáles son las diferencias esenciales entre los católicos de hoy en día y los primeros cristianos. Es una pregunta difícil.

El cristianismo era un estilo de vida para los primeros cristianos. Convivían compartiendo una vida en comunidad, con frecuencia trabajaban juntos, oraban juntos y estudiaban la Escritura juntos. Su fe era el centro de su vida, pues esta afectaba todo lo que hacían. Compartían los alimentos, jugaban juntos, se cuidaban mutuamente en momentos de enfermedad. Dejaban que los principios del Evangelio los guiaran en todas las actividades de su diario vivir. Se apoyaban mutuamente en las aflicciones y se animaban a vivir el Evangelio a plenitud. Había unidad y continuidad entre sus trabajos y sus hogares, entre su vida social y su vida como miembros de la Iglesia. Permitían que el Espíritu Santo los guiara en todo lo que hacían y en el pináculo de su vida en común, celebraban la Eucaristía juntos.

Esto es lo que muchos escritores te harían creer. Sin embargo, ¿fue en verdad así? Si lees los Hechos de los Apóstoles, capítulo 2 y solo los versículos 43-47, podrías llegar a creer que fue así. Pero el resto del libro de los Hechos demuestra que las cosas no eran tan idílicas entre los primeros cristianos.

Los primeros diáconos fueron escogidos debido a que las viudas de los gentiles eran desatendidas en la asistencia cotidiana por parte de los judíos miembros de la Iglesia (Hechos 6, 1). Hubo controversia sobre la forma en que se debía tratar a los gentiles (Hechos 15, 1-21). Pablo tuvo que reprender a Pedro porque se rehusaba a comer con los gentiles (Gálatas 1, 11-14). En su primera carta a los Corintios, Pablo critica severamente a la comunidad por egoístas, con los ricos comiendo con sus amigos y, en medio de ellos, los pobres pasando hambre.

Los primeros cristianos no fueron perfectos, pero había un rigor total por la verdad. Probablemente no como miembros individuales, pero como comunidad buscaban continuamente la mejor forma de vivir una vida cristiana. ¿Estamos nosotros buscando la mejor forma de vivir una vida cristiana?

Hoy en día, entre las ocupaciones y complejidades de la vida moderna, a la gran mayoría de católicos se nos presenta como un reto tan solo lograr llegar a misa cada domingo. Ha ocurrido una gran división en varios aspectos de la vida de la sociedad Muchas personas sienten que deben alejar de ciertas actividades de su vida los valores y principios de su fe, tal como se deja un abrigo en una sala de espera. El mundo actual trata de separar la fe de la razón, lo profesional de lo personal, los medios del fin. Este enfoque separatista destruye la unidad en la vida y crea el desequilibrio moderno de sentirnos partidos en dos, ya que nuestra naturaleza nos dice que no podemos separar la fe de la razón, o lo personal de lo profesional, o los medios del fin. Vivir el Evangelio es difícil; siempre lo ha sido y siempre lo será. Esto es precisamente lo que los católicos de hoy tienen en común con los primeros cristianos y con los cristianos de todas las épocas y lugares.

Jamás ha habido un tiempo en que la Iglesia haya sido la sociedad perfecta que Jesús nos llamó a ser. Ha habido momentos en los que ciertos individuos y comunidades han celebrado la visión de Cristo en formas sorprendentemente inspiradoras. Pero mantener estos momentos es el reto verdadero. Piensa lo fácil que resulta alejarte de la-mejor-versión-de-ti-mismo. Considera lo difícil que es escoger la-mejor-versión-de-ti-mismo en diferentes situaciones cada día. Ahora multiplica esto por 1200 millones y tendrás una idea aproximada de lo difícil que es para la Iglesia convertirse en la-mejor-versión-de-sí-misma aunque sea por un instante. Cada vez que nos enfrascamos en un comportamiento autodestructivo, la Iglesia retrocede a una-versión-inferior-de-sí-misma y cada vez que con valentía escoges convertirte en una-mejor-versión-de-ti-mismo, la Iglesia alcanza una-mejor-versión-de-sí-misma.

No sé cuáles son las principales diferencias entre los primeros cristianos y los católicos de hoy. De lo que sí estoy seguro es que los comportamientos del hombre no nos llevarán de lo que somos actualmente hacia lo que deberíamos ser. También sé que en cada lugar y en cada momento desde Pentecostés, el Espíritu Santo ha estado presente para guiarnos, a ti, a mí y a toda la Iglesia. Estoy convencido de que la Iglesia necesita mucho menos nuestras ideas y mucho más la guía del Espíritu Santo.

Así que oremos por un momento.

Ven Espíritu Santo, llena los corazones de tus fieles. Enciende en nosotros el fuego de tu amor. Envía tu espíritu y seremos creados y así tú renovarás la faz de la tierra.

El Espíritu Santo renovará la faz de la tierra. ¿Será acaso a través de un rayo de luz cegador? Sospecho que no. La renovación que desesperadamente necesitan la Iglesia y el mundo en los momentos actuales de la historia será así: tú y yo abandonaremos la ilusión de controlar y rendiremos nuestro corazón al espíritu de Dios. Permitiremos que el Espíritu Santo guíe nuestras palabras, pensamientos y acciones, uno a la vez. De esta forma, el Espíritu renovará lentamente nuestra vida, nuestros matrimonios, nuestros negocios y escuelas, nuestras parroquias, nuestros pueblos, nuestra Iglesia y toda la humanidad.

Cualesquiera hayan sido los éxitos de la Iglesia primitiva, fueron el fruto de su fidelidad a Jesucristo por inspiración del Espíritu Santo. Cualesquiera hayan sido las fallas de la Iglesia primitiva, fueron el resultado de su rechazo a la orientación del Espíritu Santo. Lo mismo pasa con la Iglesia de hoy.

• El catolicismo es un Estilo de Vida •

Es igualmente importante que en este punto de la historia nos preguntemos « ¿Qué es el catolicismo? y ¿Qué significa ser católico?»

El catolicismo no es una simple religión, o secta, o una serie de reglas, que es lo que normalmente tienden a concluir las mentes pequeñas con espíritus todavía más pequeños que tratan de captar la esencia del catolicismo. El catolicismo es más que una religión. Es más que solo otro movimiento. La esencia del catolicismo no es pecado, castigo, deber, u obligación. Es mucho más que una serie de reglas y mandamientos sin sentido. El catolicismo es *más*. Es más de lo que la mayoría de gente piensa y mucho más de lo que la mayoría de católicos llegan a entender.

La esencia del catolicismo es transformación dinámica. Tú no puedes imitar a Jesucristo y al mismo tiempo seguir siendo como eres. Ser Católico significa anhelar vivir el Evangelio, anhelar imitar a Jesucristo. Este enfoque dinámico hacia la transformación es el que anima al hombre—física, emocional, intelectual y espiritualmente—y nos permite tener vida «en abundancia» (Juan 10, 10). ¿En qué momento te encuentras más vivo en plenitud? Cuando estás cambiando y creciendo y explorando aquello en lo que te puedes convertir.

Dios nos llama constantemente hacia una nueva vida. Nos invita continuamente a sitios más grandes y profundos. Cristo siempre nos está diciendo, como lo hizo con Pedro: «Naveguen mar adentro y echen sus redes» (Lucas 5, 4). El mundo, por el contrario, nos invita constantemente hacia la orilla.

El catolicismo es el estilo de vida dinámico que estimula y potencia a cada individuo para que se convierta en la-mejor-versión-de-sí-mismo. Contrario a lo que proponen las actuales psicologías pop y secular, esto no es algo que hacemos por beneficio propio (auto ayuda), sino más bien en Jesucristo y a través de Él. Podremos auto ayudarnos eventualmente en cierta medida, pero requerimos de un Salvador justamente porque no somos capaces de auto ayudarnos en la medida de nuestros deseos y necesidades.

El estilo de vida católica, cuando es acogido de manera auténtica, promueve la integración de todos los aspectos del diario vivir con los del ser humano y en medio de la búsqueda de tu destino, Dios entrelaza tus talentos con las necesidades de los demás, para así permitirte tocarlos, servirlos e inspirarlos al tiempo que ellos transitan sus propios caminos.

El catolicismo es un estilo de vida en el cual el dar y el recibir suceden en la misma medida. De él se nutren el individuo, la comunidad local y toda la familia del hombre. El catolicismo afecta a todas las áreas de nuestra vida y es un faro que nos sirve de guía en nuestras decisiones. Es base tanto teológica como filosófica así como inspiración práctica. El catolicismo es el llamado a vivir una vida auténtica. Cuando se acoge como un estilo de vida, provoca el enaltecimiento de toda actividad humana. El catolicismo provee el mapa y las herramientas para llevar a cada persona a estar en armonía consigo mismo, con Dios y los demás

G. K. Chesterton escribió, «El cristianismo no ha sido probado y hallado inútil; ha sido hallado difícil y dejado sin probar» Esta es una curiosa realidad del catolicismo. De todos los que conozco que han rechazado al catolicismo, o que han sido sus críticos, no hay una sola persona que haya explorado y acogido verdaderamente el estilo de vida católica. Si humildemente abres tu corazón, tu mente y tu alma a la grandeza del catolicismo, nunca lo hallarás inútil.

• Crisis de Identidad •

Si durante esta semana se hiciera una encuesta en las calles de cualquier ciudad de Estados Unidos pidiendo que se describa a los católicos, ¿qué crees que los encuestados responderían? Para ser honesto, no estoy seguro. Pero sospecho que habría respuestas variadas y probablemente no muy positivas que digamos. En este punto de la historia, los católicos tenemos problemas de identidad e imagen.

Tenemos un problema de identidad porque un buen número de nosotros no ha definido ni ha acogido claramente un estilo de vida católica. Si lo hubiéramos hecho, al escuchar que te vas a casar con un católico, las personas asumirían automáticamente que este es un hombre honesto, devoto y generoso. Si lo hubiéramos hecho, al buscar trabajo, las personas asumirían inmediatamente que eres trabajador, ético, un colaborador auto motivado que presta atención a los detalles del trabajo porque eres un católico. Si lo hubiéramos hecho, ¡las personas nos buscarían activamente en cualquier circunstancia, para ser sus cónyuges, vecinos, empleados, empleadores, sacerdotes, profesores y amigos!

Sin embargo, en medio de un ambiente cultural agitado y de constantes cambios, Los católicos hemos luchado por establecer una identidad vibrante. Plagada y acosada por falsos estereotipos, agobiada por escándalos y abuso de poder y carente de liderazgo claro e iniciativas audaces, hemos fracasado en establecer una auténtica identidad católica en el mundo actual. Como católicos en los albores del siglo XXI, estamos en medio de una grave crisis de identidad.

¿De dónde vendrá la guía e inspiración para restablecer una identidad vibrante en el mundo? Jesús contestó personalmente esta pregunta a sus apóstoles en la última cena. Sus palabras siguen teniendo la misma vigencia que hace veinte siglos: «Yo les doy un nuevo mandamiento: Que se amen los unos a los otros como yo los he amado, ámense también ustedes unos a otros. En esto todos reconocerán que ustedes son mis discípulos: en el amor que se tengan los unos a los otros» (Juan 12:34—35).

El amor que la vida y enseñanzas de Jesucristo nos invitan a experimentar es real y relevante en cualquier lugar y época y el mundo está esperando que nosotros lo hagamos vivencia. No es un amor de palabras y teorías, sino un amor de acción. Puede ser expresado en algo tan simple como ayudar a otro en la necesidad, siendo agradecidos con los demás, alimentando al hambriento, o consolando al afligido. Hace unos días escuché la historia de una pareja que había alquilado su casa a una familia porque se iban a vivir dos años a otra ciudad por una comisión de trabajo. Luego de un tiempo, la familia que alquilaba la casa empezó a tener dificultades con el pago de la renta. Cuando la pareja reclamó por los dividendos atrasados, descubrieron que el padre se había quedado sin trabajo y uno de los niños estaba muy enfermo. Tiempo después, habiendo cumplido la comisión, la pareja regresó a su ciudad. Mas en vez de desalojar a esta familia en crisis, la pareja alquiló una casa a pocas cuadras de la suya. Hicieron esto a pesar de que los inquilinos no habían pagado la renta durante casi un año. Lo hicieron incluso conscientes de que esto significaba hacer sacrificios personales y ajustes considerables a sus hábitos de consumo. De esto se trata el amor de Dios, vivo y activo. Esto es una identidad católica en formación, nueva y vibrante.

Cómo me gustaría que cuando la gente descubriera que tú o yo somos católicos, inmediatamente concluyeran que somos honestos, trabajadores, generosos, amorosos, dichosos, compasivos, moderados, humildes, disciplinados, devotos y, en general, enamorados de la vida. No necesitarías mucha gente con este perfil para desarrollar una reputación positiva acerca del catolicismo en tu comunidad local. Ruego al Señor para que crezcan personas así por el mundo. Ruego al Señor para que nos transforme a ti y a mí en católicos de ese calibre.

Todo lo que se necesita para cambiar radicalmente la manera en que los católicos son vistos en la sociedad actual es que tú y yo nos convirtamos en individuos honestos, trabajadores, generosos, amorosos, dichosos, compasivos, moderados, humildes, disciplinados, devotos y en general enamorados de la vida.

Capítulo Cinco

QUÉ ESTAMOS CELEBRANDO?

En mis viajes por el mundo, he aprendido que toda comunidad de fe tiene sus problemas y situaciones. Toda diócesis y parroquia Católica tiene dificultades. En algunos sitios, he visto cómo estos problemas han drenado la energía y entusiasmo de la comunidad, causando división y resentimiento. En otros lugares, los mismos problemas han dado lugar a energía y entusiasmo renovados y, de hecho, se han convertido en fuente de creciente unidad.

¿Qué es lo que produce tan diversas consecuencias en situaciones tan similares? He observado dos diferencias. La primera es a todo nivel humano: algunas personas están dispuestas a admitir sus errores y otras no. Como Iglesia, como comunidades locales de fe, debemos siempre estar dispuestos a afrontar nuestras deficiencias con humildad, valentía y esperanza. Cuando admitimos que tenemos grandes problemas, la gente empieza a buscar grandes soluciones. La segunda diferencia es a un nivel sobrenatural: deberíamos considerar la causa de los problemas que ocurren en nuestra vida y en la vida de la Iglesia. ¿Acaso los problemas ocurren para que los solucionemos? Creo que no. No estamos aquí para solucionar problemas; los problemas están aquí para solucionarnos a nosotros. Este es uno de los misterios sobrenaturales de nuestro paso por la tierra.

Cuando afrontamos un problema de forma adecuada, nos convertimos en mejores-versiones-de-nosotros-mismos. Esto es verdad para individuos, pero lo es también para matrimonios, familias, negocios, pueblos y para la Iglesia.

Afrontémoslo, tú y yo sabemos que si solucionáramos todos los problemas de la Iglesia hoy, mañana habría una nueva tanda de problemas. ¿Significa esto que no deberíamos ponernos a solucionar los problemas?

Absolutamente no, deberíamos hacerlo, pero como toda actividad en la vida, necesitamos conectarla con nuestro propósito esencial. No hacemos cosas y solucionamos problemas simplemente para apartarlos de nuestro camino y así poder seguir con nuestra vida. Hacer cosas y solucionar problemas son parte importante de la vida y todo momento en la vida es una oportunidad para convertirte en una-mejor-versión-de-ti-mismo. Pero necesitamos ser consientes de esta verdad para poder recoger la cosecha de cada momento.

En Navidad, como católicos, como Iglesia y como ciudadanos, deberíamos tomarnos el tiempo para chequear y ajustar la brújula que nos guía. Para hacer esto, debemos hacernos preguntas que escudriñen nuestra alma y buscar las respuestas con valentía.

« ¿Qué estamos celebrando?» es una de estas preguntas, porque está claro que nos convertimos en aquello que celebramos. Debemos formularnos esta pregunta de nosotros, de nuestra Iglesia, de nuestro pueblo y de nuestra cultura y seríamos sabios si escucháramos atentamente las respuestas, porque estas respuestas nos darán verdades proféticas acerca de nuestro futuro. Nos convertimos en aquello que celebramos.

Si entras en la habitación de casi todos los adolescentes y miras a tu alrededor, ¿qué ocupa los lugares más llamativos? Pósteres de ídolos del rock y estrellas de cine cuya vida, en la mayoría de casos no vale la pena imitar; revistas llenas de artículos en los que sutilmente y otros no tan sutilmente socavan la dignidad del ser humano y los valores de nuestra fe; iPods y discos compactos llenos de música que redefine el amor como algo egoísta y sensual; y videojuegos que, con demasiada frecuencia, celebran la violencia, despersonalizan al ser humano y ahogan la creatividad e individualidad que define el único camino de una persona hacia Dios. Nos convertimos en aquello que celebramos y este adolescente, se convertirá en una mezcla clonada de aquellas personas y cosas a las cuales está celebrando.

Cuando nuestros hijos saben más sobre ídolos del pop juveniles que lo que saben acerca de Jesucristo, no es momento para que revaloremos el lugar y la prioridad que la fe tiene en nuestra vida? También es momento para que desarrollemos estrategias innovadoras y métodos dinámicos para comunicar nuestra fe a personas de toda edad, pero especialmente a los jóvenes. Con excesiva frecuencia adoptamos soluciones del siglo XIX para problemas del siglo XXI. Ahora es momento de explorar nuevas maneras de comunicar el Evangelio, maneras de demostrar la grandeza y relevancia del catolicismo en la vida moderna. Ahora es momento de celebrar nuestra fe viviéndola de forma tal que capturemos la imaginación y curiosidad de las personas a nuestro alrededor.

Nos convertimos en aquello que celebramos. ¿Qué estás celebrando tú?

• El Futuro del catolicismo •

Al mirar hacia el futuro, La Iglesia enfrenta un gran número de desafíos. En mis reuniones con líderes católicos de Estados Unidos, Europa y Australia, parecen surgir los mismos asuntos una y otra vez: Nuestras parroquias se están quedando vacías; carecemos de contacto real con la juventud; el divorcio está destruyendo a las familias, dividiendo comunidades y apartando del catolicismo a familias enteras por generaciones venideras; las vocaciones sacerdotales y de vida consagrada son escasas; y la Iglesia enfrenta una creciente marginalización en medio de una secularización que se incrementa con el paso de cada día.

Cuando estas cuestiones salen a la luz, he notado que la gente tiende a ponerse muy a la defensiva. Probablemente no nos gusta pensar en una Iglesia con problemas, pero debemos hacerlo, porque los problemas traen con ellos la esperanza de las soluciones. Si seguimos dándole la espalda a los asuntos trascendentales, estos seguirán esparciéndose como cáncer en el cuerpo y si nadie está dispuesto a admitir que aquí hay varios problemas graves, nadie empezará a buscar las grandes soluciones que ellos requieren.

Hay una gran cantidad de personas que piensan que el problema con el mundo de hoy es que la gente no viene a la iglesia. Piensan que el desafío es llevar a la gente a la iglesia, pero el verdadero desafío es llevar la Iglesia a la gente. Esto es fundamentalmente en lo que estamos fallando. Estamos fallando en hacer lo que Cristo hizo—a saber, llegar a conocer a la gente en su necesidad, en su quebranto. Estamos fallando en llevar a cabo la misión que Cristo nos confió a través del linaje apostólico (cf. Mateo 28, 16-20). Estamos fallando en llevar a cabo la misión de la Iglesia, que es proclamar la buena nueva del Evangelio a gente de todas las épocas. Es razonable que la gente espere que la Iglesia sea capaz de articular la relevancia que el Evangelio tiene en sus vidas y en sus relaciones aquí y ahora. Juntos, tenemos la responsabilidad de demostrar que caminar con Dios y seguir la vida y enseñanzas de Jesucristo es la mejor manera de hacerlo.

Si la gente no viene a la iglesia no es solo su culpa; es también culpa nuestra. Nosotros deberíamos preguntarnos, « ¿Por qué no vienen a la Iglesia?» La gente no viene a la iglesia porque no ven el valor en hacerlo. Si los convenciéramos del valor, si verdaderamente entendieran la riqueza y belleza del catolicismo, harían de la iglesia una parte indispensable de su vida.

Estamos fallando en alimentarlos y comprometerlos y no me refiero a entretenerlos; me refiero literalmente a comprometerlos. Estamos fallando en encontrarlos donde están y demostrarles activamente que Dios los invita a vivir de una manera diferente y que si viven en la forma que Dios los llama a hacerlo, cada aspecto de su vida será mejor. Están ansiosos por que los llamemos donde están, cada uno en su propio camino y les hablemos sobre sus esperanzas y temores, sus matrimonios, sus carreras, sus anhelos y adicciones, el vacío que a veces sienten cuando están en silencio y soledad, sus finanzas personales, sus hijos y cada aspecto de su vida. Enganchar gente significa enseñarles cómo el Evangelio puede transformarles la vida. Significa mostrar a la gente que el aceptar la vida que Dios nos llama a vivir, los librará de sentirse rotos en mil pedazos. Las personas saben que están sufriendo, saben acerca de sus quebrantos, saben acerca de sus vacíos, saben que tienen un anhelo espiritual, pero piensan que ir a la iglesia es irrelevante en la vida actual. ¿Por qué piensan eso? Porque tú y yo hemos fallado en enseñarles la relevancia de la vida y enseñanzas de Jesucristo en el siglo XXI. Como Iglesia, hemos fallado en enseñarles cómo Jesús, los sacramentos, el Evangelio, la Eucaristía y la espiritualidad Católica en general pueden aliviar ese dolor, hacerlos sentir completos otra vez y traer significado y propósito a su vida.

Ciertamente que podemos mirar hacia otro lado de forma orgullosa y obstinada, encogiéndonos de hombros y decir, «es problema de ellos». O podemos buscar consuelos superficiales sabiendo que «las puertas del infierno no prevalecerán» (Mateo 16, 18). Me entristece cuando la gente toma esta actitud, porque no creo que Dios quiera que nosotros, o la Iglesia solamente sobrevivamos. Pienso que Dios quiere que crezcamos. ¿Estas creciendo, o solo estás sobreviviendo? ¿Está creciendo la Iglesia o solo está sobreviviendo? Se requiere que demos una mirada sincera a nosotros mismos y a nuestra Iglesia.

Y si tuviéramos el coraje de echar una mirada sincera a la Iglesia, al rol que desempeñamos en ella y los retos a los que ella se enfrenta hoy en día, sospecho que descubriríamos que Cristo se encuentra renovando su Iglesia en este preciso instante, incluso si nosotros no queremos darnos cuenta de ello. En todo tiempo y lugar, Jesús nos invita a vivir la fe de forma más íntima y personal como comunidad vibrante y activa.

Tu futuro, mi futuro y el futuro de la Iglesia están íntimamente relacionados entre sí. Gente como tú y yo formamos parte de la Iglesia. Si la Iglesia no crece, es porque nosotros no estamos creciendo.

La misión de la Iglesia en esta época es compartir el regalo de vida del Evangelio con las personas de hoy. Esta es tu misión. Esta es mí misión. Esta es nuestra misión, juntos y nuestro tiempo es ahora. Somos la Iglesia. La mejor forma de completar esta misión es permitiendo que los valores, principios y espíritu del Evangelio, transformen nuestra vida. La única manera de alcanzar auténticamente esto es siendo dóciles a los susurros del Espíritu Santo y en consecuencia, permitir que Dios transforme nuestro corazón. El mensajero más efectivo es aquel que vive el mensaje. Francisco de Asís dijo, «Prediquen el Evangelio en todas las épocas y sólo cuando sea necesario utilicen palabras para hacerlo». Nuestra cultura está hambrienta de vidas auténticas. Deja hable que la tuya.

• La Solución •

En toda época, la Iglesia experimenta dificultades. La nuestra no es la excepción. La solución a todos los problemas que nos agobian a nosotros y a la Iglesia es singular y permanece invariable a lo largo del tiempo. Los problemas son diversos; la solución es única. La respuesta a cualquier problema es la santidad personal. En cada situación de mi vida, en cada problema, en cada dificultad, yo sé que si permito que los valores y principios del Evangelio guíen mi vida, ello resultará en lo mejor. No siempre las cosas saldrán como yo deseo, pero seré una mejor persona por haber vivido el Evangelio en esa situación particular y por ello, mi futuro será mejor. Supongo que esto nos lleva hacia una pregunta fundamental a la que nos enfrentaremos tarde o temprano: ¿En verdad creemos que vivir el Evangelio es vivificante al punto que nos lleve hacia una mejor vida, que sea la mejor forma de vivir? Si no, es poco probable que celebremos las enseñanzas de Cristo en cada momento de nuestra vida.

La santidad es sencillamente la aplicación de los valores, principios y el espíritu del Evangelio a las circunstancias de nuestra vida diaria, un momento a la vez. No es complicado; es bastante simple. Pero simple no siempre es igual que sencillo.

En todos los tiempos, hay un número pequeño de hombres y mujeres que están dispuestos a dar la espalda a la cultura popular y superación personal, para acoger heroicamente la vida que Jesús delinea en los Evangelios. Estas personas convierten el catolicismo en un estilo de vida, escuchan atentamente la voz de Dios en su vida y persiguen apasionadamente su aventura de salvación. Como resultado, ellos capturan la atención e imaginación de cada persona que se cruza por su camino. Paradójicamente, el mundo de hoy tiende a compadecer a estas personas, porque cree que están perdiéndose de algo. Jamás sientas lástima por ellos. Estos hombres y mujeres son las personas más felices que han vivido. Son los héroes del cristianismo; son los santos. En la Segunda Parte de este libro discutiremos cómo se las arreglaron para vivir vidas tan inspiradoras y descubriremos cómo podemos imitar su sabiduría en nuestra vida. El que la Iglesia prospere en este mundo moderno, depende en gran medida de hombres y mujeres como ellos.

Empecé a escribir este libro con una sola idea. Tal vez no lo notaste. Tal vez la leíste y no atrapó tu atención. Considéralo otra vez. La Iglesia (al igual que muchas otras cosas en la vida) no es tanto algo que heredamos de generaciones pasadas, o que tomamos de nuestros antecesores, sino que es un préstamo entregado a nosotros para las futuras generaciones.

Cuando los nativos estadounidenses tomaban una decisión, solían preguntarse si al hacerlo, esta no afectaría a su pueblo siete generaciones posteriores a ellos. En cien años ninguno de nosotros estará aquí. Recordemos siempre que, en sentido estricto de las cosas, la Iglesia nos está dada en préstamo por un tiempo muy corto y así, en ese corto tiempo, nosotros definimos la Iglesia que nuestros hijos y nietos heredarán. De esta forma, Dios nos ha encomendado que cuidemos del viñedo—la Iglesia. Esta es una responsabilidad que deberíamos tomárnosla en serio. En el Evangelio según San Mateo (Mateo 21, 33-41) se nos da una visión de lo que sucede cuando los sirvientes se dejan llevar por el orgullo y la arrogancia.

El futuro de la Iglesia está en nuestras manos y ten la seguridad que este será el que nosotros forjemos.

• Que Comience la Celebración •

Como católicos, lo que hacemos más que cualquier otra cosa es celebrar. Todo en la Iglesia gira en torno a una celebración.

Celebramos la vida. Celebramos el cambio de las estaciones con la riqueza del año litúrgico. Celebramos la excelencia, al venerar a los santos como héroes de nuestra fe. Celebramos el nacimiento y la vida eterna con el bautismo y el funeral. Celebramos la verdad, la belleza y la bondad al buscarlas cada vez que deben ser buscadas y honrándolas en nuestra vida diaria. Celebramos Navidad y Semana Santa. Celebramos la peregrinación— nuestro propio caminar individual, o nuestro caminar común. Celebramos la salvación. Celebramos el perdón con la reconciliación. Celebramos la dedicación total al servicio de Dios a través de las Sagradas Órdenes. Celebramos la educación. Celebramos la comunión con Dios y con la comunidad en la Misa. Celebramos la unidad al buscar un puente sobre la brecha. Celebramos el amor con el matrimonio. Celebramos...

El espíritu del catolicismo es predominantemente un espíritu de celebración, lo que constituye la grandeza y el fundamento de nuestra fe.

En este momento de la historia, tanto la vida como la fe están siendo atacadas con toda la fuerza de una cultura que camina hacia la autodestrucción. Estos son ataques directos a la esencia del ser humano.

Creo que la mejor forma de defender la vida es celebrando la vida. Creo que la mejor manera de celebrar la vida es viviendo nuestras propia vida al máximo—acogiéndola con los brazos abiertos, entregándola con entusiasmo al servicio de la humanidad, amando profundamente a las personas que se cruzan en nuestro camino y, sobre todo, acogiendo a Dios. La vida no debería desperdiciarse—ni un minuto—porque la vida es preciosa.

Creo que la mejor manera de defender la fe es celebrándola. La mejor manera de celebrar el catolicismo es viviendo la fe más intensamente cada día, permitiendo que llegue a lo más recóndito de nuestra vida. Cuando el catolicismo sea la piedra angular de nuestra vida familiar, social, intelectual, espiritual, comunitaria y profesional, solo ahí tendremos una vida integrada, una vida de integridad. Esa unidad de vida hablará más fuerte que lo que jamás lo harán las palabras y si tan solo un puñado de personas en un mismo lugar al mismo tiempo diera todo de sí para buscar, descubrir, acoger y vivir esta vida, cambiaría totalmente el curso de la historia de la humanidad.

¿Qué estamos celebrando como cultura? ¿Qué estás celebrando? Te has convertido en la persona que eres por las cosas que celebras. Nuestra cultura se ha convertido en lo que es por las cosas que celebra.

Puedes celebrar cualquier cosa que desees. Puedes celebrar la vida y la fe. Puedes celebrar el amor y la honestidad, la misericordia y el perdón, la ternura y la generosidad. Puedes celebrar la verdad, belleza, bondad y redención. Por otro lado, puedes celebrar la destrucción y el paganismo. Puedes celebrar el odio y la violencia, el egoísmo y la avaricia, el desprecio y el irrespeto. Puedes celebrar la perversión, la corrupción, el orgullo, el engaño y la condena. Pero una cosa es cierta: Nos convertimos en aquello que celebramos. Esta es una verdad irrefutable encontrada en la vida de cada persona que ha pisado la tierra. Nos convertimos en aquello que celebramos. Esto es cierto no solo para la vida de una persona, sino para la vida de una familia. Lo es también para la vida de un pueblo y es cierto para la vida de la Iglesia.

Que empiece la celebración.

Segunda Parte

LA VIDA AUTÉNTICA

• • •

Hace algunos añoss, mi hermano Nathan vivió en Japón como estudiante de intercambio. Durante su estadía, recibí una carta suya junto con una foto que había tomado de lo que parecía era el patio de un jardín japonés. En el centro del patio había un almendro totalmente florecido. Nathan siempre había sido un fotógrafo talentoso, pero lo que realmente me llamó la atención era la leyenda que había escrito al reverso de la fotografía. La leyenda era de los escritos del Greco, el famoso pintor español nacido en Grecia. El mismo decía:

«Le Dije al almendro,
"hermano, háblame de Dios",
Y el almendro floreció».

Solo se requiere una cosa para que el catolicismo prospere—vidas auténticas. A través de la historia, dondequiera que haya hombres y mujeres que luchen por vivir una vida cristiana genuina, ahí ha florecido la Iglesia. Si queremos hablarle al mundo de una forma efectiva sobre Dios, la vida cristiana y el catolicismo, debemos crecer, florecer y prosperar en esa misma vida.

La mejor manera de hablar acerca de Dios es prosperar en la vida que Él nos ha llamado a vivir.

• • •

Capítulo Seis

¿QUÉ ES LA VIDA AUTÉNTICA?

La vida auténtica empieza con el simple deseo de ser aquello para lo que Dios nos creó y cooperar con Dios interpretando el papel que él ha diseñado para nosotros en la historia de la humanidad. La aventura de la salvación empieza cuando dejamos de preguntarnos, «*¿Qué gano yo con esto?*» *y volteamos humildemente hacia Dios en nuestro corazón, preguntándonos, ¿Cómo puedo servir? ¿Qué trabajo deseas que yo haga en mi vida? ¿Cuál es tu voluntad para mi vida?*

Todas las generaciones le dan la espalda a Dios a su manera. Nuestra época actual se ha volteado violentamente contra la idea de «la voluntad de Dios». Desesperados por mantener la ilusión de tener el control de su vida, muchos cristianos modernos, o le han dado la espalda a Dios, o han creado una nueva retórica espiritual que les permite determinar selectivamente la voluntad de Dios para ellos y es precisamente el total abandono de nuestra propia voluntad a los designios de Dios, lo que constituye toda la lucha cristiana. La vida espiritual tiene que ver básicamente con esta sencilla dinámica de voltear nuestra voluntad individual hacia Dios.

Dios invita a cada uno de nosotros a vivir una vida auténtica. Él ha diseñado esta vida para integrar perfectamente nuestras necesidades legítimas, nuestros deseos más profundos y nuestros talentos únicos. Mientras más íntima y armoniosamente vinculadas se encuentren estas tres, más estarás acercándote a ser tú mismo.

Dios no está llamándote a vivir una vida auténtica para controlarte o agobiarte, más bien te invita a vivir una vida auténtica de forma que, de un número infinito de posibilidades, tú te puedas convertir en la-mejor-versión-de-ti-mismo. De una forma hermosa, Dios quiere que seas tú mismo. Pero no el tú que tu ego quiere que seas, ni tampoco el tú que el mundo quiere que seas. Más bien, el tú que Él tenía en mente cuando te creó. Al llamarte a vivir una vida auténtica, Dios te está diciendo «Sé todo aquello para lo que te cree».

• Alimentando la Vida Interior •

Estando cada uno de nosotros llamado a vivir una vida auténtica, las cualidades exteriores de esta vida pueden tomar diversas formas y tender a diferir sustancialmente de una persona a otra. Algunos están llamados a vivir una vida auténtica como esposo y esposa, comprometidos sinceramente con su amor matrimonial. Otros están llamados como sacerdotes y religiosas, dedicados en una forma excepcional a explorar el pozo profundo de la espiritualidad cristiana y compartiendo el fruto de su esfuerzo con la comunidad. Más aún, otros están llamados a vivir como personas solteras y utilizar la ventaja de su soltería para vivir y proclamar la Buena Nueva en formas que sería imposible para los casados y consagrados.

Profesionalmente, algunos de nosotros podemos trabajar como doctores y abogados, profesores y enfermeras, mecánicos, panaderos y carpinteros. Algunas mujeres pueden mantener el hogar y dedicar el aspecto profesional de su vida a la maternidad. Algunos pueden dedicar su energía profesional al ministerio de tiempo completo, mismo que podría ir desde una consejería, hasta un voluntariado en una cocina comunitaria local. Estas son solo diferentes manifestaciones de la vida auténtica. Toda actividad honesta es compatible con la vida auténtica.

Las actividades externas son menos importantes que las transformaciones internas que cualquier actividad debe obrar en nuestra vida. Es infinitamente más importante, aquello en lo que nos convertimos, que aquello que hacemos y lo que hacemos tiene valor en tanto y en cuanto nos ayude a convertirnos en la-mejor-versión-de-nosotros-mismos.

La vida auténtica es compatible con cualquier actividad humana honesta. Todo trabajo honesto puede ser transformado en oración. Puedes transformar tu trabajo en oración, de hora en hora, de tarea en tarea.

El trabajo de una persona puede ser recoger basura, pero si lo hace bien y a cada hora esa persona vuelve su corazón hacia Dios y dice, *Padre, te ofrezco esta hora de trabajo como oración por mi vecina Karen, que está luchando contra el cáncer... o en acción de gracias por mi esposa e hijos*, entonces, él ha descubierto realmente y está viviendo las palabras «orad constantemente» (1 Tesalonicenses 5, 17). Esta persona ha transformado una hora de trabajo en una hora de oración. A través de su trabajo, ha crecido en intimidad con Dios y con los que lo rodean y se ha convertido en una-mejor-versión-de-si-misma. La actitud con la que afrontamos el trabajo es fundamental.

La transformación de las actividades cotidianas en oración es la esencia misma de la vida interior. Cada actividad del día nos puede ayudar a experimentar a Dios. Aprende a alimentar la vida interior de esta forma y vivirás una vida extraordinaria en medio de circunstancias ordinarias.

Ofrece a Dios como oración todas las acciones de tu vida, ya sea que estés lavando platos, reparando el auto, o estudiando para un examen y gracias a tu intención interior, estarás transformando actividades cotidianas en las tareas más nobles. Al hacerlo, estarás transformando quehaceres tediosos en ejercicios espirituales que te acercan a Dios. Esta es la forma en la que los hombres y mujeres de hoy buscan y encuentran la intimidad con Dios en medio de vidas ocupadas.

El rol del trabajo en el camino del alma es, en primer lugar proveernos una oportunidad para crecer en virtud y en segundo lugar proveernos para nuestras necesidades temporales. Cuando nuestro objetivo primario es proveer para las necesidades temporales nuestras y de nuestra familia, perdemos de vista el propósito y valor real del trabajo. En consecuencia, el trabajo se convierte en una carga, tornándose menos placentero.

Ya sea que tu trabajo sea barrendero o senador, recuerda que el efecto interior que el trabajo tiene en nuestra alma es infinitamente más importante que los frutos externos del mismo.

• Intranquilidad Moderna •

Hacia el inicio de sus reflexiones a orillas del lago Walden, Henry David

Thoreau sostuvo que: «La mayoría de los hombres viven vidas de silenciosa desilusión» Estas palabras fueron pensadas y publicadas hace más de 150 años y siguen estando vigentes en nuestra época moderna. Pregúntate a ti mismo, « ¿La silenciosa desilusión que describió Thoreau sigue viva en nuestra sociedad actual?» ¿Está presente en tu vida actual?

¿Sabías que el número de personas que utilizan medicinas prescritas para el tratamiento de la depresión es diez veces mayor que hace diez años? ¿Sabías que la tasa de suicidios entre adolescentes y adultos jóvenes ha alcanzado niveles epidémicos? ¿No es momento de preguntarnos nosotros y a nuestra cultura qué está causando esta gran intranquilidad moderna?

Al viajar por el mundo, ha sido imposible no darme cuenta cómo la vida de las personas está tornándose más rápidas y más ocupadas cada día. Atrapados por las obligaciones de cada día, agobiados por el apuro y correteo, muchas personas se atormentan ante la sensación de que mientras su vida pasa cada vez más rápido, ellos solo se quedan cada vez más rezagados. En este esquema moderno, muchas personas no están creciendo; simplemente están sobreviviendo. ¿No es esta una vida de silenciosa desilusión?

• Nuestro Propósito Esencial •

Cuando separamos las actividades diarias de nuestro propósito esencial, del verdadero significado de nuestra vida, es cuestión de tiempo antes que la angustia y desesperación nos invadan y justamente este—nuestro propósito esencial—ha sido la gran víctima de nuestra cultura actual.

¿Para qué estamos aquí? ¿Cuál es el significado y propósito de nuestra vida? ¿Cuál es nuestro propósito esencial?

Si distraes a una persona de su propósito esencial por un tiempo suficiente, verás cómo su vida se convierte en desdichada. Si logras que una generación entera nunca descubra su propósito esencial, crearás una epidemia de desdicha y angustia.

La gran tragedia del catolicismo moderno es la forma dramática en que nos hemos distraído de la meta de la vida cristiana. He podido experimentar que la gran mayoría de católicos no saben cuál es la meta de la vida cristiana.

Otros se han apartado del ideal, diciendo que no es compatible con la vida de hoy. Tristemente, un gran número jamás ha conocido claramente esta meta. La meta de la vida cristiana es la Santidad.

Aunque soy muy joven para saberlo de primera mano, parecería que después del Concilio Vaticano II y tal vez antes, un gran número de sacerdotes y maestros dejaron de enseñar, predicar y hablar sobre esta meta. Aparentemente, ellos sintieron que era un ideal inalcanzable, o simplemente poco realista en ese contexto cambiante del mundo moderno. Pensaron que hacía sentir culpable a la gente. Aparentemente quisieron hacer las cosas más fáciles para las personas. Por tanto eliminaron o diluyeron la gran meta de la vida cristiana.

El resultado, por supuesto, fue exactamente opuesto al deseado. No lo hicieron más fácil para las personas sino más difícil. ¿Alguna vez has tratado de llegar a un lugar al que nunca has ido antes y para el cual no tienes dirección, ni mapa, ni indicaciones claras del camino?

Si a una persona le quitas la meta de la vida cristiana, no estás facilitándole las cosas—estás dificultándoselas. No estás trayéndole felicidad; estás guiándolo al comienzo del camino de la desesperación y la desdicha. El hombre brilla, crece y es, en última instancia feliz, cuando busca y lucha por alcanzar un estándar superior. Jamás me he encontrado con una situación en la que, teniendo una meta, mi espíritu no se haya llenado de esperanza, mi mente no se haya llenado de decisión y, en general, esta meta no haya sacado lo mejor de mí. Es verdad que nuestras metas deben ser alcanzables. Pero nosotros somos capaces de hacer alcanzables las grandes metas de nuestra vida, al dividirlas en porciones manejables, mientras mantenemos el objetivo final siempre en mente.

Nuestro tiempo está plagado de una gran confusión relacionada al pensamiento religioso. Esta confusión existe tanto dentro como fuera de la Iglesia. El profeta Amós habló sobre una hambruna de verdad (cf. Amós 8, 11). Pienso que su profecía se ha cumplido en nuestra época. La pérdida de nuestro propósito esencial es la causa de esta gran locura moderna.

La vida auténtica nos orienta hacia la meta de la vida cristiana. Estamos llamados a vivir vidas santas, cada hombre y cada mujer sin excepción, sin importar la edad, color, antecedente socioeconómico, o estado en la vida. Vivir vidas santas es la meta de la vida cristiana y nuestro propósito esencial.

Estamos llamados a vivir vidas santas y, como cristianos, deberíamos estar en permanente búsqueda de aquello, pero quiero ser muy claro al decir que esta santidad no es algo que obtenemos para nosotros. En realidad, la santidad es algo que Dios obra en nosotros, no algo que alcanzamos. Sin embargo, Dios con perfecta caballerosidad nos invita a participar en su vida, pero jamás fuerza su presencia en nosotros. Él desea nuestro permiso, quiere ser invitado a nuestro corazón y a nuestra vida, pero mucho más que un consentimiento, o una invitación, Él desea nuestra cooperación amorosa. Dios anhela que nosotros seamos colaboradores suyos en su acto de santidad. Él desea ardientemente una colaboración dinámica con nosotros, una colaboración entre Dios y el hombre que le proporciona deleite.

El hombre moderno sencillamente ha perdido el rumbo. Hemos perdido el camino. Tal vez esta sea la razón por la cual esta idea rondó tan insistentemente en los escritos del Concilio Vaticano II. Al dejar de lado la meta de la vida cristiana, el llamado a vivir vidas santas, hemos perdido nuestro camino en el mundo moderno.

La Estrella Polar es la única estrella en el firmamento que no se mueve jamás; se mantiene en su posición constante y fija y por lo tanto es una guía confiable para el navegante. De la misma forma, el llamado de Dios a vivir una vida santa nunca cambia. En un mundo de cambios rápidos y constantes, lo que se mantiene inalterado es lo que nos permite tener conciencia de aquellos cambios. Pueden cambiar tus ideas, pueden cambiar tus emociones, pero el llamado de Dios a vivir vidas de santidad nunca cambia. La Estrella Polar de la vida espiritual es el llamado a la santidad. Nos guía infaliblemente hacia Jesús, quien es «el Camino, la Verdad y la Vida» incluso cuando parece estar distante o desconocido. Si debemos encontrar nuestro camino como individuos y como Iglesia, es vital que redescubramos esta gran Estrella Polar espiritual, de forma que en momentos de confusión o decisión, nos preguntemos, «¿De qué manera es esta situación una invitación a crecer en santidad?»

La santidad y la renovación están inseparablemente vinculadas. Donde hay santidad, la Iglesia siempre ha prosperado. Si la Iglesia no está prosperando en un lugar, seguro hay una causa primordial para ello... y cuando tú y yo empezamos a tomar en serio el llamado de Dios a vivir vidas santas, la Iglesia empezará a prosperar en formas nuevas y apasionantes.

• ¿Qué es la Santidad? •

La gran confusión que atormenta a la Iglesia y debilita nuestra fe gira alrededor de una pregunta: ¿Qué es la santidad? El creciente ausentismo en las iglesias, la marginalización de la Iglesia por parte de nuestra cultura secular y nuestro fracaso en alcanzar la verdad son todos causados por nuestra incapacidad para comunicar claramente una respuesta a esta pregunta.

Hay una gran cantidad de buenas personas por ahí que quieren caminar con Dios. Ellos quieren conocer y acoger la verdad y vivir vidas cristianas auténticas; sencillamente no saben cómo aplicar los principios prácticos del Evangelio sobre su vida cotidiana. Las personas de bien, en toda época han clamado y claman a sus líderes espirituales, maestros, profetas y sacerdotes una respuesta a la siguiente pregunta: «¿Qué significa vivir una vida de santidad y cómo hacerlo en nuestras actividades cotidianas?» Probablemente no sean capaces de formular la pregunta de forma clara, pero esencialmente, todas sus inquietudes se aclararían si se respondiera esta pregunta. Si pudiésemos comunicar de forma poderosa y efectiva lo que significa vivir una vida de santidad y cómo se logra de manera práctica, la gente optaría por caminar ese sendero.

¿Que significa para ti vivir una vida de santidad? Cada uno de nosotros tiene una idea distinta sobre quién es Dios y todos tenemos ideas distintas sobre lo que significa ser santo. Según tu criterio, ¿una persona necesita ser sacerdote o religiosa para ser santo o santa? ¿Los santos deben ser pobres? ¿Puede alcanzar la santidad una persona adinerada? ¿Pueden ser santas las personas casadas? ¿Consideras que la intimidad sexual es una barrera para alcanzar la santidad o el camino para hacerlo? ¿Es posible tener una vida sexual plena y ser santo? ¿Puede un ejecutivo o ejecutiva ser realmente santo o santa? ¿Puedes tú ser santo? Todos tenemos una visión de lo que significa ser santo y frecuentemente nuestra visión está distorsionada por el prejuicio o sesgada por la ignorancia y las experiencias del pasado. Dios nos llama a todos y a cada uno de nosotros a vivir vidas de santidad, sin excepción y cada uno a nuestra manera. Dios te llama a ti a la santidad, por complicado que se te haga asumir esta idea en tu mente y en tu corazón.

La santidad es compatible con todos los estados de la vida. Las personas casadas están llamadas a vivir vidas santas, tal como lo están los monjes y monjas. La intimidad sexual es un don maravilloso de Dios y un instrumento para la santidad. Las riquezas de este mundo, tienen valor en tanto y en cuanto nos ayuden a alcanzar nuestro propósito esencial. Si las poseemos, pueden ser herramientas poderosas que nos ayuden a vivir vidas santas. Si ellas nos poseen, evitarán que nos convirtamos en la-mejor-versión-de-nosotros-mismos. Los ricos están llamados a vivir vidas santas al utilizar sus riquezas en emprendimientos productivos que les permitan fomentar su crecimiento así como el crecimiento de los demás.

Las posesiones materiales, el matrimonio y la intimidad sexual, el trabajo, el dinero y las posiciones de autoridad y poder son algunas de las oportunidades que la vida nos presenta para vivir vidas santas.

La historia está llena de ejemplos de hombres y mujeres que se convirtieron en todo aquello para lo que fueron creados—a quienes llamamos santos. Algunos fueron sacerdotes, otros monjes o monjas. Algunos estuvieron casados y otros solteros. Algunos fueron ricos; otros fueron pobres. Algunos fueron educados; otros no tuvieron ninguna educación. Algunos fueron jóvenes y otros fueron ancianos. La santidad es para todos—sin excepción. La santidad es para ti. Todos los días Dios te invita a ser todo aquello para lo cual fuiste creado.

Muchas personas creen equivocadamente que si quieres ser santo, no puedes disfrutar de la vida. Algunos otros creen que para ser santo, debes huir del mundo. Otros tantos piensan que tienes que estar en la iglesia de rodillas rezando todo el día. Aún hay otros que creen que para ser santo debes andar por ahí coronado por una aurcola, que no puedes sonreír, divertirte, disfrutar de ninguna forma posible. Piensan que para ser santo tienes que despreciar todo lo que este mundo ofrece y caminar con una larga expresión de estoicismo en el rostro.

Estas son ideas muy poco naturales y poco atractivas que el mundo propone sobre la santidad. El mundo ridiculiza a la santidad. El mundo compadece a los santos diciendo, « ¡Oh, él pudo haber sido mucho más! o ¡Ella tenía tanto potencial!» Les puedo asegurar que no son los santos los que necesitan de nuestra compasión.

La santidad nos acerca a la vida.la santidad purifica toda habilidad humana. La santidad no sofoca nuestras emociones, las eleva. Aquellos que responden al llamado de Dios a la santidad son las personas más dichosas de la historia. Tienen una experiencia de vida más rica y abundante y aman más profundamente de lo que la mayoría de gente jamás podrá imaginar. Disfrutan la vida, en su totalidad. Incluso en medio del sufrimiento son capaces de mantener una paz y un gozo que son independientes de los sucesos y circunstancias que los rodean. La santidad no nos agobia; nos libera.

Los signos más visibles de santidad no son con cuánta frecuencia una persona va a la iglesia, cuántas horas pasa rezando, qué libros de espiritualidad ha leído, o cuántas buenas obras realiza. Los signos más incuestionables de santidad son el insaciable deseo de convertirnos en todo aquello que Dios quiso que fuéramos cuando nos creó, el compromiso inquebrantable con Su voluntad y la preocupación inagotable por las personas que no son santas.

Vivir una vida santa significa dejar que nuestras decisiones sean guiadas por el Espíritu Santo. Significa permitir que cada momento sea todo lo que puede ser. La santidad es vivir con el objetivo de la vida cristiana entre ceja y ceja. Es dejar que nuestras decisiones sean guiadas por el Espíritu Santo. La santidad es rendirnos a la voluntad de Dios y al mismo tiempo, atesorar cada momento y hacer de este todo lo que pueda ser. Algunas veces la santidad significa ceder y otras veces significa renunciar a ti mismo. Cada evento en tu vida es una oportunidad para cambiar, para crecer y para convertirte en una-mejor-versión-de-ti-mismo—y la santidad es esa acción de atesorar cada momento.

La santidad es dejar que Dios llene cada rincón de tu ser; en ese momento es cuando realmente nos convertimos en la-mejor-versión-de-nosotros-mismos. La santidad es guardarnos para Dios. Es un deseo de hacer la voluntad de Dios y aun así, el deseo de santidad es por sí solo un regalo de Dios. La santidad es tan simple como saber cuándo decir sí y cuándo decir no, pero como tantas cosas en la vida, nosotros complicamos innecesariamente la búsqueda de la santidad.

En cualquier momento, cuando sucumbes ante la voluntad de Dios y escoges ser la-mejor-versión-de-ti-mismo, estás siendo santo. Cualquier momento que eliges como una oportunidad para ejercer la virtud es un momento santo. Pero tan rápido como esta santidad puede encontrarse en nosotros, se puede perder, porque en cualquier momento que eliges ser menos que la-mejor-versión-de-ti-mismo, te has distraído de vivir una vida de santidad.

Esto es lo que significa anhelar la santidad, estar respondiendo continuamente a la invitación de Dios a tomar los momentos de nuestra vida y permitir que Dios los use para transformarnos en todo aquello que él quiso que fuéramos al crearnos. En todos y cada uno de los momentos de nuestra vida, el amor transformador de Dios nos invita a escoger vivir vidas santas.

Es inspirador ver esta santidad viva en una persona, aunque sea por un momento. La verdad es que la virtud en el fondo es atractiva. Cuando Jesús caminó por la tierra, la gente quería estar con él ya sea que estuviera predicando en la sinagoga, por las calles o comiendo en casa de alguien, la gente quería estar con él. Se amontonaban alrededor suyo para escuchar sus palabras, para tocar su manto.

No hay nada más atractivo que la santidad. Esta atracción no se ha demostrado en Jesús solamente, sino constantemente aquí y ahora en nuestro propio tiempo y lugar: cada vez que alguien deja de hacer lo suyo para ayudar al prójimo con su carga; cada vez que alguien es honesto; cada vez que alguien se olvida de sí mismo para trabajar duro para apoyar a su familia; cada vez que alguien rechaza las premisas de la cultura moderna.

No solamente que la santidad es atractiva; sino que es inspiradora y despierta la curiosidad de cualquier persona en cualquier lugar. Es también inmensamente práctica. ¿No te llenas de esperanza al escuchar que un grupo de médicos y enfermeras del hospital local son al mismo tiempo los entrenadores y entrenadoras de los equipos infantiles de beisbol en las zonas pobres?

¿Qué es la santidad? La santidad son todas las cosas increíbles que Dios hará en ti y a través de ti si es que te muestras disponible para Él.

• La-Mejor-Versión-de-ti-Mismo •

Vivir una vida auténtica es convertirte plenamente en lo que eres. Ser santo es convertirte plenamente en aquello que Dios quiso que fueras cuando te creó. La vida auténtica, el responder al llamado de Dios a vivir una vida santa y nuestro propósito esencial son lo mismo, son la misma cosa.

Hace más de mil ochocientos años, San Irineo (c. 130—c. 200) escribió, «La gloria de Dios es la perfección de la creatura». No le damos gloria a Dios al presentarnos a Misa el Domingo, sentarnos en la parte de atrás, estando distraídos y creyendo que tenemos nuestros nombres registrados en el libro divino de asistencia a misa que existe solo en nuestra imaginación. No estamos dando gloria a Dios al caer derrotados y sin esperanza ante su altar rogándole que corrija lo que hemos hecho mal, o aquello que él nos ha dado la responsabilidad de hacer bien y no lo hemos hecho. Tampoco le damos gloria a Dios al maquillar nuestros rechazos a sus sutiles pero siempre presentes llamados haciendo obras buenas ocasionales, oraciones sin sentido o contribuciones caritativas menores.

«La gloria de Dios es la perfección de su creatura». El ser humano es perfeccionado por gracia de Dios a través de la constante, disciplinada y consciente búsqueda de la virtud. Pero la gracia de Dios jamás disminuye, entonces son nuestros esfuerzos conscientes, disciplinados y persistentes los que constituyen la clave para lograr un futuro más abundante y rico para la humanidad. Esta búsqueda disciplinada de la virtud es la característica indispensable para vivir una vida auténtica.

Es importante entender que la perfección que Dios quiere que alcancemos no es algún tipo de perfección robótica. Si pides a un grupo de niños de nivel pre escolar que dibujen un árbol perfecto, ellos utilizarían líneas rectas, muy acentuadas y colores brillantes. No existe aquel árbol. Pero hay muchos árboles perfectos. Su tosquedad es parte de su perfección. Tu nariz chueca y orejas grandes son parte de tu perfección, pero los defectos de tu carácter no son parte de tu mejor yo.

En el Evangelio según San Mateo leemos, «Sed perfectos como es perfecto vuestro Padre celestial». ¿Qué quiso decir Jesús cuando habló de perfección? La palabra *perfecto* usada en este texto de Mateo 5, 48 significa «entero y completo»

En su carta a los Tesalonicenses, San Pablo escribe, «Esta es la voluntad del Señor: vuestra santificación» (1 Tesalonicenses 4, 3). Dios quiere que seas santo. Tu santidad es el deseo de Dios, el gozo de Dios y la fuente de tu felicidad. Acoger aquello para lo que fuiste creado y convertirte en la-mejor-versión-de-ti-mismo es el sueño de Dios para ti. Por lo tanto, la santidad es para todos, no solo para un grupo selecto, para los monjes en los monasterios y para las monjas en los conventos; para ti y para mí.

Tus tareas diarias tienen un valor espiritual. Tú no trabajas solo por dinero. Cuando trabajas duro y pones atención a los detalles de tu trabajo, estás cooperando con Dios para que transforme tu alma. De esta forma, tu trabajo ayuda a que te conviertas en ti a plenitud. Es también una forma de amar a tu prójimo y hacer una contribución a la sociedad. De la misma forma que lavar los platos puede ser una oración tal como el rosario. Cada tarea, cada hora ofrecida a Dios es transformada en oración y de todas estas formas das gloria a Dios a través de tu trabajo diario.

• Concilio Vaticano II •

Al parecer, desde el Concilio Vaticano II, hemos estado buscando formas más nuevas y modernas de llegar a las personas a través del Evangelio, para que vivan vidas de mayor riqueza y plenitud. Hemos tenido éxito en algunos, pero en muchos otros, lo que hemos hecho es un poco más que brindarles una nueva forma de entretenimiento.

Al momento, pienso que es válido indicar que el Concilio Vaticano II fue groseramente incomprendido por los católicos y distorsionado por un gran número de teólogos. Al leer y releer los documentos del Concilio Vaticano II, encuentro que el mensaje primordial no es nuevo, sino que es un recordatorio de que estamos llamados a la santidad. Estos documentos son una enseñanza de vida respetando las fuentes clásicas y la riqueza de nuestra tradición católica y al mismo tiempo, una expresión contemporánea de estos tesoros. Estas enseñanzas proporcionan una visión del mundo que es poco menos que imponente para cualquier persona interesada en la búsqueda de respuestas a algunas preguntas que enfrentan a la Iglesia y la humanidad en este momento de la historia.

Si jamás has leído los documentos del Concilio Vaticano II, te animaría seriamente a que lo hagas. Empieza por la Constitución *Gaudium et Spes (La Iglesia en el Mundo Moderno)*. Es el último de sus dieciséis documentos y por mucho mi favorito. Léelo despacio, reflexionando, orando. Llévalo a tu momento diario de oración por un tiempo. Lee un párrafo cada vez y de cada párrafo escoge una frase, una idea, o una sola palabra que te llame la atención. Úsala como el inicio de tu conversación con Cristo. Háblale en un diálogo mental suave sobre lo que has leído y cómo te ha llegado, inspirado, alterado u ofendido. Sé honesto con Dios. Si discrepas, discrepa. Háblale sobre tus discrepancias. Pero siempre trata de estar abierto al espíritu de la verdad. Si no entiendes algo, no dejes que te afecte; sigue al siguiente párrafo, pidiéndole a Dios que te permita entenderlo en el futuro.

Al leer los documentos del Concilio Vaticano II, es imposible ignorar la naturaleza profética de la Iglesia. Tomemos como ejemplo Gaudium et Spes. En este documento sobre la Iglesia en el mundo de hoy, se abarca: protección de la dignidad del matrimonio y de la familia; el progreso humano; el desarrollo apropiado de la cultura; los roles y desafíos de las dimensiones económica, política y social de nuestra vida; paz y guerra; y el frágil pero indispensable lazo que existe entre las naciones.

Si nos damos el tiempo para leer los escritos del Concilio Vaticano II, descubriremos que la idea clave de sus enseñanzas fue recordarnos a todos, sin importar nuestra edad o vocación, que estamos llamados a buscar y vivir vidas auténticas—estamos llamados a la santidad. El Concilio procuró recordar a hombres y mujeres del mundo actual que, sin importar los cambios que se estén dando en la cultura, estamos llamados a la santidad. Los cardenales y obispos que participaron en el Concilio sabían muy bien que la única forma de que el catolicismo prospere en el mundo moderno era si nosotros buscamos nuestro propósito esencial.

Ruego todos los días de mi vida para ver al Concilio Vaticano II realmente implementado en la Iglesia Católica.

• La Gran Depresión •

La gran depresión de nuestro tiempo no es económica; es espiritual. Parece que se ha impregnado una sensación de sinsentido en la vida de mucha gente hoy en día. « ¿Por qué estamos aquí?» es una pregunta que muchas personas se han dejado de formular y que han comenzado a evadir. Se han dejado de hacer esta pregunta no porque no quieran conocer la respuesta, sino porque no han encontrado nada que les sugiera que alguien la tiene. Al parecer los que la tienen, la han escondido bajo un canasto (cf. Mateo 5, 15). Recuerda, el corazón humano se encuentra en constante búsqueda de la felicidad; creer que podemos encontrar la felicidad sin descubrir nuestro propósito esencial es una necedad.

Cuando la práctica y la predicación del cristianismo no están claramente enfocadas hacia el llamado universal a la santidad, las actividades perseguidas en nombre del cristianismo degeneran en una simple lista de iniciativas de beneficio social. Mientras más se separa la Iglesia de este llamado a la santidad, ya sea en el ámbito local, regional, nacional o universal, rápidamente esta empieza a asemejarse más a una organización de beneficio social en lugar de la gran entidad espiritual fundada para serlo por todos los tiempos.

Hay una gran necesidad de redefinir el propósito esencial del ser humano. Cada vez que hombres y mujeres valientes toman la iniciativa y celebran su propósito esencial al esforzarse por vivir vidas santas, le están brindando un gran servicio no solo a los católicos sino a todas las personas de cualquier creencia, porque la búsqueda de significado en nuestra vida es universal. La Iglesia y por supuesto el mundo entero, aguardan desesperadamente unas pocas almas valientes que se levanten y nos recuerden nuestra gran herencia espiritual y nos redirijan al enseñarnos la meta de la vida cristiana: vivir vidas santas.

Sabemos demasiado bien por nuestra experiencia en otras áreas de la vida, ya sean los negocios, la ciencia o los deportes, que sin objetivos claramente definidos, poco es lo que se logra, la mayoría de personas obtienen resultados extremadamente pobres. La siguiente es una frase de Miguel Angel: «El gran peligro para la mayoría de nosotros no es que apuntemos demasiado alto y fallemos, sino que apuntemos demasiado bajo y acertemos».

Pienso que hay una relación directa entre felicidad y santidad. Esta fue mi primera observación seria de la vida cristiana cuando era adolescente. También debo confesar que fue primera razón por la que empecé a explorar seriamente el catolicismo. Por sencillo que pueda sonar, estaba consciente de mi anhelo de felicidad. Había intentado satisfacer este anhelo mediante otras vías y me había quedado esperando. Había presenciado la paz y el propósito en la vida de un puñado de personas que conocía quienes luchaban por vivir su fe y sabía que ellos tenían algo que yo anhelaba.

Mi experiencia con personas y en la vida me enseña constantemente que aquellos que no tienen propósito central en su vida son presa fácil de preocupaciones, miedos, problemas y auto compasión. También he aprendido que aquellos que viven una vida auténtica no están buscando metas a corto plazo para un futuro feliz. Sencillamente tratan de ser todo lo que pueden ser, aquí y ahora y eso trae felicidad a todos los suyos.

Dios nos llama a cada uno a la santidad. Nos invita a ser nosotros de verdad. Este llamado a la santidad es en respuesta a nuestro profundo deseo de felicidad. Nosotros gritamos a Dios pidiéndole: *Enséñanos como encontrar la felicidad que nuestro corazón anhela y Dios responde: Camina junto a mí, sé todo aquello para lo que yo te cree, conviértete en la-mejor-versión-de-ti-mismo.* Es una conclusión natural y lógica que nunca encontremos la felicidad si no somos nosotros mismos. Imagínate si un pájaro intentara ser pez, o si un árbol intentara ser nube. Sin importar cuánto un pájaro tratara de ser pez, jamás lo alcanzaría. El reto que la vida nos presenta a cada uno de nosotros es que nos convirtamos en verdad en lo que somos—no aquello que nos hemos imaginado o que hemos fantaseado ser, no aquello que nuestros amigos quisieran que fuéramos, no aquello que nuestro ego quisiera que fuéramos, sino aquello que Dios ha designado que seamos desde antes que estuviéramos en el vientre de nuestra madre.

La vida auténtica se manifiesta de formas distintas en cada persona a través de nuestras necesidades, talentos y deseos. Familiarízate con tu propósito esencial—para vivir una vida santa—y una vez que lo hayas encontrado, mantenlo siempre entre ceja y ceja. Este es el gran secreto espiritual de la vida.

Capítulo Siete

EL CAMINO ESTÁ BIEN TRAZADO

Durante mi niñez, estuve siempre tras la excelencia en el aspecto deportivo. Mis siete hermanos y yo estábamos continuamente involucrados en retos deportivos de toda índole y muy competitivos. Todos los días, al terminar la escuela, íbamos a entrenar: tenis, críquet, fútbol, natación, básquetbol, voleibol, golf, ciclismo, atletismo, fútbol americano... Por las tardes, cuando no teníamos entrenamientos, probábamos nuestras habilidades en el patio de nuestra casa en las afueras de Sydney, Australia.

Mi padre siempre nos animó a mis hermanos y a mí a estudiar a los campeones de cada deporte que practicábamos. Todo entrenador bueno bajo cuyo mando entrené, sin importar la disciplina, me animó a hacer lo mismo. Mi padre y mis entrenadores querían que estudiara a estos grandes atletas por dos razones: en primer lugar, para encontrar inspiración y en segundo lugar, para aprender las mejores técnicas de los maestros. «Si quieres ser bueno en algo, estudia a los mejores», decían ellos.

En esa época, yo creía que me estaba preparando para ser competitivo en el campo deportivo. Qué poco sabía sobre lo importantes que estas lecciones se convertirían en el capo de mi vida.

Al crecer, iba a la iglesia todos los domingos, pero no fue sino hasta los 16 años cuando empecé a interesarme activamente por mi fe. Cuando empecé a explorar las riquezas del catolicismo, rápidamente llegué a entender que Dios nos llama a cada uno a vivir una vida de honestidad e integridad—una vida auténtica. Descubrí que cuando perseguimos lo bueno, verdadero, hermoso y noble, con honestidad e integridad, somos santos, sí, pero también lo somos cuando estamos completamente vivos y somos en gran medida nosotros mismos.

Siendo joven e idealista, el concepto de santidad me atrajo de inmediato. El descubrimiento de este ideal era el evento más importante de mi vida. No se trataba del descubrimiento de una idea; era un despertar. Fue la revelación de mi propósito esencial. Fue un eclipse que trajo enfoque y claridad a mi vida. Por gracia de Dios y con la dirección que misteriosamente emergió de las Escrituras y de los Sacramentos, durante los meses y años que siguieron, se empezó a obrar una transformación dentro de mí.

Hoy día, sigo estando inmerso en aquella transformación. Por momentos parecería que voy progresando, mientras que por otros no puedo evitar sentirme como si estuviera resbalando por la ladera de una montaña que tanto he luchado por escalar. En suma, he aprendido que mis sentimientos no son buen indicador de las obras que en realidad Dios está haciendo en mi alma. He llegado a creer que ante cada curva del camino, Dios nos está trazando el sendero, ya sea que estemos conscientes de ello o no. Mi valentía para aceptar el presente y mi esperanza para afrontar el futuro vienen de tener presente cómo Dios ha usado las circunstancias de mi pasado para alcanzar su propósito en mi vida.

• La Búsqueda de la Excelencia •

Cerca de diez años después de mi primera experiencia de conversión, he aprendido a aplicar la sabiduría que mis maestros compartieron conmigo en el campo deportivo para perseguir la excelencia en el campo espiritual. Nuestra fe es rica en ejemplos de grandes hombres y mujeres que entrenaron sin cansancio y perfeccionaron el arte de establecer firmemente la virtud en su vida.

Si me dijeras que quieres convertirte en un gran basquetbolista, te diría que estudies a los grandes jugadores que han pasado por las canchas antes que tú. Aprende todo lo que puedas de Michael Jordan, Larry Bird y Magic Johnson. De forma similar, si me dijeras que quieres convertirte en un gran golfista, te diría que estudies a Arnold Palmer, Ben Hogan, Jack Nicklaus, Tiger Woods y aquel *swing* despreocupado de Fred Couples. Que leas libros, veas vídeos, investigues sobre sus técnicas de entrenamiento—que busques qué cualidades los llevaron a convertirse en atletas tan extraordinarios. Si quieres ser un gran violinista, estudia a otros grandes violinistas. Si quieres ser un gran artista, estudia a otros artistas destacados. Si quieres ser un gran líder en los negocios, estudia otros grandes líderes de los negocios y por supuesto que este principio aplica para aquellos de nosotros que queremos ser grandes católicos.

¿A quién debemos estudiar?

Hay un sendero que nos conduce hacia la vida auténtica. No se trata de un sendero secreto; el camino a la santidad es muy transitado. Durante dos mil años, hombres y mujeres de todas las edades, de cualquier ámbito en la vida y de cualquier clase social, lo han transitado. Si me dijeras que quieres emprender un camino hacia un lugar en el que nunca has estado antes, te recomendaría que viajaras con un guía. Si tuvieras que escoger uno, no habrías elegido a alguien que nunca hubiera estado donde deseabas ir. Habrías elegido a un experto, alguien que haya hecho la travesía previamente.

La vida espiritual es un camino largo y difícil y todos somos peregrinos en este camino. Hay muchos hombres y mujeres que lo han recorrido antes que nosotros quienes están dispuestos a servirnos como guías para recorrerlo a nuestro lado. Sus historias proporcionan un legado de sabiduría espiritual. Si buscamos su consejo en la sabiduría de sus historias de vida, descubriremos que ellos han enfrentado y superado muchas de las trampas y escollos que tratarán de atraparnos a lo largo del camino y nos enseñarán e inspirarán a convertirnos en todo lo que podemos ser.

• Los Santos •

A medida que transcurre nuestra vida en esta cultura moderna, la dulce mentira del humanismo secular nos llama con una intensidad cada vez más creciente. ¿Cómo podríamos tú y yo tener fuerzas para resistir la distracción diabólica de este llamado? Estoy seguro que la respuesta no es un secreto. El sendero que Jesús nos invita a caminar, el sendero que nuestra era desesperadamente necesita que exploremos, ya ha sido recorrido antes. Este camino puede estar cubierto de hierbas y hojas, incluso algunos arbustos pudieron haber crecido en medio de él, pero está ahí. El camino de la verdadera espiritualidad cristiana ha sido ampliamente recorrido a través de los siglos. Es probable que se encuentre muy descuidado últimamente, pero para aquellos que lo buscan con un corazón sincero, no tarda mucho en aparecer—y las recompensas son infinitas.

Si deseamos seguir a Jesús sinceramente, es natural preguntarnos: ¿Quiénes han sido sus más grandes seguidores? ¿Quienes han prosperado siguiendo a Jesús? ¿Quién ha caminado por este sendero exitosamente antes que nosotros? ¿Qué hombres y mujeres han hecho este peligroso y difícil recorrido? ¿Quién ha acogido la aventura de la salvación? ¿Están estas personas disponibles hoy en día para servirnos como guías a ti y a mí?

La respuesta, por supuesto, es los santos. Pero estos se han vuelto impopulares entre los católicos modernos. Hemos dejado de leer sus historias a nuestros hijos. Hemos quitado sus imágenes de nuestras iglesias y hemos dejado de leer los libros que ellos escribieron.

Como católicos, debemos formularnos una pregunta importante en relación a estos ancestros espirituales nuestros: ¿Por qué tantos católicos modernos han dado la espalda a estos grandes líderes espirituales? Seríamos tontos si creyéramos que todo esto se ha dado en respuesta a un puñado de abusos y exageraciones que, en ocasiones, se han interpuesto en nuestra relación con los santos.

• Objeciones Comunes •

Es verdad que de vez en cuando, algunas personas han puesto demasiado énfasis en el papel que los santos desempeñan en la espiritualidad católica. No es raro tampoco que los biógrafos de estos hombres y mujeres los retraten como si hubieran nacido en estado de santidad. Muchos libros sobre la vida de los santos ignoran completamente su lucha para sobreponerse a las tendencias pecaminosas y los grandes conflictos internos que experimentaron. En consecuencia, muchas biografías de estos extraordinarios campeones espirituales terminan leyéndose como cuentos religiosos de hadas. Sospecho que los autores pensaron que les estaban haciendo un gran favor a los santos al contar sus historias sin mancha alguna. De hecho, lo que hicieron fue robar un gran tesoro de la Iglesia, esto es, la sabiduría que estos santos adquirieron en sus luchas por sobreponerse a sus faltas, caídas y defectos. Adicionalmente a esta distorsión de los santos y tal vez a causa de ella, encontramos también que la manera en que algunos fieles se acercan a los santos, a veces raya en la superstición.

Estas y otras pequeñas razones de poca importancia son las que muchos católicos modernos esgrimen para justificar su falta de interés por los santos. Estoy de acuerdo con que este tipo de exageraciones deben ser rechazadas, pero la solución a las exageraciones o distorsiones de algo que es bueno nunca será eliminando lo bueno en cuestión.

Los santos han recorrido el camino que nosotros estamos llamados a recorrer. Ellos son extraordinarios ejemplos de vida cristiana y después de Cristo, ellos son los mejores ejemplos, guías, mentores y entrenadores para aquellos de nosotros que sinceramente deseamos acercarnos a Dios y trabajar por nuestra salvación (cf. Filipenses 2, 12).

Algunos podrán objetar diciendo que Cristo es el único ejemplo que necesitamos. Pero los santos son la prueba práctica y viviente de que la filosofía cristiana funciona. Los santos nos muestran que es posible para una persona transformarse enteramente en Cristo. Estos hombres y mujeres únicos que surgen de tiempo en tiempo en la historia católica son pruebas de que Jesús realmente ha redimido al mundo y que nos ha enviado a su Espíritu para que nos infunda el poder para emprender ese gran viaje de transformación de vuelta hacia la plenitud.

La verdad es que los santos han perdido su popularidad en esta era, no porque un puñado de abuelas le rezó tanto a San Antonio o a san José, en detrimento de Jesús. Los santos han perdido su popularidad y han caído en desgracia entre los católicos modernos porque la Iglesia se ha infectado de la filosofía secular común.

Tal como lo discutimos en el Capítulo Dos, las filosofías predominantes en el mundo de hoy son el individualismo, el hedonismo y el minimalismo. Lamentablemente, estas filosofías también han encontrado cabida en la vida la gran mayoría de católicos y como católicos hemos traído estas filosofías a la Iglesia como una enfermedad. No es raro entonces que los católicos modernos evalúen a la Misa Dominical, a la Iglesia y al catolicismo basándose en las cosas que reciben a cambio… Esta actitud es el fruto del individualismo. De manera similar, la mayoría de los católicos modernos han abandonado casi toda tradición católica que no sea auto gratificante o que requiera cualquier ejercicio de disciplina. Esta actitud es el fruto del hedonismo. También es muy común que la gente piense, *Voy a la iglesia todos los domingos y siempre bendigo los alimentos antes de comer.* ¿No es esto suficiente? Esta actitud es, por supuesto, el fruto del minimalismo. Consciente o inconscientemente, nos preguntamos con frecuencia, « ¿Qué es lo menos que puedo hacer y seguir siendo católico? y ¿Qué es lo menos que puedo hacer y aún ir al cielo?»

De manera que no debería sorprendernos que muchos católicos modernos estén incómodos con los santos. Sospecho que están tan incómodos con los santos, como lo están con Jesús—el Jesús de verdad, no el que han fabricado en su mente. Los santos nos recuerdan el llamado de Cristo a romper el «espíritu del mundo» y nos desafían a rechazar el glamour y el encanto del pecado y del egoísmo.

Este rompimiento con el espíritu del mundo es real y difícil, pero alcanzable. Los santos son prueba de ello. También ellos son prueba de que la paz y el gozo nacen de este valiente rechazo. Pero como católicos modernos, muchos de nosotros nos contentamos con asistir a misa el domingo y enviar a nuestros hijos a escuelas católicas (o no) y adorar a los dioses del materialismo y secularismo las otras 167 horas de la semana.

Ya es hora que los católicos modernos redescubramos la invaluable contribución de los santos hacen a todos aquellos que desean vivir en armonía con Dios. Sin importar los abusos y exageraciones que se han cometido en el pasado, es hora de encontrar un lugar genuino en nuestra vida espiritual para estos héroes y campeones del cristianismo.

• El Síndrome del Pedestal •

Mucho del malentendido que rodea al papel que tienen los santos en la espiritualidad cristiana es causado por nuestra tendencia a colocarlos en un pedestal muy alto. Nos decimos que ellos son distintos. Consciente o inconscientemente, aceptamos el mito de que Dios tiene favoritos y que los santos son sus pocos elegidos. Más aún, nos convencemos a nosotros mismos que no somos como ellos.

Este síndrome del pedestal no es nuevo. Hombres y mujeres de todas las épocas colocaron a sus héroes en lo alto y se decían que esos héroes eran distintos, que eran la élite, los favorecidos, los elegidos. ¿Por qué hacemos esto? Los colocamos en altos pedestales, lejos de nuestro alcance, de manera que no tengamos que esforzarnos por imitarles.

Jesús encontró el mismo problema cuando estuvo en la tierra. Cada vez que hacía algo extraordinario, la gente del lugar lo quería elevar a un pedestal y hacerlo rey. Era entonces cuando dejaba aquel lugar o región y se iba a otro. ¿Por qué? Porque Jesús no quería que la gente cayera sin esperanza a sus pies para adorarlo. Él era, por supuesto, digno de adoración, pero quería la forma más alta de adoración: que las personas lo imitaran. Él no vino a resolver nuestros problemas; vino a enseñarnos el camino. Él vino para enseñarnos que si cooperamos con Dios y con el prójimo nos convertimos en depósitos de luz y amor.

Si Jesús experimentó esta dificultad, este síndrome del pedestal, no debería sorprendernos que aquellos que se han transformado plenamente en Cristo experimenten también un problema similar.

El gran riesgo es que la veneración puede hacerse más importante que la imitación. Cuando esto sucede, nuestra devoción por los santos se hace hueca y raya en la superstición. Hay también la tentación de respetar a los santos a la distancia, en vez de seguir su ejemplo, estudiar la sabiduría de su vida y aplicar estas lecciones a la nuestra propia.

• El Rechazo a la Disciplina •

La filosofía de Cristo está basada en la disciplina; y la disciplina es lo que la cultura moderna detesta y ha rechazado con todas sus fuerzas. Es verdad que Jesús vino para confortar a los afligidos, pero como lo puntualizó Dorothy Day, periodista, activista social y católica conversa, Jesús también vino para contrariar a los cómodos. Los santos incomodan a muchos católicos modernos porque nos retan a rechazar el espíritu del mundo y acoger el Espíritu de Dios. Como Jesús, con su ejemplo, los santos nos invitan a vivir una vida de disciplina.

Contraria a la opinión popular, la disciplina no apresa o restringe al ser humano. La disciplina no es algo inventado por la Iglesia para controlar o manipular las masas, tampoco es la herramienta para que tiranos injustos y dictadores obliguen al pueblo a hacer cosas sin desearlo. Todas estas, son mentiras de una cultura completamente absorbida por una filosofía de satisfacción instantánea.

La disciplina es la amiga fiel que te hará encontrarte con tu verdadero yo. La disciplina es el protector benigno que te defenderá de tu peor yo y es el profesor extraordinario que te desafiará a convertirte en la-mejor-versión-de-ti-mismo y en todo aquello para lo cual Dios te ha creado.

Aunque leal y vivificante, la presencia de la disciplina en nuestra vida está decayendo. Ya sea que lo notemos o no; sin ella, nos estamos enfermando espiritualmente.

Tal vez les resulte interesante saber cómo están contagiando con esta enfermedad a sus hijos. Durante mis viajes, he notado que un elemento de nuestro estilo de vida que está impulsando la locura moderna es el número de actividades que los niños desarrollan hoy en día. Las madres se han convertido en taxistas. Van de la escuela al tenis, al ballet, al fútbol, a las lecciones de piano, al básquetbol, al auto servicio de McDonald's, al coro, al beisbol... y así sucesivamente.

Tal vez sea momento de detenernos y preguntarnos por qué nuestros hijos participan en todas estas actividades. ¿Son estas solo otras formas de entretenimiento? ¿Son estas una medida del estatus social de nuestros hijos? ¿O están destinadas a ser una contribución significativa a su desarrollo y educación?

Yo sostengo que si estas actividades tuvieran algún valor real en la educación y desarrollo de un niño, será porque el niño aprende el arte de la disciplina a través de ellas y les aseguro que nuestros hijos jamás aprenderán el arte de la disciplina mientras se cambien de una actividad a otra continuamente. La abrumadora cantidad de actividades en las que nuestros hijos se inscriben está sirviendo únicamente para distraerlos de adquirir alguna disciplina verdadera en su vida y como resultado se les está dando bases sólidas en la superficialidad imperante.

El objetivo de las actividades extracurriculares es proporcionar oportunidades para que nuestros hijos desarrollen la disciplina. Una vez que se ha aprendido disciplina, esta puede ser aplicada en cualquier área de la vida. Aquellos que desarrollan esta disciplina van en búsqueda de la excelencia y viven una vida de abundancia y riqueza. Aquellos que no encuentran esta base sólida en la disciplina, harán muchas cosas, pero ninguna bien.

Dios te ha puesto aquí por un propósito, pero sin disciplina, jamás descubrirás cuál es este propósito. Sin disciplina, caminarás lentamente y te unirás con seguridad a lo que Thoreau definió como las masas que conducen a una «vida de silenciosa desilusión».

Mozart fue un gran compositor pero, ¿acaso él comenzó siendo un gran compositor? No. Él empezó como un estudiante aplicado, dominando la disciplina de tocar el clavicémbalo. Solo entonces, de esta aplicación y disciplina pudo emerger el genio de su estilo personal.

¿Será tal vez que Picasso encontró su estilo único durante su primer día de artes en la escuela? No. Primero, aprendió a pintar una vasija de frutas como una fotografía. Solo entonces, habiendo dominado la disciplina de las artes plásticas, fue cuando el genio que conocemos hoy como Picasso y su estilo único emergieron.

Primero la disciplina, después el genio.

En ausencia de disciplina, el hombre debe contentarse con superficialidades y mediocridad. Este es el hechizo que el secularismo ha lanzado al hombre moderno. La superficialidad es la maldición del mundo moderno.

Sin disciplina, estamos condenados a una vida vacía sin alma y debemos conformarnos con trabajo, comida, placeres momentáneos y cualquier cosa que nos ayude a distraernos de la mediocridad y sinsentido de nuestra vida. Sin disciplina, el alma muere. Tal vez lentamente, pero seguro.

Las vidas de los santos tuvieron una base sólida en la disciplina. En la Tercera Parte de este libro exploraremos siete disciplinas que formaron casi universalmente parte en la vida de los santos y descubriremos cómo podemos aplicarlas a nuestra realidad. La cultura de hoy rechaza a los santos por la misma razón que rechaza a Jesús: porque ellos nos recuerdan el papel fundamental que la disciplina juega en el desarrollo humano.

• Manteniendo la Meta a la Vista •

La meta de la vida cristiana es vivir una vida de santidad. Nosotros llamamos santos a aquellos que han logrado este objetivo. Ellos pudieron encontrar su propósito esencial, pudieron perseguir su propósito esencial y pudieron celebrar su propósito esencial. Los santos respondieron al llamado universal a la santidad y siguieron la gran Estrella Polar espiritual. Fueron capaces de esculpir cuidadosamente su carácter, eliminando los defectos y debilidades. Alcanzaron la-mejor-versión-de-si-mismos. Se apegaron verdaderamente a la vida cristiana. Revivieron al Evangelio, animándolo con sus propios pensamientos, palabras y acciones. Vivieron vidas auténticas. Yo les pregunto: ¿Consideran que ha habido personas que hayan vivido más plenamente que los santos?

La búsqueda de santidad es nuestro propósito esencial; es el tema central del Evangelio, la idea primaria que el Concilio Vaticano II quiso recordarnos y la única respuesta al inagotable anhelo de felicidad que preocupa a nuestro corazón. Pero, tal como hemos dicho, los católicos modernos han rechazado tajantemente este llamado a la santidad.

La imagen de un santo es un signo visible de una realidad espiritual. Los hemos eliminado de nuestras iglesias y de nuestros hogares porque no queremos que nos recuerden este gran llamado hacia la santidad y sobre todas las cosas, a fin de cuentas, los santos nos desafían a ser santos. Nuestra incomodidad con los santos es la prueba de nuestra inconformidad con nuestro llamado a vivir vidas auténticas. Hemos desaparecido a los santos de nuestra práctica moderna del catolicismo porque al estar ellos presentes, es imposible olvidar que estamos llamados a la santidad.

Si nosotros, como católicos, estuviéramos luchando verdaderamente por alcanzar la santidad, los santos y nuestra devoción por ellos jamás recibiría las críticas y golpes que hacia ella se lanzan hoy en día. Cuando la veneración remplaza a la imitación, los santos pierden su verdadero papel en la espiritualidad cristiana.

El reto para mí y para ti es que abramos nuestro corazón al llamado del Evangelio que es, en última instancia, un llamado hacia la santidad. Si abres los oídos y el alma y escuchas el suave llamado de Dios, descubrirás que, tal como los santos, estás llamado a la santidad.

La Iglesia ha sido llevada a través de los siglos por la santidad personal de un puñado de sus miembros en cada momento y lugar. Si debe haber «una nueva primavera», tal como lo profetizó Juan Pablo II, será porque hemos redescubierto este principio fundamental de la espiritualidad cristiana. La gran Estrella Polar espiritual brilla en el cielo, llamándonos a cada uno a convertirnos en la-mejor-versión-de-nosotros-mismos, al llevar vidas de santidad y lo que más me gusta acerca de los santos es que ellos me recuerdan que la santidad es posible.

Capítulo Ocho

HASTA UN CIEGO SABE...

La gente siempre me hace tres preguntas: ¿Qué tipo de libros lees? ¿Quién te inspira? ¿Quiénes son tus héroes y ejemplos a seguir? La mayoría se sorprenden al escuchar que no leo tanto. Me encanta leer, pero, de hecho, soy un lector bastante lento. Rara vez leo por diversión. Más bien lo hago para expandir mi visión del mundo, de mí mismo y de Dios, con la esperanza de que me haga ser una mejor persona y, aunque no leo de corrido durante horas, sí leo los Evangelios todos los días. Estos cuatro libros son el fundamento sobre el cual trato de basar mi vida al paso de cada día y así, aunque sea por tan solo diez minutos, leo una de estas cuatro grandes pautas espirituales cada día. Aparte de los Evangelios, usualmente me encuentro en la mitad de algún libro espiritual, alguna novela, una biografía y un libro sobre negocios.

Admiro a muchas personas, vivas y difuntas. Mis padres hicieron un gran trabajo criándonos a mí y a mis hermanos. De adolescente, trabajé en una farmacia, entregando paquetes para un asilo de ancianos. Brian Brouggy, el propietario de la farmacia, tenía una mente maravillosa, que me fascinaba y me ayudaba a desarrollar algunos músculos intelectuales que mi educación formal había fallado en fortalecer. Con el pasar de los años, él se ha convertido en un buen amigo y me ha inculcado anhelar convertirme en la-mejor-versión-de-mi-mismo.

Mis dos hermanos mayores me inspiran. Siempre me ha impresionado la increíble calma de Mark para tratar con la gente, ya sea para lidiar con una situación de crisis, o para ayudarlos a visualizar sus potenciales ocultos y desde pequeño, siempre he admirado el espíritu generoso de Simon.

No puedo contar el número de profesores que me han inspirado y lo siguen haciendo, desde la Sra. Western en primer grado y la Señorita Hume en tercer grado, hasta la Sra. Rutter, el Sr. McCullugh, el Sr. Croke y el Sr.

Wade en el colegio. Sigo oyendo sus voces en distintos momentos del día, guiándome, animándome, desafiándome. He tenido el grupo más increíble de profesores a lo largo de mi vida, inspirándome tanto dentro como fuera del salón de clases. La lista de personas comunes que son una inspiración para mí aumenta a cada momento.

Aparte de ellos, están mis amigos de la historia: Abraham Lincoln por su perseverancia; Van Gogh, Picasso y Mozart por su genio creativo; Gandhi por su integridad y resolución; Michael Jordan por su habilidad de transformar las debilidades en fortalezas; Tolstoy y Dickens por su maestría de pensamiento y de relato de historias; Thoreau por su amor al descanso y a la reflexión, Aristóteles y Platón por su amor al conocimiento; y de nuevo, la lista continúa sin parar.

Estas personas me inspiran y espero adquirir sabiduría de las lecciones de su vida, pero no son ni mis ejemplos a seguir ni mis héroes. Mi ejemplo a seguir es Jesús. Él es mi héroe. Mientras aprendo de muchas personas, Él es a quien deseo imitar. Luego de Jesús, mi gran inspiración viene de aquellos que lo han imitado exitosamente, particularmente Francisco de Asís, la Madre Teresa, Juan María Vianney, Tomás Moro y Juan Pablo II. No adoro a estas personas, pero las admiro enormemente por su virtud e integridad.

La historia está llena de ejemplos de personas que vivieron vidas auténticas. Si aprendemos a captar las lecciones que emiten estas vidas, es posible que cultivemos sabiduría aún en nuestra juventud y desvirtuemos aquella frase que dice «No se puede poner una cabeza vieja sobre los hombros de un joven». Pues creo que sí se puede y deberíamos hacerlo. Muy pocos en el mundo no dirían «Quisiera ser más joven y saber lo que sé ahora», Aquellos que están dispuestos a aprender de los errores de los demás pueden vivir con la sabiduría del anciano desde jóvenes. No es necesario que tú cometas todos los errores para aprender sobre la vida, sobre ti y sobre otros. Los que se niegan a aprender de los errores de los demás, que se niegan a estudiar la historia, deberán conformarse cometiendo errores que otros ya han cometido antes.

Desde que me acuerdo, he observado y estudiado gente extraordinaria y he tratado de aplicar su sabiduría y técnicas a mi propia vida. Hice esto primero de niño, en el área de los deportes y después en la escuela de negocios en las áreas de marketing, finanzas y espíritu empresarial. He hecho esto desde el comienzo con mi oratoria y escritura y en última instancia, he observado aquellos que han tenido notable éxito en el campo espiritual.

Ahora me gustaría compartir con ustedes cinco historias que ilustran la sabiduría y el poder de las personas que han abierto su corazón a la voluntad de Dios. Ellos vivieron en lugares y tiempos distintos, pero sus vidas están ligadas por un compromiso inspirador de buscar y conocer a Dios; por un esfuerzo implacable por perseguir su propósito esencial; por una tendencia hacia la santidad franca y diaria; y por un hambre de celebrar y defender la-mejor-versión-de-si-mismos.

Estos hombres y mujeres han sido admirados por personas de todas las religiones alrededor del mundo. Se podría no estar de acuerdo con algunas cosas que estos santos hombres y mujeres dijeron o hicieron, pero es imposible para alguien de buena voluntad no reconocer su deseo de mejorarse a sí mismos y de dejar un mejor mundo que el que encontraron, haciendo la voluntad de Dios, así como la entendieron.

Santa Catalina de Siena escribió: «Si eres lo que debes ser, encenderás al mundo». Es extraño, pero he notado que incluso un ciego sabe cuándo está en presencia de una gran luz. El mundo necesita que tú seas esa luz.

• San Francisco de Asís •

En los albores del siglo XIII, el mundo experimentaba dos problemas muy similares a los que enfrenta hoy en día. En primer lugar, se fabricaba monedas a gran escala; y como resultado, estas se iban convirtiendo con rapidez en el medio primario de intercambio comercial. Esta introducción generalizada del dinero constituyó un caldo de cultivo sin precedentes para la codicia y el materialismo excepto entre las élites del antiguo sistema de trueque. Las personas jamás habían acumulado huevos, granos o pollos, porque estos no podían ser almacenados por períodos muy largos sin podrirse o morir. Pero las monedas eran frías e inertes y podían ser fácilmente guardadas. Por lo tanto, el deseo de amasar riqueza comenzó a seducir al corazón humano más que nunca. El segundo problema era que la religión se había convertido más en un hábito y en una tradición vacía que en una convicción genuina. ¿A qué te recuerda esto?

En 1182, nació un niño en el diminuto pueblo de Asís, en las montañas del norte de Italia. Este niño combatiría con su vida la codicia y el declive religioso que asolaba su época. Su extraordinario ejemplo jamás ha dejado de inspirarnos.

El nombre del niño fue Francesco (o Francisco); fue hijo de un acaudalado mercader de telas. Mientras sus padres esperaban grandes cosas de él, como que se convirtiera en alcalde, o en algún influyente hombre de negocios, Francisco aparentemente desperdició los primeros veinte años de su vida entregándose a fiestas y sueños de convertirse en un gran caballero.

Francisco era un líder y muy popular entre los jóvenes de su pueblo. Era el alma de todas las reuniones, en las que discurría tras el vino, la música y el baile. Lleno de encantos y de chispa, era amado por todos.

A los veinte años, decidió que estaba listo para perseguir lo que él creía era su oportunidad de grandeza. Abandonó el pueblo de Asís ataviado con su armadura, montando el mejor corcel, para tomar parte de la batalla entre Asís y la cercana Perugia.

Durante la batalla, fue derribado de su caballo y, capturado por el enemigo para obtener rescate por su liberación. Cuando fue liberado meses después se encontraba muy enfermo.

Su convalecencia lo volvió a la realidad y le permitió encontrarse con Dios. Mientras duraba su inmovilidad y soledad, se empezó a ablandar y a transformar su corazón. Aunque Francisco se recuperó de esta grave enfermedad, jamás volvería a ser aquel frívolo fiestero a quien los habitantes de Asís habían conocido y amado. Toda su búsqueda de gloria le había revelado una profunda insatisfacción e intranquilidad que acechaban su alma de tal modo que no encontraba sosiego. Mientras en su vida pasada desperdició incontables horas con multitudes de ruidosos amigos, ahora buscaba la tranquilidad de la soledad de los campos circundantes a Asís.

El punto de quiebre en su nueva vida ocurrió un día cuando no muy lejos de Asís, visitó la iglesia de San Damián, abandonada y destruida. Al entrar a la estructura en ruinas, se arrodilló ante el crucifijo a rezar. En ese momento, Francisco escuchó una voz que le habló diciéndole, «Reconstruye mi Iglesia pues como ves, está en ruinas».

Creyendo que había escuchado la voz de Dios, se propuso la reconstrucción de la endeble iglesia de San Damián. Utilizando materiales comprados con el dinero de su padre, o solicitados como caridad a los habitantes de Asís, Francisco restauró por completo la pequeña iglesia con sus propias manos. Posteriormente, se propuso reconstruir la abandonada iglesia de San Pedro y finalmente, restauró la también destruída Porciúncula.

Una vez que completó la Porciúncula, Francisco escuchó la voz de Dios una vez más, diciendo, «Francisco, reconstruye mi Iglesia, pues como ves está en ruinas» En esta ocasión, su corazón estuvo abierto para entender que lo que Dios le pedía no era dedicar su vida a reconstruir iglesias físicamente. Sino que más bien, estaba siendo llamado a una misión espiritual.

Fue entonces cuando Francisco renunció a toda riqueza material y acogió una vida de sencillez, humildad, pobreza y oración.

Desde hace más de setecientos años, su espíritu de compromiso incondicional hacia el Evangelio ha permanecido intacto en la Iglesia como fuerza renovadora en todo momento y lugar. San Francisco de Asís ha forjado una de las figuras más fascinantes de la historia de la humanidad. Hoy en día existen más de un millón de frailes y hermanos Franciscanos alrededor del mundo. ¿Alguna vez has tratado de conseguir personas para algún voluntariado de un par de horas? Imagínate inspirando a más de un millón de personas a dar sus vidas por una causa.

Durante su vida, este pequeño hombre de pobreza, llegó a ser y sigue siendo una figura influyente a nivel mundial. Ha inspirado e influenciado a grandes pensadores de distintas épocas. Ha sido sujeto de cientos de libros, miles de estudios, numerosas películas y documentales y un sinnúmero de composiciones musicales que honran su vida. Si viajas por el mundo, te encontrarás con ríos, montañas, calles, e incluso ciudades nombradas en su honor, la más famosa de las cuales es, por supuesto, San Francisco.

Ha sido aclamado por historiadores, elogiado por líderes religiosos de toda creencia y sus frases han sido citadas hasta por presidentes. Ha inspirado obras de arte incluyendo trabajos de Rembrandt, quien a pesar de haber admitido ser un protestante anticatólico, se enamoró de la vida y las virtudes de San Francisco. Fue San Francisco quien ideó el crèche, o Nacimiento, para atraer la atención hacia la poderosa paradoja del Hijo de Dios naciendo en la pobreza de un establo. Cada año, millones de familias inconscientemente honran la memoria de San Francisco con los Nacimientos que arman en sus hogares. Reconocido universalmente como un amante de la naturaleza, su imagen es la más colocada en los jardines del mundo.

A pesar de que consiguió hacer todo esto hace cientos de años, pienso que sigue siendo una influencia espiritual poderosa y confiable aún en los difíciles tiempos actuales.

Pero lo que más disfruto acerca de San Francisco es que la gente que lo amó, honró su memoria recordándonos su historia—toda su historia, incluso sus momentos de desenfreno juvenil y sus momentos de impaciencia durante sus primeros años de ministerio. Es por esta razón que los biógrafos han tenido tanto éxito retratando a San Francisco como un «hombre íntegro» en vez de una caricatura de santidad. Ciertamente que fue santo, mas no un mojigato santurrón. Amó a Dios, pero también amó a su prójimo y a la creación.

San Francisco fue real. Se esforzó de corazón por vivir una vida auténtica y, como los primeros cristianos, capturó la imaginación fascinando corazones y mentes de sus contemporáneos y también de los que vendríamos después. San Francisco es un ejemplo práctico de la fuerza de una vida auténtica grabada indeleblemente en la historia.

• La Madre Teresa •

La Madre Teresa nació como Agnes Bojaxhiu en Serbia el 26 de Agosto de 1910. Agnes creció en Albania, rodeada de riqueza y prosperidad. A pesar de su acomodada situación, sus padres fueron modelos de virtud. Se amaban profundamente y ese amor se desbordó hacia Agnes y su hermana. A los 18 años, Agnes dejó su hogar para unirse a una orden irlandesa de monjas. Ese mismo año, en diciembre de 1928, zarpó hacia la India para iniciar su labor como novicia en la Orden de Loreto. La ahora Hermana Teresa, dedicó la mayoría de los siguientes veinte años a la docencia. En 1937, hizo sus votos perpetuos de pobreza, castidad y obediencia y, como era costumbre, adoptó el título de Madre.

En 1943, la India fue azotada por la guerra y la hambruna. El gran éxito que Mahatma Gandhi había tenido al liberar al país del yugo británico se vio manchado por una guerra civil entre musulmanes e hinduistas indios que produjo un flujo de personas nunca antes visto hacia la ciudad de Calcuta. Ante esto, se hizo necesario el traslado de los niños de la escuela en el Convento de Loreto a las afueras de la ciudad. En este punto, muchas religiosas e incluso órdenes enteras decidieron dejar la India y cerrar sus escuelas, pero la Madre Teresa se quedó y trabajó incansablemente. Mientras otras se fueron, ella daba más y más clases, llegando incluso a enseñar dos materias en ocho grados.

Estaba muy contenta y era muy querida en su trabajo. A mediados de los años cuarenta, su sola presencia ya constituía una poderosa fuerza que se había forjado gracias a horas de oración y meditación. Pronto la Madre Teresa sería nombrada directora y escribiría a su madre «Esta es una nueva vida. Nuestro centro es muy bueno. Soy profesora y amo el trabajo. También soy directora de toda la escuela y todos me desean el bien». La respuesta de su madre fue un severo recordatorio de sus intenciones originales cuando partió a la India: «Querida niña, no te olvides que fuiste a India en nombre de los pobres».

Kipling describió a Calcuta como «la ciudad de la terrible noche». La Madre Teresa vivía en la capital de la miseria, una miseria que mucha gente ni si quiera ha llegado a presenciar, mucho menos a experimentar en persona. ¿Has estado ahí? ¿Lo has visto por televisión? ¿Lo puedes imaginar?

Familias enteras viven en las calles, junto a las murallas de la ciudad, incluso en lugares donde todos los días caminan y se congregan multitudes de personas. Viven al aire libre, noche y día. Con suerte, tienen esteras que hacen de hojas de palma, pero usualmente están sobre el suelo sin ninguna protección. Están prácticamente desnudos; en el mejor de los casos, usan taparrabos harapientos y al caminar por las calles de la ciudad, puedes llegar a encontrarte con alguna familia reunida alrededor del cadáver de alguno de sus miembros, envuelto en trapos rojos, cubierto con flores amarillas y su cara pintada con rayas de colores. En cada esquina hay alguna escena desgarradora. Hay gente cubierta con llagas, en sus oídos, en sus pies, en sus piernas. Por aquí y por allá, encontrarás a alguna persona—no puedes saber si hombre o mujer—casi consumida por gusanos y próxima a morir, con tumores y lesiones en su cuerpo. Muchos tienen tuberculosis. Todos necesitan comida, ropa, cobijo y medicina—bienes que tú y yo usualmente damos por sentados.

Este era el mundo que rodeaba a la escuela y este era el mundo que clamaba por ayuda.

En 1946, la Madre Teresa se enfermó y los médicos le ordenaron descansar durante tres horas todas las tardes. Para ella, tener que descansar en vez de hacer su trabajo era muy duro. Este período de descanso obligatorio concluyó con la orden de ausentarse para asistir a un retiro durante un mes. La intención de esta orden era para restablecer su salud y para someterla a un período de renovación espiritual poniendo una pausa en su trabajo.

El 10 de Septiembre de 1946, subió a un tren rumbo a Darjeeling, donde iba a asistir al retiro. Una vez abordo, la Madre Teresa tuvo una experiencia sobrenatural que cambiaría la dirección de su vida para siempre. Se refirió a ello como «el llamado en el llamado». Muchos años antes, había sido llamada a la vida religiosa (el llamado). Ahora ella estaba siendo llamada a algo más (el llamado en el llamado). El retiro fue el espacio propicio para que pudiera estar en el silencio, la soledad y la oración que le permitieron acoger la experiencia que Dios le había permitido vivir en el tren.

Los siguientes años estuvieron llenos de intercambios entre el Obispo, su director espiritual y Roma. Para 1950, a la edad de cuarenta años, la

Madre Teresa había dejado la escuela y la Orden de Loreto y había fundado las Hermanas de la Caridad y vivía con los más pobres entre los pobres de Calcuta. Para entonces, había empezado una nueva vida, había soñado un nuevo sueño. Había entrado en la habitación del silencio y sentada junto a su Señor, había preguntado, ¿Cómo puedo ayudar? Durante los siguientes veinte años, captaría la atención del mundo entero sencillamente viviendo según los preceptos del Evangelio. Tal es la potencia y fuerza cautivante que encierra el Evangelio cuando se vive de verdad.

¿Cuándo fue la última vez que ingresaste a la habitación del silencio, te sentaste junto a tu Señor y preguntaste, ¿Cómo puedo ayudar?

En las siguientes cinco décadas, la Madre Teresa surgió como un icono de santidad moderna, cautivando la imaginación, e intrigando el corazón y la mente de miles de personas en todas las naciones de la tierra. Dedicada a una vida de sencillez, se entregó a las víctimas más marginadas de la sociedad. Su amor por la gente fue palpable. Lo podías ver. Lo podías sentir. Podías alcanzarlo y tocarlo. Era real y vivo. No se trataba de un sermón o un discurso. En cada momento solamente buscaba una nueva oportunidad para amar. Para ella, cada persona era importante. En una ocasión dijo, «Yo creo en el contacto individual de persona a persona. Veo a Cristo en cada persona y ya que hay un solo Jesucristo, la persona que estoy atendiendo es la única en el mundo en ese momento». Los más allegados a ella comentaban con frecuencia: «Cuando estás en su presencia, solo existen tú y ella. No mira sobre tus hombros para ver qué sucede alrededor. Tú tienes su total atención. Es como si para ella, nada más existiera, excepto tú».

Contraria a la desenfrenada tendencia materialista del mundo actual, la Madre Teresa poseía una atracción que parecía imposible de explicar. El contraste entre el espíritu del mundo y el espíritu de esta mujer era impresionante.

Años antes, muchas personas en la India habían recorrido cientos de kilómetros, frecuentemente a pie, para alcanzar a ver a Gandhi aunque fuera de lejos. Los hindúes creen poder recibir grandes bendiciones por el solo hecho de estar cerca de una persona santa. Después, buscaban la compañía, tan solo la mera presencia, incluso solo una mirada de la Madre Teresa, una monja católica. Como en un campo magnético, ella atraía a ricos y pobres, a los débiles y poderosos, sin importar su creencia o raza.

Tiempo después, la Madre Teresa ganó el Premio Nobel de la Paz, la Medalla de la Libertad en Estados Unidos y el premio Albert Schweitzer de la ONU. Considerada por muchos como una santa viviente, no permitió que la atención que despertaba la distrajera y permaneció como un alma íntegramente dedicada a la vida de servicio.

La Madre Teresa es una de las mujeres más amadas de todos los tiempos. Era una voz firme de amor y fe; sin embargo, su influencia no venía de las palabras que pronunciaba o de los premios que recibió y jamás intentó imponer sus creencias sobre nadie. En alguna ocasión en que se le pidió que hablara sobre su religión, ella contestó, «La religión no es algo que podamos tocar. La religión es la adoración a Dios—de ahí que se trata de un asunto de conciencia. Yo hago mi propia elección sobre lo que debo creer y usted deberá hacer la suya. La religión que yo vivo y uso para adorar a Dios es la religión católica. Mi religión es mi vida, mi dicha y el regalo más grande de Dios en su amor por mí. No me pudo haber dado un mejor regalo».

Cuando reflexiono sobre la vida de la Madre Teresa, las preguntas que me formulo son: ¿De dónde vino esa fuerza para amar tan profundamente? ¿De dónde vino ese ímpetu para servir tan desinteresadamente? ¿Cuál es la fuente de la extraordinaria habilidad para inspirar que tuvo esta mujer?

Las respuestas a estas preguntas están profundamente arraigadas en su vida. Ante todo, la Madre Teresa era una mujer de oración. Todos los días dedicaba tres horas a la oración ante el Santísimo Sacramento expuesto. Su fuerza para amar, su fortaleza para perseverar y su don para inspirar a las masas nacían en la habitación del silencio. Esta mujer creía en el Cristo centrismo. Ella creía en la importancia central de Cristo en la historia y en la eternidad y confiaba en la central importancia de Cristo en su vida. He ahí la fuente: la Madre Teresa colocó a Jesús en el centro de su vida. En las profundidades de su corazón, ella sabía que las obras sin oración no valen nada.

La historia de la Madre Teresa es admirable, pero la historia dentro de la historia es también admirable. Sería un error examinar la vida de la Madre Teresa sin hacernos algunas preguntas simples: ¿Cómo aprendió a vivir, amar y rezar como lo hizo? ¿Quién le enseñó? ¿De quién tomó este ejemplo?

Estas preguntas nos llevan hasta una joven mujer Católica a quien la Madre Teresa jamás conoció, otra monja que vivió en un convento Carmelita de Francia y que murió antes de que la Madre Teresa hubiera nacido. Su nombre fue Santa Teresa de Lisieux. Santa Teresa creía que el amor se expresa a través de la atención a las pequeñas cosas que llenan nuestra vida cotidiana y la Madre Teresa practicó «el caminito» recomendado por Santa Teresa.

Esta conexión demuestra que cada acto de santidad es un hecho histórico. Cada vez que elegimos amar a Dios y a nuestro prójimo, estamos cambiando el curso de la historia de la humanidad porque nuestra santidad hace eco sobre la vida de personas de otras épocas y lugares. Santa Teresa ingresó al convento a los quince años y murió a los veinticuatro, pero su influencia continúa resonando sobre la vida de más de cuatro mil quinientas Misioneras de la Caridad (la orden fundada por la Madre Teresa) quienes trabajan en 133 países hoy en día. Es imposible medir el impacto que tuvo en la historia Santa Teresa de Lisieux, pero está claro que es grande. La santidad es esencialmente personal, pero es también colectiva e histórica, no es algo que obramos por nosotros mismos; sino algo que Dios obra en nosotros si es que cooperamos con él no para nuestro bien solamente, sino para los demás y en bien de la historia.

• El Santo Cura de Ars •

Juan María Vianney nació en la tranquila aldea de Dardilly, Francia el 8 de mayo de 1786, tres años antes de la toma de la Bastilla. Situada a casi ocho kilómetros al norte de Lyon, Dardilly era hogar de algo menos de mil personas y durante gran parte de la Revolución Francesa, permaneció como un lugar pacífico para vivir. A los siete años, Juan María desconocía muchos de los problemas que aquejaban a su país. Era hijo de un granjero y cada día conducía al burro, las vacas y las ovejas al valle para que pastaran.

Fue más o menos por esta época en que la violencia de la Revolución francesa alcanzó a su pueblo de una forma muy sutil. El catolicismo había sido vetado. Se había puesto precio a la cabeza de todos los sacerdotes y por lo tanto muchos huyeron. Las campanas de los templos fueron silenciadas y asistir a Misa constituía un riesgo mortal, incluso si se lograba hallar algún sacerdote lo suficientemente valiente como para celebrarla. Aquellos que eran encontrados protegiendo a sacerdotes también corrían gran peligro.

Esto no detuvo a Mateo Vianney, padre de Juan María. Los sacerdotes eran frecuentes invitados de los Vianney y en ocasiones, toda la familia se reunía en medio de la noche en algún granero cercano para escuchar la misa ofrecida por algún sacerdote perseguido. Juan María creció admirando a estos valientes y santos hombres y en esa admiración germinó la semilla de su amor por el sacerdocio.

Al amanecer del 18 de Abril de 1802, las campanas de Notre Dame en París repicaban proclamando la resurrección del catolicismo en Francia. Con dieciséis años, Juan María había entregado su corazón al sacerdocio, pero ante el enrolamiento de su hermano Francisco en el ejército y el inminente matrimonio de su hermana Catalina, su padre necesitaba que Juan María lo ayudara en las tareas del campo y se negaba a dar su consentimiento. Para cuando Juan María tuvo diecinueve años, su madre había intercedido ante su padre para que lo dejara ir y finalmente, ingresó al seminario menor.

A pesar de sus incansables esfuerzos, a Juan María Vianney le costaba mucho el aprendizaje, especialmente del latín. En 1813 a los dos meses de haber ingresado, fue devuelto del seminario mayor por su falta de conocimientos de latín. Pero el Padre Balley, pastor de la iglesia a la que la familia Vianney acudía en la cercana Ecully, lo envió de vuelta con una carta dirigida al rector. Poco después, fue devuelto nuevamente. Esta vez, el Padre Balley fue personalmente hasta el Palacio Arzobispal a interceder ante el Vicario General en atención a la gran devoción de Juan María hacia la oración y la Iglesia.

Con mucha ayuda y la disposición de sus superiores para pasar por alto sus debilidades académicas, finalmente, el 13 de Agosto de 1815, Juan María se ordenó como sacerdote.

Una vez ordenado, fue enviado donde su viejo amigo y mentor, el Padre Balley, en Ecully. Ahí, el anciano clérigo compartió su sabiduría y experiencia con el joven sacerdote. No obstante, poco después en 1817, el Padre Balley murió. Juan María lloró como niño la muerte de este buen y santo sacerdote, de quien escribiría posteriormente, «He visto algunas almas hermosas, ¡pero ninguna tan bella!» Desde ese día en adelante, Juan María nunca dejaría de mencionar al Padre Balley durante sus misas.

En Febrero de 1818, Juan María Vianney se convirtió en el pastor de una pequeña parroquia en Ars, un lugar remoto a 35 kilómetros de Lyon con tan solo sesenta familias, tan pequeño que no aparecía en muchos mapas de Francia y era considerada en los círculos clericales de la diócesis como una especie de Siberia.

Juan María Vianney dedicó las primeras semanas a visitar a cada una de las sesenta familias que vivían en Ars. Les hablaba sobre los cultivos, los niños, los parientes y sobre todo aspecto cotidiano. Pero, lo que en realidad estaba haciendo era una evaluación moral de su parroquia. Encontró que la vida espiritual de estas personas necesitaba una profunda renovación. Se preocupaban poco de la Iglesia, pues habían sucumbido ante la seducción de los placeres comunes para toda época: la pereza, la embriaguez, la blasfemia, la lujuria y la impureza.

El nuevo pastor (curè en francés) entendió el significado y valor de las palabras: «Esta clase de demonios no pueden ser expulsados sino con oración y ayuno». (Marcos 9, 29). El padre Vianney inició una campaña individual de oración y ayuno, ofreciendo sus sacrificios por la conversión de las personas de su parroquia.

Muchos consideraban que sus mortificaciones eran demasiado severas. Dormía en el piso, dejaba de comer varios días y durante algunos años su dieta diaria consistió en una patata hervida. Pero las gracias surgidas de sus sacrificios trajeron claridad a su mente, e inundaron su alma y las de sus parroquianos.

El curè predicaba valientemente y sin reservas sobre los males de su comunidad. En los primeros días, habló en contra de las tabernas y sus propietarios afirmando que «robaban el pan a mujeres y niños pobres vendiéndoles vino a los borrachos». Ante el reclamo del curè, un hombre cerró su taberna, pero al cabo de un año siete más fueron inauguradas. El Padre Vianney respondió diciendo, «Ya verán, ya verán, aquellos que abren un mesón en este lugar, habrán de arruinarse».

Al principio, la gente reaccionó con violencia, pero con el tiempo, la oración y ayuno del curè así como su ejemplo empezaron a producir una cosecha fabulosa. Tal vez tomó demasiado tiempo, veinte años, pero eventualmente, Ars se vio libre de tabernas y al desaparecer estas, también desaparecieron otras cosas. Para 1850, Ars se había librado de la miseria que la aquejaba hasta hacía poco tiempo, poniendo en evidencia la idoneidad de las prácticas del curè. Al suprimir las tabernas, había eliminado la principal causa de pobreza.

Pero el período transcurrido entre su arribo y los años dorados de Ars fue de profundo sufrimiento y de duras pruebas para Vianney. Cartas con falsas acusaciones inundaron la oficina del Obispo y se cuestionaba su comportamiento en la pequeña parroquia rural. Al hablar en contra de los males que azotaban a la aldea, atacó la conciencia de muchos quienes reaccionaron con hostilidad. La ignorancia y el pecado nos confunden y en nuestra confusión, provocamos sufrimiento a aquellos que son en verdad santos. Tiempo después Vianney escribiría, «Si a mi arribo a Ars hubiera sabido todo el sufrimiento que iba a padecer allí, me habría muerto en el acto».

Pero el dolor de su vida era aliviado por un raro placer espiritual: el ser testigo de la transformación en la vida de la gente. Las personas desenfrenadas se convertían en juiciosas; las personas justas crecían y se hacían mejores; y los hombres y mujeres que habían acogido el hábito de la virtud en su vida, practicaban el heroísmo de los santos.

Para su oración personal, el Padre Vianney pasaba largos intervalos frente al Santísimo Sacramento por la mañana por la noche. Animaba a sus parroquianos a visitar con frecuencia la iglesia y al Santísimo Sacramento. El «buen curè», (como frecuentemente lo llamaban) sabía que el Santísimo

Sacramento era el medio más poderoso para renovar la vida parroquial.

Cada mañana, se sentaba en el confesionario, para administrar el sacramento de la penitencia a quienquiera que deseara confesarse. En una ocasión empezó a escuchar un sonido metálico en la parte de atrás de la iglesia alrededor de la misma hora todos los días. Cinco o diez minutos después, escuchaba el mismo sonido por segunda vez. Estos sonidos lo tenían muy intrigado. Con el pasar de los días, cierta mañana, decidió averiguar la fuente de los extraños sonidos y al escuchar el segundo ruido salió apresurado del confesionario hasta la parte de atrás de la iglesia donde se encontró con un granjero que se estaba marchando con sus herramientas. El curè le preguntó al hombre, « ¿Vienes aquí todos los días?»

«Sí, Padre», contestó.

« ¿Y qué es lo que vienes a hacer?»

«Solo me siento un rato y rezo», dijo el humilde granjero.

« ¿Y cómo rezas?»

El hombre, era consciente de su sencillez y estaba algo avergonzado. Inclinó su cabeza y contestó, «Miro al buen Dios y el buen Dios me mira a mí».

El padre Juan María Vianney era un hombre de oración y de buen vivir y la gente de su parroquia se convirtió en gente de oración y de buen vivir. Era antes que nada un líder espiritual para su gente y tomó muy en serio la responsabilidad de guiar sus almas a lo largo del sendero de la salvación.

Pero su influencia no estuvo circunscrita a los habitantes de Ars. Desde sus primeros días en Ars, la gente de Dardilly, su pueblo natal y de Ecully, donde había servido como coadjutor, venían a él por dirección espiritual. En el camino desde y hacia Ars, las personas hablarían entre ellas preguntándose a dónde y por qué viajaban y la fama del que llamaban el «santo curè» se propagaría rápidamente.

Durante más de treinta años, entre 1827 y 1859, la iglesia de Ars nunca estuvo vacía. Al principio, había veinte visitantes al día, pero con el tiempo, un torrente de personas visitaba esta adormecida aldea francesa todos los días. Durante el último año de vida del Padre Vianney, más de cien mil personas viajaron a Ars. Eran tantas las personas que viajaban a verlo, que la compañía de trenes que servía al distrito se vio obligada a construir una vía adicional y una estación ferroviaria en el pequeño pueblo para atender la afluencia de peregrinos. ¿Imagina cuán santa se necesitaría que fuera una persona para que la empresa de trenes construya una estación al pie de su casa en el medio de la nada?

Antes de cumplirse diez años de su muerte, esa misma estación fue clausurada debido a la poca afluencia de visitantes. A mediados del siglo XIX, Ars se convirtió en punto central de espiritualidad en Francia, todo gracias a un sencillo, humilde y santo sacerdote.

¿Por qué venía tanta gente?

En todo momento de la historia, hay hambre de Dios ya sea que se esté consciente de ello o no. Siempre que un hombre o mujer se erija como instrumento de la bondad y verdad de Dios, habrá personas que encontrarán el camino hacia su puerta. Esta fue también la razón por la cual las multitudes se amontonaban para ver al curè de Ars, porque veían y sentían en él la bondad, la verdad y la guía de Dios en su prédica, en su consejo e incluso durante la confesión,

Sobre todo, el curè de Ars fue un confesor. A medida que aumentaba el número de personas que visitaban Ars, Vianney simplemente aumentaba la cantidad de horas que pasaba en el confesionario. Algunas veces llegaba a estar doce, catorce, dieciséis, e incluso dieciocho horas al día escuchando las confesiones de los peregrinos. Sus palabras eran penetrantes y estimulantes. Hablaba a los penitentes con la misma valentía y claridad con que lo hacía en el púlpito y en cuanto a los peregrinos, algunos esperaban haciendo fila hasta por tres días para lograr que el curè escuchara sus confesiones o para pedir consejo en algún tema. Él sirvió a Dios y a los hijos de Dios en la sublime y rutinaria monotonía.

Conforme aumentaba su popularidad, lo hacían también las críticas en su contra. Sus colegas, sacerdotes franceses, recordaban con claridad su falta de educación y mientras la gente en Francia empezaba a referirse a él como un santo en vida, surgieron sentimientos de celo y envidia en muchos. Pero el curè no permitiría que nada de esto interfiriera en su labor. Mientras más se le calumniaba, más humilde se tornaba.

El 4 de Agosto de 1859, Juan María Vianney, el Santo Curè de Ars, murió. Muchos podrán mirar su vida y afirmar que hizo muchas cosas extrañas. Pero las causas por las que hizo todo eso son tan puras como la nieve recién caída. Si podemos resistir la tentación de catalogar sus acciones como absurdas e imprácticas, encontraremos un profundo y enternecedor amor a Dios y al prójimo.

Juan María Vianney creyó que, en su época, los obstáculos para una espiritualidad verdadera eran la indiferencia hacia la religión y el deseo de objetos materiales. Nos mostró con su propia vida, que hay otro camino. ¿Acaso este «otro camino» te está llamando ahora?

• Santo Tomás Moro •

Tomás Moro nació en Londres el 7 de Febrero de 1478. Siendo muchacho, sirvió como paje del Arzobispo quien, impresionado por sus aptitudes, lo envió a estudiar a la Universidad de Oxford con tan solo catorce años de edad. Durante su estadía en Oxford, se convirtió en tutor del príncipe quien se convertiría en el Rey Enrique VIII. Con algo más de veinte años, el joven abogado fue elegido para integrar el parlamento, dando inicio así a su meteórico ascenso en el mundo de la política.

Tomás fue extraordinariamente exitoso. Aunque no era noble, gozaba de gran respeto. Fue hijo de una familia dedicada al comercio, se distinguió primero como estudiante y posteriormente como abogado y juez, luego como embajador y, finalmente, en la dignidad más alta y prestigiosa de Inglaterra, como Lord Canciller.

Aunque Tomás era un hombre acaudalado, su estilo de vida era con frecuencia más austero que el de un monje, aun cuando poseía varias casas, graneros y tierras de cultivo; empleaba sirvientes y tutores privados para sus hijos; y coleccionaba artículos y animales exóticos como hobby.

Un libro de visitas de su mansión en Chelsea habría parecido más un «quién es quién» del siglo XVI; entre sus distinguidos visitantes se contaba a Holbein, Erasmo y Colet. Tomás Moro mantuvo correspondencia con las personalidades más sobresalientes de Europa y él mismo fue considerado un gran pensador y una de las mentes más lúcidas de su época. Su casa llegó a ser conocida como lugar de risas, aprendizaje y buena conversación. Fue amigo del Rey Enrique VIII, quien frecuentemente llamaba a Tomás para pedirle consejo, o sencillamente para estar en compañía suya. En ocasiones, rompiendo todo protocolo de la época, el Rey visitaba a Tomás en su propia casa.

Tomás Moro adoraba a su familia y ellos lo adoraban a él. Crio a sus hijos bajo las disciplinas de la educación y la virtud, siendo él mismo un ejemplo a seguir para ellos. En una época en que la educación era considerada un desperdicio en las mujeres, procuró dar una refinada formación a sus hijas.

Fue un célebre escritor de su época y sus obras continúan siendo ampliamente estudiadas hasta la fecha. Su libro Utopía, fantasía en la que aborda problemas sociales de la humanidad describe su sueño de una sociedad ideal, al punto que dio su nombre a un género literario y a una nueva filosofía mundial.

Tomás Moro fue un hombre notable. Amaba y celebraba la vida. Fue admirado incluso por sus opositores; se destacó en un sinnúmero de campos y fue un padre de familia dedicado, pero sobre todo, fue un hombre que encontró la gracia necesaria para vivir con integridad cuando habría sido conveniente no hacerlo.

Al morir, Tomás Moro sacrificó más de lo que muchos al elegir morir antes que traicionar sus principios, lo que hace su vida aún más poderosa y significativa.

En la primavera de 1534, Tomás Moro fue tomado prisionero en la Torre de Londres por negarse a firmar el Acta de Supremacía. El Rey Enrique VIII quería divorciarse de su esposa, Catalina de Aragón, para casarse con Ana Bolena, por lo que solicitó al Papa la anulación de su matrimonio. Pero, debido a que el Papa ya había otorgado a Enrique una dispensa para contraer matrimonio con la esposa de su hermano, Catalina, la solicitud de anulación fue negada. Ante esta noticia, Enrique enfureció y, acostumbrado siempre a salirse con la suya en todo, puso a trabajar su obstinado cerebro en busca de una forma de casarse con Ana. Como resultado, decidió separar la Iglesia de Inglaterra de la Iglesia de Roma y mediante un acto parlamentario, se nombró a sí mismo como la cabeza suprema de la Iglesia en Inglaterra. Este fue el acto que Tomás Moro se rehusó a firmar y a apoyar.

Tomás era un hombre inteligente. Sabía que, legalmente, podía ser encerrado por negarse a firmar el Acta de Supremacía, pero no podía ser condenado a muerte. La ley considera al silencio como consentimiento, pero el silencio de un hombre de virtudes es a veces más ruidoso que las palabras de muchos. De ahí que Inglaterra comenzó a murmurar y especular sobre las opiniones de Tomás Moro.

Enrique no quería condenar a muerte a Tomás y en todo momento antes de su ejecución, el rey estuvo dispuesto a perdonarlo si tan solo hubiera aceptado públicamente estar de acuerdo con su matrimonio con Ana Bolena. El rey quería el imprimátur de Tomás. Tenía las firmas de docenas de funcionarios oficiales y de estado estampadas en el documento, pero el apoyo de hombres sin moral tiene el mismo valor que una hoja en blanco. No les importaba a los europeos quiénes habían firmado el Acta; tenían fijada su atención en los que no lo habían hecho. Tomás era un hombre de virtud y su carácter y reputación eran indiscutibles. Por lo tanto, el rey quería su aprobación.

Todo esto representaba un problema para Tomás. Él no podía, en conciencia, firmar el Acta porque su bien informada mente y su bien formada conciencia le decían claramente que el parlamento no tenía la autoridad para nombrar al rey como la cabeza suprema de la Iglesia en Inglaterra. El parlamento no tenía la autoridad porque esta era una entidad espiritual, no política.

Muchos habrían cedido y firmado. Muchos lo hicieron. Pero Tomás era un hombre de admirable sentido de sí mismo. No era un tipo obstinado ni de cabeza dura. Sabía cómo ceder en situaciones por su esposa, sus hijos, incluso por sus amigos, pero se negó a comprometerse a sí mismo. La posesión más preciada que tiene un hombre es su alma inmortal; Tomás conocía esta verdad con inquebrantable claridad.

Cuando alguien hace un juramento, es porque desea comprometerse ante un enunciado y no solamente comprometer su persona, sino su yo—su alma inmortal. En un juramento, el hombre se da como garante. Ante Dios, se junta con la verdad, o en este caso con la mentira, del juramento. El juramento de un hombre dispuesto a negarse a sí mismo sería mejor no tenerlo, porque significa que no tiene un yo para empeñar, no tiene ninguna garantía para ofrecer, ha desperdiciado su yo, lo ha enredado, lo ha vendido al mejor postor. Por esta razón, en el mundo de hoy las personas garantizan sus afirmaciones con dinero en efectivo o con bienes en vez de hacerlo con su palabra.

Desde niño, escuché la frase: «Todo hombre tiene su precio». Tomás nos enseña que esta afirmación no tiene que ser así. La vida nos prueba a todos en este aspecto y probó también a Tomás Moro.

Se puede comprar a muchos a un precio relativamente bajo. A unos, mediante dinero, poder, estatus o posesiones; a otros, con placeres, tierras, ladrillos y cemento, a otros con conocimiento o fama. Muy pocos son capaces de mantener su yo por encima de estas ofertas. El mundo trata de comprar con sufrimiento a estas extraordinarias almas. No quiero decir con esto que se puede comprar a un hombre ofreciéndole sufrimiento a cambio; sino, imponiéndole sufrimiento y ofreciéndole escapatoria.

Así fue como Enrique VIII, Tomas Cromwell, la Iglesia de Inglaterra, la historia y el espíritu del mundo trataron de comprar el alma—o el yo—de Sir Tomás Moro. Ellos lo llevaron a prisión y lo amenazaron con matarlo. Intentaron apartarlo de todos y de todo aquello que amaba, esperando que el frío, la oscuridad, la soledad de su celda, la falta de alimentos, de luz y de contacto con los demás hicieran que se quebrara y se rindiera ante sus demandas.

Pero confundieron a Tomás con alguien como ellos. Se olvidaron que era un hombre de oración y de virtud. Su yo interior no era negociable y había llegado a ser así gracias a la práctica de la templanza y de largas horas de oración. Si en la abundancia, no permitió ser arrastrado, menos lo iba a hacer ahora, en la pobreza. Jamás perdería el enfoque.

Tomás también demostró que es posible ser político y aún mantener intacto el carácter, a pesar del ambiente deshonesto y egoísta que impera en este campo. Es uno de los modelos más auténticos de liderazgo de generosidad y de virtud. Qué sería de los Estados Unidos si hubieran tenido a un hombre con el carácter de Tomás Moro como presidente.

El 6 de Julio de 1535 fue ejecutado, acusado falsamente de traición.

Tomás Moro enfrentó y superó las seducciones mundanas. Fue capaz de vivir en el mundo y no pertenecer a él. Ruego a Dios para que tú y yo podamos desarrollar ese sentido de identidad que tuvo Tomás Moro.

Tomás Moro me cautivó cuando participé en la secundaria en la puesta en escena de la obra Un *«Hombre para Todas las Estaciones»*, Me fascinó este personaje que ciertamente tuvo su propia vida en sus manos y sin embargo escogió morir. Con el paso de los años, mi admiración por él ha aumentado. Nadie puede acusarlo de alguna incapacidad para vivir. Acogió la vida, tomando plenamente cada oportunidad que tuvo para explorar su abundante variedad. Amó profundamente y fue amado de la misma forma. Fue exitoso y admirado. Santo Tomás Moro no fue un santo de yeso; fue un hombre que amó la vida y que estuvo lleno de vida y sin embargo, encontró algo en su interior sin lo cual la vida hubiese perdido sentido. Por ello, cuando los crueles y egoístas trataron de arrebatar eso de su interior, eligió abrazar la muerte antes que darse por vencido.

Espero que tú y yo encontremos ese algo en nuestro interior.

• Juan Pablo II •

Los más grandes hombres y mujeres de la historia usualmente nacen en los sitios y épocas menos esperados. Karol Wojtyla nació en la pequeña ciudad rural de Wadowice, Polonia el 18 de mayo de 1920. ¿Quién se hubiera imaginado que este pequeño polaco se convertiría en el que probablemente fue la figura más influyente del siglo XX?

La vida de Karol Wojtyla desafía la imaginación. Todos tenemos grandes momentos en nuestra vida y algunos hombres juegan un papel significativo en algún evento histórico, pero el que un solo hombre se hubiera involucrado directamente en tantos aspectos cotidianos y en tantos momentos históricos parecería casi increíble. Si fuera ciencia ficción, lo descartaríamos por ser demasiado tirado de los cabellos.

Por tanto, en el corto tiempo que tengo para hablarte de su vida, a lo mucho espero bosquejar parte de su historia. Hago esto con la esperanza de que te inspires, al aprender más acerca de este hombre al que llamamos Juan Pablo II y no me queda duda que mientras más aprendas sobre él, más inspirado estarás.

Karol Wojtyla perdió a su madre antes de cumplir diez años, quedando a cargo de su crianza su padre, un oficial militar retirado quien le enseñó el arte de la vida—la disciplina—e inculcó en él firmemente el hábito de la oración. Estos se convertirían en los pilares de su vida. Durante su niñez, se destacó como el mejor estudiante de su pueblo, como un entusiasta atleta y como actor aficionado.

Posteriormente se mudó a Cracovia con su padre e ingresó en la Universidad Jagellónica. Continuó destacándose en las aulas de clase y en los escenarios, pero su prometedor futuro en ambas esferas se vio truncado por la Segunda Guerra Mundial.

Fue entonces cuando se formó su vínculo con los trabajadores. Comprendió la difícil situación y el valor de la clase obrera en la vida del hombre al haber trabajado como cantero y dinamitero. En desafío a la ocupación Nazi de su país, se enroló en un movimiento de resistencia cultural. Al amparo de un místico laico que le ayudó en su formación espiritual, Juan Pablo II dio sus primeros pasos en este campo, en momentos en que muchos párrocos comenzaron a ser secuestrados y enviados hacia Dachau.

Después de la muerte de su padre, acaecida en 1940, se inició su lucha interior para discernir su vocación. Su voluntad se encontraba dividida entre dos mundos: el altar y el escenario. Tras un considerable período de oración y angustia, las cosas se aclararon e ingresó al seminario clandestino dirigido por el arzobispo de Cracovia. Siguió trabajando en una fábrica de productos químicos, mientras estudiaba Filosofía y Teología paralelamente. Por las noches, arriesgando su vida, lograba escabullirse por las calles para asistir a clases en casa del arzobispo.

Luego de la «liberación» de Polonia por parte del Ejército Rojo, se ordenó sacerdote el 1 de noviembre de 1946. Inmediatamente después fue enviado a Roma para cursar estudios de posgrado en Teología. El siguiente año, visitó Francia y Bélgica, donde conoció la iniciativa de los curas obreros. Se trataba de sacerdotes que, con autorización de sus obispos, tomaban trabajos como obreros en fábricas para experimentar desde adentro los problemas de la clase trabajadora.

Concluidos sus estudios en Roma, retornó a Polonia y empezó un intenso apostolado con estudiantes universitarios. Fue ahí donde desarrolló su particular paciencia para el diálogo y su excepcional habilidad para escuchar incluso a aquellos con los que no estaba de acuerdo. Organizó varios talleres e innovadores seminarios, haciendo participar a los estudiantes en acaloradas conversaciones. Pasaba miles de horas en el confesionario—lo que revelaba a un sacerdote muy distinto a lo que los polacos estaban acostumbrados. Su estilo, que fue tomado como un respiro de aire fresco, inspiró a los estudiantes a tal punto que le pusieron el sobrenombre de Wujek, que significa «tío».

En 1954, luego de recibir su segundo doctorado, Karol fue invitado a colaborar como profesor en la Facultad de Filosofía de la Universidad Católica de Lublin. Tomaba la conexión del tren nocturno para poder llegar y el premio a este sacrificio eran las aulas abarrotadas de estudiantes, muchos de los cuales permanecían parados durante sus clases. En 1960, sorprendió al mundo con el lanzamiento de su primer libro, *Amor y Responsabilidad*, en donde celebra la sexualidad humana como un regalo de Dios para la santificación de marido y mujer.

En 1958, a la edad de treinta y ocho años, recibió la consagración episcopal y fue nombrado Obispo Auxiliar de Cracovia. Entre 1962 y 1965, asistió a cuatro sesiones del Concilio Vaticano II, donde jugó un papel central en el diseño de la nueva apertura Católica al mundo moderno y donde elevó su voz en temas de libertad religiosa y derechos humanos básicos.

Luego de ser nombrado Arzobispo de Cracovia, en 1964, comenzó una batalla sin descanso por los derechos civiles y religiosos de su gente. En 1967, a los cuarenta y siete años, fue nombrado Cardenal, pero se resistió a actuar de la forma en que se espera que lo haga un prelado. Siguió esquiando, haciendo excursiones, haciendo kayak; incluso vacacionando con laicos. En Cracovia, se constituyó en la fuerza motriz tras la exhaustiva implementación del Concilio Vaticano II. A pesar de la creciente demanda de su tiempo, Juan Pablo II continuó trabajando como intelectual, enseñando, dirigiendo seminarios, escribiendo y remitiendo escritos en conferencias internacionales.

Karol Wojtyla fue nombrado el 264 Obispo de Roma el 16 de Octubre de 1978 y tomó el nombre de Juan Pablo II. El mundo estaba impactado. Era el primer papa no italiano en 455 años y era el primer papa eslavo de la historia.

En 1979, el Papa Juan Pablo II visitó su tierra natal por primera vez en calidad el líder de la Iglesia Católica Romana. Polonia se paralizó al punto que millones se negaron a trabajar o a asistir a la escuela para recibir al hombre que habían aprendido a querer como Wujek. Presidió la más grande concentración masiva de la historia polaca y, él solo, revitalizó el catolicismo en una tierra atormentada por el Comunismo. Estas multitudes se convertirían en un sello distintivo de su papado. Durante su visita, reavivó la conciencia de Polonia y con ello daba inicio al colapso pacífico del imperio soviético en Europa Oriental.

Juan Pablo II insufló nueva vida en la institución más antigua del mundo, el papado, en el contexto del mundo moderno. Viajó a todos los rincones del planeta, predicando el Evangelio a millones de personas. Escribió y enseño sin tregua, cubriendo cada aspecto del catolicismo y cada asunto que enfrenta la humanidad en el mundo moderno. No hay que olvidar la forma magistral en que supo manejar todos los medios de comunicación modernos disponibles para recordar al mundo la verdad y la luz de Dios.

El 13 de Mayo de 1981, el Papa Juan Pablo II fue herido de bala en la

Plaza de San Pedro. Sobrevivió a este atentado y volvió a su labor con más vigor que nunca. Fue capaz de redefinir la relación entre el catolicismo y el Judaísmo, invitó a los ortodoxos católicos y a los cristianos no católicos a imaginar un papado que pudiera servir a todos los cristianos, predicó a adolescentes musulmanes en Casablanca y describió a la intimidad marital como un icono de la vida interior de Dios. Durante este período tan necesitado, se convirtió en un ejemplo de perdón para el mundo moderno, al reunirse y reconciliarse con el hombre que le disparó.

Con el pasar de los años, el peso de su incansable esfuerzo por educar y unir a los católicos y de hecho, a toda la humanidad, hizo mella en su salud que se iba deteriorando progresivamente. A finales de 1993, la prensa internacional empezó a especular sobre su salud y televisoras de todo el mundo encargaron la producción de documentales al respecto, como preparación para su partida del mundo terrenal.

Contra todo pronóstico, al siguiente año, Juan Pablo II predicó a la mayor congregación de personas en la historia de la humanidad, en el continente con menor población cristiana del mundo y publicó un libro que se convertiría en un best-seller internacional que fue traducido a cuarenta idiomas.

En 1995, defendió la universalidad de los derechos humanos, en su alocución en las Naciones Unidas. Dos días después, mientras celebraba una misa multitudinaria en el Parque Central de Nueva York, bromeó con los asistentes y predicó una de sus características y desafiantes homilías.

Luego, en el ocaso del milenio, instó a los católicos a limpiar la conciencia, tanto individual como colectiva; atrayendo por sí solo la atención mundial por su posición contra el control demográfico.

¿Quién fue este hombre? ¿De dónde vinieron su extraordinaria fuerza y sabiduría?

Permíteme preguntarte, ¿alguna vez viste orando a Juan Pablo II? Todos los días, celebraba Misa en su capilla privada con cerca de veinte invitados. Tal vez fuiste alguno de los afortunados asistentes. Si no, quizá viste por televisión alguna toma de estas Misas.

Cuando este hombre se arrodillaba a orar después de la Comunión, cerraba sus ojos y viajaba a un lugar profundo en su interior. Una vez ahí, nada ni nadie podía distraerlo. Viajaba a ese lugar en lo más recóndito de su ser y desde ahí, extraía los frutos de su vida: sabiduría, compasión, generosidad, entendimiento, paciencia, coraje, intuición, perdón, humildad y amor, tan evidentes que hasta podía palparse.

Lo sorprendente es que si colocabas a este hombre en un estadio de fútbol lleno con cien mil personas, se arrodillaba de igual forma, cerraba sus ojos luego de la Comunión, e iba a ese lugar profundo de su interior donde se conectaba con Dios. No permitía que nada lo distrajera de su oración. Fue desde ese lugar de donde provino la vida que vivió.

Encuentra este lugar en tu interior. Si no haces nada más en tu vida, encuentra este lugar y empieza a vivir tu vida desde ahí. Ruego a Dios para poder visitar este lugar en mi interior, e ir ahí más frecuentemente.

Cualquiera sea el nombre con el que lo llames, ya sea Wujek, Karol Wojtyla, Papa, Juan Pablo II, o Su Santidad, él fue antes que nada, un hombre de oración. Su preocupación primaria fue hacer la voluntad de Dios en su propia vida y animar a otros a hacer lo mismo. Tratar de comprenderlo separándolo de su espiritualidad, sería una pérdida de tiempo.

Fue signo de esperanza y contradicción. Fue presbítero, profeta y papa. Juan Pablo II fue un hombre perfectamente adaptado y al mismo tiempo adelantado a su época. Tomará cientos de años para que el colectivo humano entienda conscientemente y aprecie verdaderamente su profundidad, su perspectiva, su sabiduría y su visión del mundo.

Su comportamiento y manejo fueron tales que se ganó el respeto de todos los que lo conocieron, aún si no estaban de acuerdo con su punto de vista. En su interior llevaba tal nivel de sabiduría y verdad, que personas de toda creencia religiosa y aún los no creyentes se sentían impresionados con su presencia.

Fue un ejemplo vivo de la paradoja de Dios en los albores del siglo XXI. Hacia el final de su vida, ya anciano y estando débil y físicamente deteriorado, Dios lo siguió utilizando como un instrumento poderoso de su amor en el mundo (cf. 1 Corintios: 1, 27).

En cada momento de su vida, desde su temprana infancia, todos los que cruzaron su camino vieron en él, a una estrella en ascenso. Aquellos cercanos a él, sabían que sucedería tarde o temprano, pero ninguno sabía cuándo ni de qué forma. Esperaron pacientemente y ante tan paciente espera, ninguno se llevó una decepción.

El 2 de Abril del 2005, a la edad de ochenta y cuatro años, el Papa Juan Pablo II murió en Roma. Es reconocido universalmente como uno de los líderes más influyentes del siglo XX e inicios del siglo XXI. Trabajó incansablemente para construir una base moral en el mundo moderno, jugó un papel preponderante en la caída del Comunismo, fomentó la paz y estuvo constantemente presto a sanar divisiones históricas. Pero más allá de eso, fue una luz brillante en medio de la oscuridad. Fue una expresión de autenticidad en un mundo lleno de hombres, mujeres y niños anhelantes de lo auténtico.

Juan Pablo II capturó la imaginación y fascinó los corazones de personas de todas las religiones. Los días posteriores a su deceso, el mundo entero volvió sus ojos hacia Roma. Hubo interminables filas de personas en las calles durante días, solo para presentar sus respetos por un instante ante su cuerpo. Incluso la prensa secular se enamoró de su vida y de la extraordinaria historia de este hombre.

La vida que Jesús nos invita a vivir tiene un poder sobrecogedor para influenciar al mundo en cada lugar y en cada momento de la historia. Karol Wojtyla demostró con su vida que nuestra época no es diferente.

• Tomando en Serio al Evangelio •

San Francisco de Asís, la Madre Teresa, Juan María Vianney, Santo Tomás Moro y Juan Pablo II son solo cinco ejemplos tomados de cientos—no, miles—de hombres y mujeres que tomaron en serio al Evangelio durante los últimos dos mil años. En sus vidas tienes un pequeño ejemplo de cómo sería la tuya si empiezas a tomar en serio la vida y enseñanzas de Jesús.

Capítulo Nueve

¿QUÉ LOS HACE DIFERENTES?

¿Qué es lo que hace diferentes a aquellos que logran cosas extraordinarias del resto de nosotros? Algunos dirán que es pura casualidad, que estuvieron en el lugar y momento justos. Otros dirán que estos pocos elegidos tuvieron mejores conexiones con gente poderosa e influyente. Algunos creen que Dios tiene favoritos y que estos hombres y mujeres son sus elegidos.

No te dejes engañar el corazón y la mente. Hay dos grandes diferencias entre los héroes, líderes, campeones y santos que llenan los libros de historia y el resto de nosotros. En primer lugar, ellos tuvieron un objetivo central que ocupó cada actividad que desarrollaron durante sus vidas y, en segundo lugar, asumieron hábitos que les permitieron alcanzar este objetivo. No se trata de hábitos sin sentido que se adquieren al elegir el camino del menor esfuerzo y del mayor placer, sino hábitos vivificantes que llevan a la excelencia y santidad.

• Concentrándonos en un Objetivo Central •

Si te adentras en la vida de personas extraordinarias, descubrirás que están marcadas por dos cualidades. No importa si se trata de Bill Gates, Michael Jordan, o la Madre Teresa; estas características se encuentran en todos y cada uno. Bill Gates quería dominar la industria del software. Claramente definió su meta y por lo tanto, tuvo un objetivo central. Luego, desarrolló hábitos en su vida que le ayudarían a alcanzar ese objetivo. Michael Jordan quiso convertirse en el más grande jugador de baloncesto de la historia. Tenía el objetivo claramente trazado, un objetivo central. Hizo aquello que le acercaría a alcanzar la meta y evitó aquello que lo alejaría de ella. Lo mismo que la Madre Teresa y que todos los santos que honran las páginas de la historia cristiana. La Madre Teresa quiso amar a Dios con todo su corazón, en todo momento de su vida. Había definido claramente su meta y permitió que este objetivo central penetrara la actividad cotidiana de su vida.

No importa si es en el campo empresarial, deportivo o espiritual. Valen los mismos principios, pues son fundamentales para la excelencia humana.

Probablemente no estés de acuerdo pensando que dominar la industria del software o ser el mejor basquetbolista de la historia no son los objetivos más nobles, lo cual es correcto. Sin embargo—surge la pregunta—«¿Cuál es tu objetivo?» ¿Te has propuesto firmemente al menos uno? ¿Tienes acaso definido tu objetivo central que inspire y motive a alguien y le permita brillar más allá de lo imaginable?

Este objetivo central te librará de desperdiciar tu vida en actividades sosas y superficiales, carentes de significado y que, de aquí a cien años, serán todavía menos significativas. Imagina cuántos pretendieron distraer a Michael Jordan de su objetivo de jugar baloncesto. Imagina cuántas veces sus amigos quisieron invitarlo a alguna fiesta y él no aceptó, ya sea porque tenía que entrenar o porque tenía que madrugar al día siguiente para entrenar. Imagina cuántas personas pretendieron distraer a Bill Gates de su objetivo de fundar Microsoft en sus últimos años de adolescencia. De igual forma, imagina cuántas personas intentaron distraer a la Madre Teresa de su oración, o de su trabajo junto a los más pobres entre los pobres.

Cuando tienes una meta central, acoges todo aquello que te lleva hacia el logro de tu objetivo y desechas lo que te aleja de él. Por otro lado, si no tienes un objetivo central, te pierdes en las distracciones cotidianas.

El mundo entero le abre paso a aquel hombre que sabe a dónde va Sin embargo, para el hombre que no sabe a dónde va, el mundo se convierte en un patio de juegos lleno de distracciones y vacío.

Fue precisamente teniendo esto en mente que San Ignacio de Loyola estableció su Principio y Fundamento:

«El hombre fue creado para alabar, reverenciar y servir a Dios nuestro Señor y de esta forma salvar su alma.

Las otras cosas que hay sobre la faz de la tierra fueron creadas para ayudar al hombre a alcanzar el fin para el que fue creado.

De ahí que el hombre deberá usarlas en tanto y en cuanto le ayuden a alcanzar su fin y deberá apartarse de ellas cuando representen un impedimento para aquello.

Por lo tanto, seamos indiferentes a toda cosa creada, siempre que tengamos libre albedrío y no estemos haciendo algo prohibido. En consecuencia, en lo que a nosotros concierna, no preferiremos la salud en vez de la enfermedad, la riqueza en vez de la pobreza, el honor en vez del deshonor. Una vida larga en vez de una corta. Esto aplica también a todas las demás cosas.

Nuestro deseo y elección deberán ser de acuerdo con lo que más nos acerque al fin para el cual hemos sido creados» (San Ignacio de Loyola, Ejercicios Espirituales).

¿Entonces cuál será tu meta? ¿Qué objetivo central vas a perseguir? Todo el dinero y trabajo de Bill Gates tienen valor mientras le ayuden a convertirse en la-mejor-versión-de-sí-mismo. Todo el entrenamiento, juego, fama y fortuna de Michael Jordan tienen valor solo si le permiten alcanzar la-mejor-versión-de-sí-mismo. La Madre Teresa eligió el mejor camino y la meta crucial. Su único deseo fue unirse a Dios. Ella fijó su objetivo central en Dios y en una vida de santidad. ¿Qué significa santidad? Convertirse en santo. ¿Qué significa esto? Amar a Dios buscando su voluntad y convirtiéndose en todo aquello que Dios quiso que fueras—la-mejor-versión-de-ti-mismo.

Este objetivo central, esta meta es muy importante. Todos los días nosotros tomamos cientos de decisiones, algunas grandes, otras pequeñas. Si tienes este objetivo central, la toma de decisiones se hace mucho más fácil. Los santos simplemente se preguntaban: «¿Cuál es la voluntad de Dios para esta situación?» Si llegaban a la conclusión de que algo en particular les ayudaría a acercarse a Dios y a la versión de sí mismos que Dios deseaba que fueran, lo acogían; si encontraban que no les ayudaría, entonces le daban la espalda sin importar cuán tentadora fuera la oportunidad. El tener un objetivo central brinda una extraña claridad en un mundo de oscuridad.

• La Voluntad de Dios •

La frase, «Solo haz la voluntad de Dios» suena muy simple. Es sencilla y la sencillez es hermosa y brillante, pero no es lo mismo sencillez que facilidad. En muchas cosas, tal vez en la mayoría, la voluntad de Dios es fácil de descubrir. Si aceptamos que debemos amar a Dios y al prójimo, muchas elecciones en la vida se hacen claras. No debemos robar, matar o desear la mujer o el hombre de nuestro prójimo. Si aceptamos que Dios no nos creó para fuéramos individuos de segunda, sino que Dios anhela que seamos la-mejor-versión-de-nosotros-mismos, entonces, muchas elecciones de la vida se tornan muy claras—tal vez más claras de lo que quisiéramos. ¿Deberíamos hacer ejercicio o pasar interminables horas mirando la televisión? Es fácil ver la voluntad de Dios en el contexto de este deseo suyo de que seamos todo aquello para lo cual él nos creó.

Pero hay algunas decisiones, usualmente las más importantes, que no caen en ninguna de estas categorías y frecuentemente, estas son las más grandes decisiones de nuestra vida. Tal vez estés entre ser enfermera o maestra, ya que puedes amar a Dios y a tu prójimo en ambas profesiones. Puedes ser la la-mejor-versión-de-ti-misma en ambas profesiones. ¿Pero cuál es el llamado de Dios para ti? En mi libro *El Ritmo de la Vida* explicaba que Dios nos habla en lo que yo llamo las tres voces ordinarias de Dios. Estas son: necesidades legítimas, deseos profundos y talentos. Dios nos ha dado necesidades legítimas; sueños y deseos; y talentos y habilidades que nos ayudan a entender la mejor manera en que podríamos hacer una contribución excepcional. Pero incluso examinando profundamente estas voces, es probable que se nos dificulte entender la voluntad de Dios para nosotros.

Una vez, un sacerdote le pidió a la Madre Teresa que rezara para que Dios le concediera claridad en una decisión que debía tomar. Ella le dijo: «Tal vez Dios nunca le dé claridad. Lo único que le queda es confiar».

A veces creemos tener la certeza; y a veces solo nos queda confiar. Podemos saber que estamos tratando de amar a Dios y al prójimo. Podemos saber que una decisión nos puede ayudar a convertirnos en la-mejor-versión-de-nosotros-mismos. Podemos saber que cierta decisión es buena para satisfacer nuestras legítimas necesidades, nuestros talentos extraordinarios y nuestros más hondos deseos. Pero lo que jamás sabremos con seguridad es si se trata de la voluntad de Dios. Entonces, solo nos queda confiar.

Los santos intentaron alinearse con la voluntad de Dios en todo momento. Fue esta síntesis y el ceder su propia voluntad a la voluntad de Dios lo que los hizo santos. En esta época moderna, la oscura mentira de que es imposible conocer la voluntad de Dios ha seducido a mucha gente. Se trata de una mentira diabólica de proporciones indescifrables, porque nos aleja de nuestro propósito esencial y nos lleva por el camino de la desolación y desdicha. Afortunadamente, la verdad es que Dios envió al Espíritu Santo para que nos guiara hacia su voluntad en cada momento de nuestra vida.

La voluntad de Dios es, en otras palabras, que te conviertas en la-mejor-versión-de-ti-mismo, esa versión tuya a través de la cual Dios pueda entrar en el mundo más perfectamente. Dios no quiere controlarte, o manipularte, o encerrarte, o forzarte a hacer cosas que no deseas. Si ese fuera el deseo de Dios, entonces no tendrías libre albedrío. Dios quiere que llegues a ser todo aquello que puedas ser y en ese proceso, quiere que experimentes el más grande misterio de todos: el amor. Dios te invita a embarcarte en la aventura de revelar y actualizar tu potencial oculto. El reto es presentarnos a Dios con las manos abiertas, tal como nos invitó ahacerlo Henri Nouwen, diciendo, *«Señor, esto es lo que tengo. Toma lo que quieras tomar de mí y dame lo que me quieras dar»*. Dios te invita a vaciarte para que puedas ser llenado. Esta es la aventura de la salvación y hacemos este viaje al aprender a amar a Dios, a nuestro prójimo, a nosotros mismos y por supuesto a la vida. Esta es la aventura del alma y la búsqueda del amor. Esta es la gran tarea que la vida nos presenta.

La voluntad de Dios no es tan misteriosa como muchos pretenden. Al llegar a casa después de tu trabajo tienes dos alternativas: sentarte en el sillón frente al televisor con una bolsa de papitas y una cerveza, o salir a correr. ¿Cuál te ayudará a ser la-mejor-versión-de-ti-mismo? Cada situación puede ser afrontada mediante esta pregunta.

En su Primera Carta a los Tesalonicenses, Pablo formula esta misma pregunta, al escribir, «Esta es la voluntad de Dios: que sean santos» (1 Tesalonicenses 4, 3). Dios quiere que seas santo y este llamado a la santidad es vital para los católicos modernos. Se puede descubrir y acoger la voluntad de Dios y esta es una verdad que al mismo tiempo nos incentiva y nos desafía. Pero para permitir que ella anime nuestra vida, necesitamos apartar nuestros prejuicios contra la idea de santidad y acoger una nueva visión de lo que realmente significa.

Las caricaturas que ha creado la sociedad sobre la santidad no son modelos auténticos de ella. La santidad consiste en escuchar la voz de Dios en nuestra vida, dejándonos guiar por el Espíritu, buscando la voluntad de Dios, siendo la-mejor-versión-de-nosotros-mismos—eso es santidad. El mundo y la iglesia necesitan desesperadamente este auténtico esfuerzo por alcanzar la santidad.

Como se dijo antes, la santidad es tan sencilla como saber cuándo decir sí y cuando decir no. Pero para lograr decir no a algo, debes tener un «sí más profundo». Este es el sí profundo que la mayoría no tenemos. La vida espiritual, entre otras cosas, nos da la oportunidad de ver con claridad lo verdaderamente importante. Definir nuestra meta—vivir una vida de santidad al convertirnos en la-mejor-versión-de-nosotros-mismos y ayudar a otros a alcanzar lo mismo—crea un objetivo central en ese sí profundo que se requiere para darles la espalda a tantas actividades autodestructivas y superficiales de nuestra cultura moderna.

Esto es precisamente lo que separa a los santos del resto de la humanidad que ha transitado por la historia. Ellos fijaron su mira en Dios. Escucharon la voz de Dios en su vida. Decidieron cooperar con Dios en el cumplimiento de su voluntad en la tierra. Descubrieron su propósito esencial y fijaron la atención en sus pensamientos, palabras y acciones al llevar una vida de santidad. Vieron cada momento como una oportunidad para hacer la voluntad de Dios. Sabían que lo que Dios obró en ellos fue mucho más importante que cualquier cosa que ellos alguna vez pudieran alcanzar. Como resultado, de estas características distintivas, florecieron y se convirtieron en todo aquello que Dios quiso que fueran. Este es el valor de tener un objetivo central en la vida cristiana y ese valor está escrito en la vida de cada santo.

Uno de mis pasajes favoritos de la Biblia afirma mi creencia de que la voluntad de Dios no es tan misteriosa como creemos. En el libro de Miqueas, leemos: «Se te ha comunicado, hombre, lo que es bueno, lo que Yahvé quiere de ti: tan solo respetar la justicia, practicar la caridad y proceder humildemente con tu Dios» (Miqueas 6, 8).

En mi vida, he conocido la justicia a partir de la injusticia. Sospecho que tú también. No siempre actuamos debidamente, pero sabemos cuál es el camino aun cuando no decidamos transitarlo. Sabemos lo que es correcto y lo que no en las circunstancias de nuestra propia vida. Probablemente no conozcamos lo que es correcto en temas de diplomacia internacional, pero pocos de nosotros estaremos en capacidad de tomar decisiones en este ámbito. El mismo Dios que te enseña lo debido y lo indebido en tu vida, también les muestra lo debido y lo indebido a presidentes, reyes y comandantes. El reto no está en el saber: Nuestros corazones son fieles en conducirnos cuando escuchamos; el reto está en ceder nuestra egoísta y soberbia voluntad a la voluntad de Dios.

La segunda directriz del pasaje de Miqueas es que amemos con ternura. De la misma forma en que sabemos lo que es justo, así mismo sabemos cómo amar. En cualquier situación, podemos elegir entre amar o ser egoístas, amar o ser orgullosos, amar o ser glotones, amar o ser celosos, amar o ser lujuriosos... sabemos cómo amar con ternura.

Finalmente, el profeta habla caminar humildemente con Dios. Lo dice al final del versículo, pero de hecho es la idea principal, porque es precisamente caminando humildemente con Dios lo que hace posible el amor y la justicia en nuestra vida. Sin Dios, vivo dentro de nosotros y obrando a través nuestro, no seríamos capaces de amar ni de practicar la justicia. Caminar humildemente con Dios significa permitir que Dios, tu Padre, te tome de la mano y te guíe. Sin embargo, frecuentemente queremos correr, adelantarnos a nuestro Padre amoroso, nos soltamos de su mano y corremos alocadamente sin dirección. No queremos perdernos nada. Queremos experimentar todo lo que la vida tiene para ofrecer, entonces corremos buscando la felicidad aquí y allá, pero siempre estamos anhelando algo más. Si caminamos humildemente junto a Dios, Él nos tomará de la mano y nos guiará exactamente hacia aquello que necesitamos, hacia esa persona, cosa o experiencia que ha diseñado especialmente para cada quien y que ella sola será causa de profunda realización y felicidad.

Este caminar humilde junto a Dios es difícil. Para alcanzarlo, es esencial que adquiramos los hábitos del recogimiento y auto control. Permítanme usar otra ilustración para mayor entendimiento de este punto. ¿Qué tan difícil es caminar humildemente con Dios? Es como si encendira una vela y te la diera para que la lleves a todas partes sin que se apague. Tú la protegerías, ¿verdad? Tendrías que caminar lenta, consciente y cuidadosamente. De la misma manera hay que estar conscientes de nuestros pensamientos, palabras y acciones surgidas de saber quiénes somos y para qué estamos aquí.

Esto es lo que se necesita para caminar humildemente al lado de Dios. La vela está en tu interior. Protégela. No dejes que se apague.

La voluntad de Dios es que te conviertas en la-mejor-versión-de-ti-mismo, o en lenguaje espiritual clásico, que vivas una vida de santidad y te conviertas en santo. Este es tu objetivo central y mientras más dejes que tu vida se centre en este propósito, más experimentarás el gozo que es el aroma de la santidad.

• ¿Como te Gustaría que tu Vida Cambiara? •

Aparte de ese objetivo central, hay otro signo que separa a los hombres y mujeres de logros extraordinarios de aquellos que se pierden en la mediocridad y superficialidad. Mientras ciertas personas pueden seguir argumentando que la diferencia entre los que sobresalen y los que no radica en la suerte o el azar, puedo asegurarles con absoluta certeza que no es así. La diferencia está en que los que sobresalen tienen mejores hábitos. Si analizas sus vidas, descubrirás que ellos llenan sus días, semanas y meses con hábitos que les ayudan a sobresalir en su campo particular y convertirse en la-mejor-versión-de-sí-mismos. Muchas personas se consumen la vida con hábitos autodestructivos que hacen que sean menos que aquello que Dios quiso que fueran.

Es interesante e importante anotar que los hábitos que nos disminuyen se pueden adquirir prácticamente sin esfuerzo y usualmente son el resultado de actuar sin ninguna consideración, mientras que los hábitos que nos permiten celebrar y defender la-mejor-versión-de-nosotros-mismos requieren de esfuerzo verdadero y una apertura hacia la gracia de Dios. Estos hábitos podrían incluir comer alimentos que respeten y nutran nuestro cuerpo, hacer ejercicio regularmente, ser pacientes con los demás aun cuando sean intransigentes y hacer un tiempo para orar y reflexionar cada día.

¿Cuáles son tus hábitos? ¿Qué cosas haces todos los días, todas las semanas, todos los meses? ¿Te están ayudando tus hábitos a convertirte en una-mejor-versión-de-ti-mismo o te están disminuyendo hacia lo contrario?

Dime cuáles son tus hábitos y te diré qué tipo de persona eres. Sócrates, Aristóteles, Santo Tomás de Aquino y San Ignacio de Loyola establecieron que los hábitos forjan la personalidad. Los buenos hábitos forjan personalidades buenas; y los malos hábitos forjan personalidades pobres. Al conocer los hábitos de una persona se puede deducir con facilidad cómo será su futuro, porque los hábitos crean personalidad y tu personalidad es tu destino. Una buena personalidad creada por buenos hábitos, crea en síntesis un futuro próspero. Una mala personalidad, creada por malos hábitos, crea en síntesis un futuro infeliz. Tu personalidad es tu destino en tu trabajo, en tus relaciones y en la eternidad. ¿Cuáles son tus hábitos?

La buena noticia es que los hábitos se pueden cambiar.

¿Qué hábito nuevo estás tratando de cultivar actualmente? Si me contestas, te diré cómo será tu futuro diferente de tu pasado, porque nuestra vida cambia cuando nuestros hábitos cambian.

¿Cómo te gustaría que tu vida fuera distinta a la del año pasado? ¿Como vendría este cambio? Muchos viven la falsa fantasía de que un día despertarán y de pronto su vida será mágicamente diferente. Esto nunca sucede. Esas personas envejecen y mueren esperando ese gran día. Otros viven la

ilusión de que si ganaran más dinero, condujeran un auto nuevo, compraran una casa más grande, consiguieran un ascenso, o se fueran de vacaciones a las Bahamas, entonces sus vidas cambiarían. Esto tampoco funciona.
Nuestra vida cambia cuando nuestros hábitos cambian.

En este momento haz una pausa. Deja el libro a un lado y en un papel escribe tus hábitos. Piensa bien. ¿Cuáles son las cosas que haces todos los días, todas las semanas, todos los meses? Ahora revisa la lista y pregúntate, «¿Cuál de estos hábitos me está ayudando a ser la-mejor-versión-de-mi-mismo. ¿Y cuáles de estos hábitos son auto-destructivos?»

Ahora, respóndeme: ¿Qué tipo de persona eres? ¿Cómo se ve tu futuro? Si quieres que tu futuro sea distinto a tu pasado, hay solo un camino: cambia tus hábitos. Nuestra vida cambia cuando nuestros hábitos cambian. Piensa en todos los héroes, líderes, campeones y santos. ¿Qué los hace diferentes al resto? Ellos solo tuvieron buenos hábitos. No del tipo auto-destructivo que adquirimos muy fácilmente al transitar por el camino del menor esfuerzo. Sus hábitos los ayudaron a convertirse en la-mejor-versión-de-si-mismos y fueron adquiridos intencionalmente mediante el mérito de la disciplina.

Capítulo Diez

ATRACCIÓN E INFLUENCIA

No hay nada más hermoso en esta vida que una buena amistad. Cuando era adolescente, mi padre alzaba su mano derecha, estiraba sus cinco dedos cuan largos son y me decía: «Si puedes encontrar cinco amigos verdaderos a lo largo de tu vida, habrás de vivir una vida de infinitas bendiciones». En ese momento pensaba que esta afirmación era un poco extraña, porque tenía muchos amigos, pero con el pasar de los años, la sabiduría de mi padre poco a poco se ha puesto de manifiesto.

• Amistad •

La siguiente, es una pregunta que me he hecho por años: ¿En qué consiste un verdadero amigo? Tal vez sea conveniente que hagas una pausa por un momento para reflexionar. ¿Quiénes son tus amigos verdaderos? ¿Qué los hace buenos amigos?

De niño, creía que la amistad era compartir tiempo juntos todo el tiempo y estar ahí para el otro cuando los demás eran crueles y cuestionadores. En mi adolescencia, creía que un amigo verdadero era alguien a quien le gustaría todo lo que tú hacías y no haría nada para molestarte. Pero ya de adulto, he aprendido que la característica que define a un buen amigo es ser alguien que te anima a ser todo aquello que puedas ser y te reta a convertirte en la-mejor-versión-de-ti-mismo. Son estas las personas que nos animan y vigorizan. ¿Con qué tipos de personas te gusta compartir? ¿Qué tipos de personas te animan?

A lo largo de los años, siempre ha habido ciertas personas a quienes he deseado visitar en muchas ciudades a las que he viajado. Algunas veces, mientras camino por el aeropuerto, miro la lista de vuelos por salir y veo los destinos. Cada ciudad me trae recuerdos de personas que me animan y me inspiran y muchas veces me encuentro deseando estar en el avión hacia alguna ciudad en la cual tengo un gran amigo. Uno de los retos más grandes de mi vida es que mis amigos están regados por todo el mundo, a muchos de los cuales veo con escasa frecuencia.

Me encanta estar rodeado de personas que están luchando por amar a Dios y por mejorarse a sí mismos. Ellos me animan. Ellos me inspiran. Ellos hacen que yo quiera ser una mejor persona.

Esto es la verdadera amistad. Un verdadero amigo trae lo mejor de sí hacia sus amigos. Alguien que no te ayuda a convertirte en la-mejor-versión-de-ti-mismo, no puede ser un buen amigo.

Por eso, cuando tengo tiempo para compartirlo con amigos, trato de rodearme de personas que me hagan querer ser mejor. Admito que no son fáciles de hallar, pero cuando los encuentras, son más preciosos que cualquier tesoro o placer que puedas encontrar en el mundo.

Si quieres una regla de mano para escoger amigos, utiliza esta pregunta: ¿Compartir tiempo con esta persona me hará ser mejor?

Amigos Espirituales y Soledad

Yo trato de aplicar esta máxima no solo a mi entorno social, sino también a mi vida espiritual. Por esta razón es que los santos son tan buenos amigos. Ellos nos animan a amar a Dios y al prójimo más plenamente y nos desafían a usar el quehacer cotidiano de nuestra vida para convertirnos en una-mejor-versión-de-nosotros-mismos. Pero lo verdaderamente hermoso está en su método: No predican sermones interminables y no tratan de imponer sus puntos de vista a los demás—simplemente nos desafían, nos inspiran y nos estimulan al vivir con plenitud con el ejemplo de sus propias vidas. Esa es la dinámica social de la santidad. Es atractiva y es contagiosa.

Si nos sentamos a almorzar juntos y tú ordenas sopa y una ensalada, esto me hace pensar dos veces antes de ordenar una hamburguesa con queso, tocino y papas fritas. Si mis amigos van al gimnasio después del trabajo, sentiré ese golpe de codo interior por acompañarlos a hacer ejercicio. Si un colega es honesto y humilde sobre un error que ha cometido, estaré honrado con su ejemplo.

La bondad es contagiosa. El problema es que la maldad también lo es. El desafío para ti y para mí, como cristianos en medio del mundo moderno, es ser ejemplos de buen vivir.

Nosotros no nos damos cuenta cuánto influenciamos a los demás La gente está mirando todo lo que haces, escuchando todo lo que dices. La influencia de tus palabras y acciones contribuye a la manera cómo ellos viven sus vidas. En mi libro, *Un Llamado a la Alegría,* escribí: «Aprenderás más de tus amigos que lo que jamás aprenderás de los libros. Escoge sabiamente a tus amigos».

Es por esto que los santos son un tesoro tan preciado. Ellos pueden haber vivido en otros tiempos y lugares, pero pueden ser verdaderos amigos nuestros hoy en día. Prefiero compartir un par de horas con San Francisco y Santa Teresa de Avila, que emborracharme con algunos de mis contemporáneos un viernes por la noche. Preferiría mucho más estar con gente muerta que me inspira y celebra la-mejor-versión-de-mí-mismo que con gente viva que me induce a ser solamente una sombra de lo que Dios quiso que fuera cuando me creo. Te prometo, es mejor compartir el tiempo con personas muertas que te traen a la vida, que con personas vivas que te guían hacia la muerte.

De cuando en cuando, me encuentro con gente que está saliendo con personas a sabiendas de que no quieren compartir con ellas el resto de sus vidas. Si les preguntas por qué, te dicen que es porque no les gusta estar solos. He aprendido que es mejor estar solo, que con la persona equivocada.

No sientas temor de la soledad. Úsala como una oportunidad de amistarte con personas que te inspiren. Aprovecha tu soledad para hacerte amigo de los santos.

• Alimentando el Epíritu •

Empecemos a desarrollar este esfuerzo por amar a Dios y ser mejores hoy. Cada mañana, mientras me ducho, me hago la misma pregunta: ¿Qué necesito hoy para ser esa mejor persona que sé que puedo ser? Luego, me adentro en las cuatro principales áreas de la vida: física, emocional, intelectual y espiritual. En cada una de ellas, trato de enfocarme en una cosa que pueda hacer ese día para crecer.

Es la transformación que nos impulsa y llena nuestra vida con pasión y entusiasmo. Vivimos más plenamente cuando estamos convirtiéndonos en una-mejor-versión-de-nosotros-mismos. Enfócate en desarrollar el espíritu de transformación en tu vida. Cuando escojas amigos, escoge aquellos que estén luchando por ser mejores y si eres joven y soltero y sientes que estás llamado al matrimonio, busca una alma gemela, un cónyuge, un compañero o compañera para el viaje que tenga esta misma cualidad.

• Luces Brillantes •

Los santos fueron hombres y mujeres admirables pero curiosamente, lo que los hizo admirables, rara vez fue algo espectacular. Lo que los hizo extraordinarios fue lo ordinario. Lucharon por crecer en virtud a través de las cosas ordinarias de la vida cotidiana. Si atendían a los enfermos, crecían en humildad. Cuando enseñaban a los niños, crecían en paciencia. Como decía Santa Teresa de Lisieux, «Haz las cosas pequeñas con gran amor».

Hay algo que resulta en última instancia muy atractivo sobre la santidad. Cuando en algún lugar y momento, surge algún santo, las personas de bien se ven inspiradas. ¿Qué es aquello que los hace tan atractivos? Tal vez sea su humilde abandono a la voluntad de Dios y el júbilo que surge de ese abandono. Tal vez sean las muchas virtudes que adquieren a lo largo del camino: paciencia, bondad, humildad, mansedumbre, perdón y amor. ¿O será que su deseo es explorar el potencial dado a ellos por Dios? Esta cualidad es increíblemente atractiva y en última instancia, inspiradora. O tal vez sea que no son orgullosos ni arrogantes sobre quiénes son y lo que hicieron. O probablemente sea que solo están enfocados en amar a Dios y al prójimo convirtiéndose en la-mejor-versión-de-sí-mismos. Sospecho que es una combinación de todo lo anterior.

Recientemente, entré en una librería y en un estante que daba a la vitrina, había varios libros ilustrados. Me llamó la atención uno en particular, por lo que me acerqué para echar un vistazo. Los siguientes diez minutos, estuve ojeando las páginas de dos libros, mirando las fotos y un gran fuego se avivaba en mi corazón. Uno de ellos era sobre la vida de la Madre Teresa; y el otro, sobre la vida de Juan Pablo II. El mundo tiene una gran necesidad de ejemplos de vida auténtica porque todos necesitamos ser inspirados. Necesitamos que nos recuerden que aquello es posible. Estas personas han permitido que Dios los llene con su amor y el destello de ese amor vivo en ellos es deslumbrante. El poder de su vida y la grandeza de su espíritu no se puede describir con palabras de una forma adecuada. Pero, ocasionalmente, en la memoria de algún evento de su vida, o en la historia de alguna foto, algo se logramos entrever.

Al pasar las páginas y mirar las fotos, mi corazón se elevó y mi espíritu estalló. Solo mirar esas fotos me hizo querer ser una mejor persona; no leí una sola palabra. Ese es el poder que tienen estas vidas grandiosas.

Son la personificación de la frase del Evangelio de Mateo: Luceat lux vestra, «Hagan pues que brille su luz» (Mateo 5,16). Debido a que estos hombres y mujeres permitieron que Dios brille tan fuertemente a través suyo, personas de todos los credos enmudecen de asombro ante su presencia.

Hasta un ciego sabe cuando está en presencia de una luz brillante.

No hay nada más atractivo que la santidad. A lo largo de la historia, donde quiera que hayan vivido hombres y mujeres de santidad, la Iglesia ha florecido. Esta es la respuesta a todas nuestras preguntas y la solución a todos nuestros problemas: santidad de vida.

Capítulo Once

¿QUIÉN SERÁ EL SIGUIENTE?

El escenario está montado. El mundo moderno espera que surja un puñado de héroes espirituales que inspiren y movilicen a las masas hacia un estilo de vida más Cristo céntrico.

El fruto del viñedo está maduro. La pregunta no es: ¿*Formará* Dios grandes santos en nuestra época actual? La pregunta es: ¿A *quién* formará Dios? Será a aquellos que menos esperes y a aquellos que se muestren disponibles para Él.

A lo largo de la historia, las grandes transformaciones y movimientos dentro de la Iglesia, se han dado siempre fuera de los caminos esperados. Primero, el hombre crea un problema y entonces Dios, en su infinita sabiduría, nos entrega la solución. Si los problemas de hoy día son más graves que nunca antes, entonces Dios formará santos más grandes que nunca antes.

Puedes estar seguro de una cosa: por más oscura y fea que parezca la situación para la Iglesia por momentos, estas circunstancias coadyuvarán para producir un grupo de santos modernos. Dios se servirá de estas circunstancias para hacer un llamado a hombres y mujeres que seguirán los pasos de los santos de épocas pasadas.

La Iglesia y el mundo necesitan santos, personas dispuestas a acoger la voluntad de Dios en su vida, hombres y mujeres dedicados a la oración y a la lucha por alcanzar la virtud. Necesitamos grandes maestros espirituales que nos enseñen la vía de la santidad.

Más allá de la Iglesia, nuestra cultura entera necesita desesperadamente retornar hacia la virtud. Pero aparte de luchar por la virtud en nuestra vida, ¿cómo podemos ayudar a Dios a formar esta nueva generación de líderes espirituales?

• ¿A Quién Pertenece el Futuro? •

Al contemplar el presente y vislumbrar el futuro, como Iglesia y como familia, deberíamos preguntarnos: ¿Quiénes y cuáles serán las mayores influencias para determinar el futuro? ¿A quién pertenece el futuro? ¿Cómo será nuestra sociedad en veinte, cincuenta o cien años?

La posición más poderosa e influyente en cualquier sociedad es aquella del «cuenta cuentos». Los cuenta cuentos no son solamente personajes que se disfrazan y cuentan historias a los niños en las bibliotecas locales. Cuenta cuentos son los músicos; los políticos. Los guionistas y líderes empresariales son cuenta cuentos. Los profesores, predicadores, enfermeras, abogados, sacerdotes, científicos, vendedores, artistas, madres, padres, poetas, filósofos, hermanos, hermanas, niñeras, abuelos... Todos nosotros somos cuenta cuentos.

El futuro pertenece a los cuenta cuentos y nos pertenece a todos nosotros. ¿Cómo será? Bueno, eso depende mucho de las historias que contemos, de las historias que escuchemos y de las historias que vivamos.

Las historias tienen una gran habilidad para desenredar el desorden y confusión y traer claridad a nuestros corazones y mentes. Las historias nos recuerdan nuestros valores, esperanzas y sueños. Ellas atraviesan las barreras de nuestros prejuicios para ablandar nuestro corazón y entender la verdad. En la historia emergen grandes épocas cuando se cuentan y viven grandes historias. Las historias son historia que forma el futuro; son profecías hechas en el pasado.

Jamás subestimes la importancia de las historias, pues desempeñan un papel crucial en la vida de un individuo y de la sociedad. Son tan esenciales como el aire que respiramos y como el agua que bebemos. Las historias cautivan nuestra imaginación, encantan nuestras mentes y refuerzan nuestro espíritu. Ellas nos muestran quiénes somos y de lo que somos capaces de ser. Las historias cambian nuestra vida.

Si quieres envenenar a un pueblo, envenena las historias que ese pueblo escucha. Si deseas ganar adeptos a tu punto de vista, no discutas con ellos; cuéntales una historia.

Los grandes líderes entienden la gran fuerza de persuasión e inspiración que tienen las historias. ¿Cuándo fue la última vez que escuchaste un buen discurso que no contuviera una historia?

Una historia puede lograr cualquier cometido: ganar una guerra, perderla, sanar a los enfermos, animar a los decepcionados, confortar a los oprimidos, inspirar una revolución, transformar un enemigo en amigo, elevar la conciencia de la gente, construir imperios, inspirar amor, incluso reformar el carácter espiritual de toda una época.

El sesenta y cinco por ciento de los Evangelios son historias, o parábolas. El cien por ciento de los Evangelios es la historia de la vida de Jesucristo; la historia más influyente jamás escrita.

El futuro pertenece a los cuenta cuentos y nosotros somos cuenta cuentos. ¿Qué tipo de historias estamos contando? Porque puedo prometerte con absoluta certeza que las historias que estamos contando hoy están formando el futuro.

• Debería darnos Vergüenza •

Si queremos cultivar una nueva generación de santos, se requieren dos ingredientes indispensables. Primero y siempre primero, debemos luchar para crecer en santidad, para convertirnos, de manera más perfecta, en la persona que Dios quiso que fuéramos; y segundo, debemos contar las historias de los campeones y héroes del cristianismo que nos precedieron.

No hay un medio más poderoso para transmitir un mensaje que contar una historia. Tenemos historias, mas no las compartimos. Nuestra historia católica de dos mil años está llena de historias extraordinarias de personas ordinarias que abrieron su corazón a Dios y permitieron que la vida, las enseñanzas y en general la persona de Jesucristo los transformara. Estos hombres y mujeres son los héroes y heroínas de nuestra fe; son un regalo excepcional de inspiración y, como Iglesia, hemos fallado en relatar sus historias. Debería darnos vergüenza.

Abre un libro ilustrado sobre el Padre Pío. Ni siquiera leas las leyendas; solo mira las fotos y sentirás la piel de gallina. Abre un libro sobre la Madre

Teresa o sobre Monseñor Fulton Sheen y echa un vistazo a las fotos y tendrás una sensación de hormigueo de arriba debajo de tu espalda. Lee la biografía de Juan Pablo II por George Weigel y vivirás una experiencia que cambiará tu vida. Lee *Un Hombre para Todas las Estaciones* por Robert Bolt, o mira la película y te verás desafiado a convertirte en la-mejor-versión-de-ti-mismo. Lee a tus hijos historias de santos.

Es verdad que nuestra cultura moderna es culpable de narrar historias horribles y desdeñables que promueven la violencia, la promiscuidad sexual y toda forma conocida de pecado. Es verdad que en la actualidad, los medios de comunicación modernos han puesto en marcha un ataque sistemático contra el catolicismo. También es verdad que en esta época de anti-prejuicios, el único prejuicio socialmente aceptado es ser anticatólico. Nosotros mismos somos culpables de estos problemas ya que, como familia de fe, no hemos sido capaces de contar las grandes historias de nuestros ancestros espirituales, los santos.

Las vidas de los santos son historias de virtud y carácter y si las leyéramos, las narráramos y las escucháramos una y otra vez, nuestras vidas serían ejemplos de esa misma virtud y carácter.

Nos convertimos en las historias que escuchamos.

• ¿Por Qué Causa Estarías Dispuesto a Dar Tu Vida? •

En cierta ocasión escuché una historia sobre Abraham Lincoln durante la Guerra Civil. Él había mandado llamar a uno de los hombres bajo su mando que gozaba de excelente reputación. Lincoln necesitaba que este soldado entregara un mensaje a un batallón que estaba en una posición de riesgo al otro lado de las líneas enemigas. Si ambos batallones pudiesen coordinar un ataque al enemigo al mismo tiempo, sus posiciones constituirían una ventaja estratégica.

Una vez ahí, el joven soldado fue instruido por Lincoln sobre la peligrosa misión que tendría que llevar a cabo, sin revelarle la naturaleza de la misma y le preguntó si estaría dispuesto a aceptarla.

El soldado dijo entonces: «Estoy dispuesto a morir por nuestra causa».

Lincoln replicó, «Tengo veinticinco mil hombres que están dispuestos a morir por esta causa. Lo que necesito es uno que esté dispuesto a vivir por ella».

A través de la historia del cristianismo, hombres y mujeres han muerto por su fe. Incluso hoy en día, hay muchos lugares del mundo donde miembros de nuestra familia católica sufren persecuciones políticas, torturas físicas y algunas veces, incluso son ejecutados por el simple hecho de ser católicos. Por tanto, es importante que no consideremos al martirio como algo lejano que sucedió en los primeros años del cristianismo. Afortunadamente, tú y yo en Estados Unidos, América Latina, Australia y Europa no estamos llamados a morir por nuestra fe. Estamos llamados a vivir por ella. La Iglesia moderna necesita desesperadamente hombres y mujeres que estén dispuestos a vivir por la fe.

¿Por cuál causa estarías dispuesto a vivir?

Justo antes de morir, Juana de Arco escribió: «Ahora lo sé. Cada hombre da su vida por aquello en lo que cree y cada mujer entrega su vida por aquello en lo que cree. Algunas veces las personas creen en poco o nada y sin embargo, dan su vida por ese poco o nada. Solo tenemos una vida; la vivimos y se acaba. Pero... vivir sin creer es más terrible que morir, aún más terrible que morir joven».

¿Por cuál causa estarías dispuesto a dar tu vida? Hay dos formas de interpretar esta pregunta, pero no me refiero a la causa por la que estarías dispuesto a morir. Me pregunto por aquella causa por la que estarías dispuesto a dar tu vida. ¿Cuál causa importante estarías dispuesto a apoyar con los momentos de tu propia vida?

El 11 de Septiembre del 2001, aprendimos una lección que la historia nos ha enseñado en varias ocasiones anteriores: las personas más poderosas en la historia son aquellas que están dispuestas a darlo todo. Los diecinueve terroristas estuvieron dispuestos a darlo todo por completar su misión. En toda época, en ambos lados de la división entre el bien y el mal, los más poderosos agentes del cambio son aquellos que estén dispuestos a dar todo su tiempo, esfuerzo y energía sin reservas por la causa que ellos consideran digna de su vida. Fue esto lo que vimos en los terroristas así como en Hitler.

Pero también lo vimos en San Francisco de Asís y en la Madre Teresa, en madres que crían a sus hijos olvidándose de ellas mismas, en padres que trabajan sin descanso cada día para proveer para sus familias, en sacerdotes que sirven en sus parroquias y en incontables y heroicos hombres y mujeres que a lo largo de la historia han entregado su vida al servicio de Dios, la humanidad y el Evangelio. La pregunta que vuelvo a formular es: ¿Por cuál causa estarías dispuesto a dar tu vida?

Probablemente un buen comienzo sea la pregunta: «¿Por cuál causa estás dando tu vida actualmente?» A revisar en qué ocupas tus días y semanas, a qué estás contribuyendo con tu tiempo, tu esfuerzo, tus energías y tus talentos.

De adolescente, solía jugar mucho golf en un club no muy lejano de donde vivía. Recuerdo cómo algunos pasaban su vida entera en el club de golf. Había dos señores en particular cuya vida parecía girar en torno a la vida en el club. Así como jugaban, también pertenecían a la mesa directiva, visitaban el área social e incluso, de cuando en cuando, los veía arrancando las hierbas o arreglando las plantas que crecían en el campo. Aun siendo niño, recuerdo haber pensado que debía faltar algo muy importante en ellos para que desperdiciasen su vida de esta forma, pero supongo que todos necesitamos alguna causa por la cual vivir, algo que nos haga salir de la cama cada día y para ellos esta causa era el club de golf.

¿Alguna vez has pensado en morir? Cuando confronto lo real e inevitable que es la muerte, crece mi conciencia sobre lo breve y precioso que es mi tiempo aquí en la tierra. Algunas veces es la muerte de algún amigo; otras es alguna nueva historia, o tal vez es solo una turbulencia en el avión. Estos eventos me ayudan a atesorar mi propia vida más y más cada día. Pero también me desafían a re evaluar la forma en que estoy usando el tiempo, esfuerzo y energías que constituyen mi vida. Estoy más consciente que nunca sobre cómo desperdiciamos nuestra vida. Las desperdiciamos de día en día— uno por aquí, otro por allá—o de hora en hora. Desperdiciamos nuestro tiempo ahogándonos en la falta de perdón. Desperdiciamos tiempo estando inmersos en actividades frívolas e irresponsables. Desperdiciamos tiempo siendo perezosos y postergando decisiones importantes. Desperdiciamos el tiempo. La vida nos está pasando por delante.

La vida es maravillosa pero breve. Cada día está lleno de gran potencial. La vida a la que Dios nos invita nos permite vivir cada momento con consciente y vibrante entusiasmo.

Dentro de cada uno de nosotros hay una luz. Es la luz de Dios y cuando brilla, refleja no solamente la maravilla de Dios, pero también la grandeza del espíritu humano. Vivimos en tiempos difíciles. Ruego para que, en vez de hacernos temerosos, volvamos nuestro enfoque hacia el cuidado de la luz que tenemos dentro. Espero que dejemos que esa luz que está dentro sea nutrida y que crezca. La oscuridad tiene un enemigo al que no puede derrotar jamás y este es la luz. ¡Deja que brille tu luz!

Mientras reflexionamos sobre nuestra breve y preciosa vida, también recordemos que no es otra cosa que una transición hacia una larga y feliz eternidad. Santa Teresa de Avila nos incita: «Recuerda que solo tienes un alma; que solo tienes una muerte para morir; que solo tienes una vida, que es corta y que debe ser vivida solo por ti; y que hay una sola gloria, que es eterna. Si haces esto, habrán muchas cosas sobre las cuales no tengas que preocuparte en lo absoluto».

• Encontrando Tu Lugar •

Es hora de que encuentres tu lugar en la historia de la humanidad. Nadie lo puede hacer por ti. Es un trabajo que quedará pendiente hasta que lo hagas tú mismo. El mundo no necesita otra Madre Teresa. La Iglesia no necesita otro San Francisco de Asís. El mundo te necesita a ti. El mundo te necesita a ti. La Madre Teresa tuvo un papel que jugar en el plan de Dios y lo jugó. San Francisco tuvo una misión que cumplir en el plan de Dios y la cumplió. Ahora te corresponde a ti encontrar tu papel, tu lugar. ¿Quién será el siguiente? Tú. Tú serás el siguiente si te muestras disponible para Dios.

Encuentra tu lugar en la historia de la salvación. Sé un santo. Sé tú mismo. Tú mismo perfectamente.

Lo mejor que puedes hacer por ti es convertirte en la-mejor-versión-de-ti-mismo. Lo mejor que puedes hacer por tu cónyuge, tus hijos, tus amigos, tu Iglesia, tu país y Dios es convertirte en la-mejor-versión-de-ti-mismo.

El catolicismo no es un conjunto de reglas y normas sin vida; es un estilo de vida. El catolicismo es una forma dinámica de vida diseñada por Dios para ayudarte a explorar tu increíble potencial.

• ¿Por Dónde Empezar? •

La historia de la humanidad se encuentra en un momento de cambio. Muchos no lo reconocen porque están muy ocupados con sus propios deseos egoístas y el transcurrir trivial de su cotidianeidad, pero estamos en un punto de quiebre. Lo que se necesita es un puñado de grandes líderes espirituales que dirijan a la familia humana durante este crítico período de transición. El imperio occidental moderno está en declive. Morirá pronto. No es el fin del mundo. No es el fin de la humanidad. Es solo el comienzo de una nueva era. Surgirá una nueva civilización. ¿Cómo será esta nueva civilización? Eso depende totalmente de las historias que contemos, escuchemos y vivamos.

El papa Benedicto XVI escribió, «La pregunta crucial es si hay santos que... estén dispuestos a llevar a cabo algo nuevo y vivificante». Como cristianos, estamos llamados a la santidad, a una vida de oración y virtud. Estamos llamados a ser santos. Ruego a Dios para que nos conceda espíritus generosos.

Este encargo ciertamente constituye una gran tarea. Una pequeña autor-reflexión nos señala claramente cuán lejos debemos ir. Pero no caigas en el desánimo. Familiarízate con la vida de los santos, pues no nacieron siéndolo. No se convirtieron en santos de la noche a la mañana. En la mayoría de casos, no se propusieron hacer cosas extraordinarias y no se propusieron cambiar al mundo. Estas almas extraordinarias estuvieron enfocadas principalmente en lo ordinario. Permitieron que las actividades cotidianas de su vida los transformaran. Vieron a cada evento como una oportunidad de crecer en virtud y, como resultado, vivieron vidas extraordinarias que inspiraron tanto a gente de su tiempo como a los de generaciones posteriores. La gran mayoría basó su grandeza al ejecutar con amor las simples tareas cotidianas.

¿Quién será el siguiente? Tú. Tú y yo, espero y ruego. ¿Por dónde empezar? En principio, con nosotros mismos, hoy. San Francisco de Asís compartió el secreto con sus hermanos y hermanas; «Primero, haced lo necesario. Luego, haced lo que es posible y antes que lo noten, estaréis haciendo lo imposible».

Si no eres tú, ¿entonces quién? ¿Cuál será tu excusa? ¿De qué tienes miedo? ¿Qué te está impidiendo ser todo lo que puedes ser? Cualquier cosa que sea, deja que estas palabras de Marianne Williamson te den la valentía para luchar nuevamente y sobreponerte de aquello que te detiene:

«Nuestro temor más profundo no es que no seamos aptos. Nuestro temor más profundo es seamos poderosos más allá de toda medida. Es nuestra luz, no nuestra oscuridad lo que más nos asusta. Nos preguntamos, ¿quién soy yo para ser brillante, hermoso, talentoso y fabuloso? En realidad, ¿quién eres tú para no serlo? Eres una criatura de Dios. El menospreciarte no ayuda al mundo. No es nada inteligente empequeñecernos para que otros no se sientan inseguros a nuestro lado. Hemos nacido para manifestar la gloria de Dios que está en nuestro interior. No solo en algunos. Está en todos nosotros. Al permitir que brille nuestra propia luz, inconscientemente permitimos que otros hagan lo mismo. Al liberarnos de nuestros propios temores, nuestra presencia automáticamente libera a otros».

Si pudieses cambiar algo del mundo, ¿qué sería? El mundo es en la actualidad lo que es gracias a personas como tú y como yo. Nuestros pensamientos, palabras, acciones e inacciones, conjuntamente han contribuido a crear el mundo actual.

¿Cómo sería el mundo si se multiplicara tu vida por siete mil millones?

Para tener un impacto histórico y global, hay que actuar localmente. Cualquier cambio que desees para el mundo, créalo en tu propia vida. Estás aquí por un propósito. Búscalo. Atrápalo. La gran aflicción es no tener objetivo. La gran depresión de nuestra época no es económica, sino espiritual. La raíz de nuestra pobreza espiritual está en la falta de objetivo.

Al escribir las páginas de este capítulo, las palabras de John Henry Newman han retumbado en mi corazón:

«Dios me ha creado para brindarle un servicio específico. Me ha encomendado un trabajo que no ha sido encomendado a nadie más. Tengo mi misión. Puede que no la llegue a descubrir en esta vida, pero habré de saberlo en la siguiente. Soy un eslabón de una cadena, un lazo de conexión entre personas. Él no me ha creado para el mal. Habré de hacer el bien; habré de hacer su trabajo. Habré de ser un ángel de la paz, un predicador de la verdad en mi propio lugar sin la intención de serlo, solo con cumplir sus mandamientos. Por lo tanto, yo confiaré en siendo lo que sea, jamás puedo ser desechado. Si estoy enfermo, mi enfermedad puede estar a Su servicio. Si estoy confundido, mi confusión puede servirle. Si experimento sufrimiento, mi sufrimiento puede estar a Su servicio. Él no hace nada en vano. Él sabe lo que hace. Me puede quitar a mis amigos. Me puede arrojar a los extraños. Me puede hacer sentir desolado, hacer que mi espíritu se hunda, esconder de mí el futuro; aun así, EL SABE LO QUE SE PROPONE».

Solo se requiere una cosa para que el catolicismo florezca: vidas auténticas. A lo largo de la historia, dondequiera que ha habido hombres y mujeres que hayan luchando verdaderamente por vivir la vida cristiana, la Iglesia siempre ha prosperado. Si queremos hablar al mundo actual sobre Dios de forma efectiva, la vida cristiana y la Iglesia Católica, debemos estar prosperando, floreciendo y desarrollándonos en esa vida.

Tercera Parte

LOS SIETE PILARES DE LA ESPIRITUALIDAD CATOLICA

• • •

Ayer fui a visitar a un amigo en Atlanta. Él vive en un hermoso vecindario y, al conducir hacia su casa veía al pasar casas maravillosas una tras otra, me pregunté, «Si mi vida espiritual fuera una casa, ¿cómo sería?»

Ahora, quisiera formular la misma pregunta ante ti. Si tu vida espiritual fuera una casa, ¿cómo sería? ¿En cuál calle estaría ubicada? ¿En qué parte de la ciudad estaría? ¿Cómo se vería? ¿Sería una casa o un hogar? ¿Necesitaría renovaciones? ¿Es apacible, ruidosa, perturbadora, bien organizada, desordenada?

Debo admitir que estas preguntas me causan cierta incomodidad, pero al mismo tiempo, encienden un deseo profundo en mi interior por comenzar las renovaciones espirituales necesarias en este momento de mi vida. Independientemente de la posición en que te encuentres en tu viaje espiritual, mi esperanza sincera es que los siguientes siete capítulos te ayuden a comenzar el trabajo que necesitas hacer en tu vida espiritual. Ya sea que estés en necesidad de una reparación espiritual completa o de algunos ajustes menores, o que estés recién empezando a construir tu vida espiritual, deseo que estas páginas te ayuden a iniciar este trabajo.

Cuando leo la Biblia, me llama mucho la atención que a lo largo de los Evangelios, los discípulos hacen solo un pedido a Jesús como grupo: «Señor, enséñanos a orar», (Juan 11,1).

En toda época, el hombre añora a Dios. Yo añoro a Dios, aunque durante mucho tiempo no lo reconocí así. Incluso hoy con frecuencia confundo mi añoranza de Dios con la de otras cosas y experiencias. Sospecho que tú también has reconocido tu añoranza de Dios. Sentimos el anhelo de estar cerca de Dios, un deseo de estar en comunión con Él

Mi pasaje favorito del Catecismo de la Iglesia Católica aparece en la primera línea del primer capítulo, que dice, «El deseo de Dios está inscrito en el corazón del hombre, porque el hombre ha sido creado por Dios y para Dios; y Dios no cesa de atraer al hombre hacia sí y solo en Dios encontrará el hombre la verdad y la dicha que no cesa de buscar».

El pedido que los católicos modernos hacen a Jesús vivo en la Iglesia hoy es el mismo que hicieron los discípulos ante su Maestro: «Enséñanos a orar».

Una de las grandes tragedias del catolicismo moderno es que como católicos ya no somos considerados personas espirituales. Si se hiciera una encuesta en las calles de cualquier ciudad de los Estados Unidos hoy y se pidiera a la gente que enumere cinco palabras para describir a los católicos, sospecho que solamente un pequeño porcentaje diría que somos espirituales o personas de oración. La tragedia, sin embargo, no es cómo la gente percibe a los católicos, sino la posibilidad de que esta percepción sea un reflejo de la realidad. Es una generalización, pero como católicos en este clima moderno, tendemos a no tomar en serio nuestra espiritualidad.

Los siete pilares de la espiritualidad católica que discutiremos en esta sección combinan en un conjunto de ejercicios espirituales, dos mil años de sabiduría espiritual. Pueden ser prácticas antiguas, pero no te confundas creyendo que no son relevantes en la vida del mundo de hoy. Estas prácticas son dinámicas y siempre frescas. No creo que sea coincidencia que encuentres estos siete pilares con mucha frecuencia en la vida de los santos. ¿No sería entonces una conclusión lógica y razonable que, si aplicamos estas prácticas consistentemente a nuestra propia vida, crezcamos en santidad?

De vez en cuando leemos sobre algún desastre natural en el que grandes olas devastan una ciudad en alguna parte del mundo. Mirando la televisión, siempre me sorprende que haya algunos árboles capaces de soportar los vientos y las olas, mientras todo lo demás vuela por los aires. ¿Cómo lo hacen? Con raíces fuertes y profundas.

Un árbol con raíces profundas puede soportar cualquier tormenta. En tu vida y en la mía es solo cuestión de tiempo antes de que la siguiente tormenta llegue: una enfermedad, la muerte de algún ser querido, el desempleo, dificultades económicas, un hijo problemático, un desastre natural, problemas matrimoniales, o cualquier otra cosa. Las tormentas de la vida son inevitables. La pregunta no es si habrá o no otra tormenta. La pregunta es: ¿cuándo llegará aquí la siguiente tormenta? Y cuando la siguiente tormenta llega, es muy tarde para hundir las raíces. Cuando la tormenta llega, o tienes raíces o no las tienes.

Hunde estas raíces: los Siete Pilares de la Espiritualidad Católica, hondo en tu vida y soportarás cualquier tormenta. Pero más aún, mucho más que soportar las tormentas de tu vida, podrás conocer la abundancia que Jesús nos invita a experimentar aquí en vida y en la eternidad.

Nuestra herencia espiritual es rica en sabiduría y práctica. Si pudiéramos acoger esta herencia y adaptarla al contexto moderno, nuevamente empezaríamos a prosperar como las personas espirituales que Dios quiso que fuéramos—individualmente y como Iglesia.

. . .

Capítulo Doce

LA CONFESIÓN

En la década de los noventa, me llamó mucho la atención el surgimiento y dominio de dos grandes leyendas deportivas. Michael Jordan y Tiger Woods son probablemente los más grandes deportistas de la historia. Aunque aparentemente estos ídolos del deporte moderno no tengan ninguna relación con el catolicismo, les prometo que estableceré una relación más adelante.

Lo que más me atrae del éxito que Jordan y Woods han vivido es una cualidad que hace que Michael Jordan, sea el más grande basquetbolista de la historia; y que Woods, sea el mejor golfista de todos los tiempos. Aunque ambos practican deportes distintos que requieren habilidades y disciplinas muy diferentes; de todas formas, su éxito extraordinario se puede conectar a una cualidad singular. Permítanme explicar.

Durante su adolescencia en Carolina del Norte, Michael Jordan ni siquiera pudo alcanzar a formar parte del equipo de básquetbol de su escuela secundaria, no obstante, hasta ahora sigue siendo el más grande jugador de la historia. ¿Cómo sucedió esto? Algunos dirán que fue pura suerte y talento fuera de lo común. Otros dirán que estuvo en el momento indicado en el sitio indicado y que aprovechó la oportunidad que otros no tuvieron. Incluso otros sugerirán que tuvo un crecimiento inusual después de la secundaria. Pues se equivocan.

En la secundaria, Jordan entrenó más fuerte y frecuentemente que ningún otro compañero del equipo, titular o suplente. Cuando no era seleccionado para el equipo reclamaba a su entrenador para que le diera alguna razón al respecto. El entrenador le explicaba que su récord de tiros libres era pobre. ¿Qué hizo Jordan entonces? Practicó sus tiros libres. Hizo quinientos tiros libres diarios durante diez años. No *disparaba* quinientas veces, sino que *encestaba* quinientos puntos de tiro libre. No se permitía ir a dormir por la noche hasta que no hubiera hecho sus quinientos tiros libres. ¿Si tuvieras que encestar quinientos tiros libres a qué hora te acostarías?

Jordan incrementó su habilidad y se ganó su lugar con trabajo duro. ¿Acaso no tenía talento? ¡Claro que lo tenía! Pero también trabajó duro para desarrollar su talento más allá que cualquier otro jugador. Cuando llegó al equipo de la universidad, se dio cuenta que su tiro en suspensión y retroceso *(fade away)* constituía una debilidad. Por lo tanto, se enfocó en practicar su *fade away* hasta que se convirtió en uno de los movimientos clave de su juego. Para cuando llegó a la NBA, lo había dominado completamente—tanto que fue como si él mismo lo hubiera inventado.

¿Cuándo fue la última vez que identificaste una debilidad en algún área de tu vida y consecuentemente te enfocaste sistemáticamente en erradicarla?

De forma similar, en 1997 Tiger Woods ganó el Torneo de Maestros con un número récord de golpes. En el evento más prestigioso del golf, donde los jugadores jóvenes son conocidos por dejarse vencer por los nervios, este jugador de veintiún años venció de tal forma a sus contrincantes de talla mundial, que muchos comenzaron a preguntarse si el golf había dejado de ser competitivo.

Pocas semanas después, Woods y su entrenador anunciaron en una conferencia de prensa que iba a tomarse un tiempo de descanso para trabajar en su swing. Muchos periodistas se rieron; creyeron que era una broma. Woods y su entrenador procedieron a explicar que ellos tenían la intención de desarmar y reconstruir completamente su swing de golf. Desconcertada, la prensa internacional preguntó la razón. Woods explicó que, con la ayuda de su entrenador y de registros de video de su juego, habían descubierto un defecto en el swing que, consideraban sería una debilidad durante un juego reñido. Tras un corto tiempo, Woods retornó al tour con su swing renovado para dominar completamente este deporte como nadie lo ha hecho en la historia.

Ahora, muchos me han sugerido que no debería hablar más sobre Tiger Woods debido a los problemas que ha tenido en su vida personal y aunque ciertamente ha demostrado falta de carácter en algunas áreas de su vida, los motivos que tengo para escribir sobre él no han cambiado. Me gustaría ser tan buen católico como Tiger Woods es jugador de golf. Me gustaría que tú lo fueras también y si Tiger Woods puede enseñarme algo sobre cómo vivir mi fe más plenamente, quiero aprenderlo. Pienso que a toda parroquia le serviría tener más feligreses que enfrentan su práctica de la fe con la disciplina y compromiso con que Tiger Woods enfrenta el golf.

Tanto Michael Jordan como Tiger Woods han tenido una gran habilidad para estudiar su juego e identificar sus destrezas y debilidades. Una vez que lo han hecho, han trabajado incansablemente para hacer impenetrables sus cualidades y transformar sus debilidades en fortalezas. Un atleta de élite mundial jamás pensaría en ignorar una debilidad. Los atletas de alto nivel quieren conocer sus debilidades más que nadie. ¿De donde sacaron esta idea?

¿Crees que es fruto de la psicología deportiva del siglo XX? ¿O que fue una idea que se le ocurrió a Michael Jordan y que se la trasmitió a Tiger Woods? ¿Acaso es algo que ha estado en nosotros durante los últimos veinticinco años? La respuesta a todas las preguntas anteriores es NO.

Este proceso de identificar aptitudes y debilidades y transformar las debilidades en fortalezas es un ejemplo clásico de espiritualidad católica. Durante dos mil años, los campeones del cristianismo, aquellos hombres y mujeres a los que llamamos santos, han entrado en la habitación del silencio para echar un vistazo humilde y honesto a sí mismos y evaluar sus propias fortalezas y debilidades. Luego, armados con este conocimiento, han tomado la valiente decisión de transformar sus debilidades en fortalezas, sus vicios en virtudes. En la habitación del silencio no reflexionan sobre su juego de baloncesto o sobre su swing de golf obviamente; reflexionan sobre su carácter. Su búsqueda de excelencia es la más importante de todas: la búsqueda de santidad y transformación interna. Ellos entienden que aquello en lo que nos convertimos es infinitamente más importante que aquello que hacemos o tenemos.

¿Cuáles son tus debilidades? ¿Las conoces? Muchos no quieren conocerlas. No queremos pensar ni hablar de ellas y ciertamente no queremos que nadie las saque a relucir. Esta es una señal clásica de mediocridad y en estos momentos de la historia, esta mediocridad tiene maniatada a la Iglesia y a la humanidad. La prueba es nuestra actitud colectiva y cómo abordamos el tema de la confesión y la incapacidad o indisposición de muchos para admitir cuando se han equivocado y pedir perdón. Los grandes hombres y mujeres quieren saber sus debilidades, pues ven en estas debilidades la llave hacia un futuro más próspero y abundante. ¿No te gustaría que Dios se encargara de tus debilidades en privado en vez de ventilarlas en público?

Tus debilidades son la clave hacia un futuro más grande e inimaginable que Dios ha preparado para ti. Probablemente tus fortalezas ya están dando todos los frutos posibles y continuarán dando esos buenos frutos en tu vida, pero en algún punto empezarán a atenuarse. Tu futuro más rico y abundante está íntimamente ligado a tus debilidades.

Para poder entender, imagina que eres un granjero con mil hectáreas de tierras. De tus mil hectáreas, quinientas producen frutos maravillosos y cosechas abundantes. Tienes una gran variedad de sembríos y un pequeño huerto de árboles frutales. Pero las otras quinientas están completamente abandonadas. Es una tierra pedregosa, plagada de monte, incluso en ella tienes, cubiertos de maleza, dos tractores abandonados.

Ahora considera cómo te gustaría que tu futuro fuera mejor que tu pasado. No puedes plantar más sembríos de los que ya tienes, pues las primeras quinientas hectáreas están produciendo a su máxima capacidad. Podrías tratar de extraer algo más de lo que produces aumentando en algo el tamaño de tus sembríos y si solo tuvieras quinientas hectáreas estaría de acuerdo con tomar esta medida. Pero ese no es el camino hacia un mejor futuro.

Si deseas construir un futuro más provechoso, necesitas intervenir en esas segundas quinientas hectáreas abandonadas y transformarlas en tierra productiva. Necesitas sacar esos tractores viejos, remover las piedras y el monte, cortar las malezas y arar el suelo De esta forma prácticamente duplicarás las cosechas que estás produciendo.

Las primeras quinientas hectáreas son tus fortalezas. El mundo actual se enfoca exclusivamente en estas y nos pide que hagamos lo mismo. Pero es porque nuestra cultura no tiene una visión de la persona humana. La cultura no tiene interés en que te conviertas en alguien íntegro. Lejos de querer que alcances la-mejor-versión-de-ti-mismo, la cultura está regida por la productividad y el consumo. Para nuestra cultura, tú eres solamente un consumidor y un diente más del engranaje económico global. Pero Dios tiene una visión mucho más grande para ti y es por eso que delicadamente te anima a explorar las otras quinientas hectáreas de tu granja—tus debilidades.

Más que eso, Dios quiere ensuciarse las manos contigo. Quiere trabajar junto a sus hijos. Está dispuesto a hacer todo el trabajo pesado. Está anhelando contar con tu cooperación, pero no irá a donde no lo llamen.

Con la Confesión, entramos a explorar las segundas quinientas hectáreas y con ellas comenzamos a trabajar.

• Volviendo a Dios •

Gran parte de mi vida adulta ha sido dedicada a hablar en público y al mundo acerca de los Siete Pilares de la Espiritualidad Católica. Una de las preguntas que siempre me hacen es, «¿Por qué colocas a la confesión en primer lugar?». Otros me dicen, «Deberías dejar que la gente se caliente un poco y se sienta cómoda con la idea antes de hablarles de la confesión». Pero hay una razón por la cual coloco a la confesión a la cabeza de los siete pilares.

Cuando Juan Bautista apareció por primera vez en el desierto de Judea, su mensaje fue: «Arrepiéntanse, preparen el camino del Señor» (Mateo 3, 2) Luego, cuando Jesús empezó su ministerio, llevó este mensaje: «Arrepiéntanse, pues el reino de los cielos está cerca». (Mateo 4, 17)

Arrepentirse es una palabra fuerte. Pero, más de dos mil años después, ¿qué significa para nosotros aquí y ahora? Pues lo mismo que significó para las personas cuyas sandalias pisaron los polvorientos caminos tratando de acercarse a Jesús mientras pasaba por sus aldeas. *Arrepiéntete* significa «volver a Dios».

Yo me veo necesitado de volver a Dios varias veces al día; a veces por cosas pequeñas, otras por cosas grandes. No es un asunto de culpa, ni algo vergonzoso. Es simplemente que a su lado soy una mejor persona—un mejor hijo, esposo, padre, hermano, amigo, empleado y ciudadano. Con el tiempo, me he llegado a dar cuenta, no sin dolor, que cuando le doy la espalda a Dios, también le estoy dando la espalda a mi verdadero yo. ¿Necesitas volver a Dios hoy? ¿Necesitas arrepentirte?

Si somos honestos con nosotros mismos, si somos capaces de tolerar un momento de verdad, si estamos dispuestos a darle un lugar en nuestra vida a la verdad por sobre todas las excusas y justificaciones, pienso que descubriremos que todos necesitamos volver a Dios. Frecuentemente nos alejamos de Dios, a veces de formas simples, solo por un momento y otras de formas mucho más grandes. Dar la espalda a Dios es una acción interior. Es totalmente posible para alguien dar la espalda a Dios y aún ir a misa el domingo. Las acciones externas no garantizan la disposición interna. ¿Le has dado la espalda a Dios?

Muy pocas personas le dan completamente la espalda a Dios. Muchos solo lo hacemos en una o dos áreas de nuestra vida. Muchos lo hacemos en un rincón de nuestro corazón. ¿En qué área de tu vida le has dado la espalda a Dios?

Todo viaje para acercarnos a algo es un viaje para alejarnos de algo más. Si en este momento de nuestra vida necesitamos volver a Dios, también necesitamos alejarnos de aquello que nos alejó y nos mantuvo lejos de él. Pueden ser esas personas que te llevaron a extraviarte del camino—tal vez las posesiones materiales te han distraído de tu yo auténtico y verdadero, o tal vez el placer te ha seducido hacia el camino del capricho. Lo que sea que te haya distraído, es importante tener en cuenta que no puedes viajar hacia un lugar nuevo y al mismo tiempo quedarte en el lugar donde estás. Por eso es que la confesión viene primero. Caminar con Dios demanda que ordenemos nuestra vida y establezcamos prioridades. A veces es casi tan importante conocer aquello hacia dónde caminas, como aquello de lo cual te alejas.

El camino hacia la-mejor-versión-de-ti-mismo es un camino en dirección opuesta a los defectos que están en la-versión-actual-de-ti-mismo. La pregunta que surge para ti, para mí y para la sociedad en su conjunto es: ¿Estamos dispuestos a volver nuestra vista hacia Dios? ¿Estás dispuesto a prestar más atención a aquello que Dios te está llamando a ser?

Si lo estás, pienso que en la espiritualidad Católica encontrarás muchas herramientas y conocimientos sorprendentemente útiles. Si estás dispuesto a buscar la verdad, sin importar a donde te conduzca, sé que descubrirás cuán grande es el catolicismo. Pero no siempre es evidente a simple vista. Debes profundizar en ello. Espero que lo hagas.

• Soy un Pecador •

Todos los días me sorprendo haciendo cosas que son auto destructivas y que me hacen una persona inferior. Digo cosas que lastiman a otros, o lastimo a otros no diciendo aquello que debería.1 Cuando esto sucede, te aseguro que esas palabras y acciones hirientes son consecuencia de aquello que estoy pensando. Son los pensamientos, palabras y acciones que se desvían del orden natural y que me separan de la tranquilidad de saber que estoy contribuyendo positivamente al bien común del universo revelado.

Lo raro es que, muy dentro no quiero pensar, decir y hacer esas cosas. No quiero ser esa persona inferior; quiero ser la-mejor-versión-de-mí-mismo. Quiero vivir para contribuir con la alegría de los demás, no con su desdicha. En cada momento de mi diario vivir estoy atrapado en una lucha. Me encuentro dividido. No muy distinto a ti, me encuentro viviendo aquello que Pablo describió en su Carta a los Romanos: «Puesto que no hago el bien que quiero sino que obro el mal que no quiero». (Romanos 7,19)

Soy un pecador y necesito ser salvado. Necesito ser salvado de mí mismo y de mi pecado. Hay muchas personas que me aman profundamente—mis padres, mis hermanos, mis amigos, mis colegas, mis vecinos—pero ellos no pueden salvarme. Necesito un salvador. El comprender esto claramente es lo que cambia la vida. Esto es lo que me habilita para obtener una membresía en la Iglesia Católica. Jesús no vino por los sanos; vino por los enfermos y fundó la Iglesia para continuar con su trabajo (cf. Marcos 2, 17). Soy imperfecto, pero capaz de cambiar y crecer. Todos somos imperfectos, no obstante perfectibles. La Iglesia me acoge en mi debilidad, me consuela en mis limitaciones, se empeña en sanar mi enfermedad y me alimenta hasta sanar completamente, haciéndome pleno otra vez y a lo largo de este proceso, la Iglesia procura aprovechar todos mis esfuerzos y luchas, no solo para mi propio bien, sino para el bien de la Iglesia entera y por lo tanto, de la humanidad. Esta es solo una pequeña parte del increíble misterio de la Iglesia.

• El Drama de la Vida •

Desde el final de mi adolescencia, he venido hablando y escribiendo extensamente sobre lo que yo llamo "El viaje del alma". En mi libro *El Ritmo de la Vida,* lo describí como un viaje desde el punto A hacia el punto B, donde el punto A representa la persona que eres hoy y el punto B representa todo aquello que Dios quiso que fueras cuando te creo (la-mejor-versión-de-ti-mismo). La gran Estrella Polar espiritual es la constante invitación que Dios nos hace para que seamos santos. El punto B es donde experimentas una unión íntima con Dios. Este viaje es la aventura de la salvación. El mayor drama de la vida de alguien se puede comprender al examinar la tensión que hay entre la-persona-que-soy y la-persona-que-debería-ser. Esta es la tensión de la vida y precisamente a ella se refiere Pablo cuando sugiere que cada uno de nosotros debería procurar su propia salvación (cf. Filipenses 2, 12).

Todo tiene su trascendencia en relación con la meta y cuando olvidamos la meta, nada tiene sentido. Si olvidamos que Dios quiere que vivamos vidas de santidad, nos desorientamos. Si perdemos de vista a la gran Estrella Polar espiritual, nos desorientamos y nos confundimos. Es por ello que el catolicismo tiene tan poco significado para tantas personas hoy en día, porque se han olvidado—o en algunos casos nunca han sabido—cuál es meta de la vida cristiana.

Todo en la vida debería ser medido teniendo el camino en mente y la meta a la vista. La pregunta que debería ser un componente regular de nuestro diálogo interior es: «Lo que estoy a punto de hacer, ¿me ayudará a convertirme en la-mejor-versión-de-mi-mismo?».

Este es el drama de la vida—la lucha por convertirme en la-mejor-versión-de-mí-mismo, la búsqueda por cerrar la brecha entre la-persona-que-soy y la-persona-que-Dios-me-llama-a-ser y para lo cual me creó.

• Un Encuentro Sagrado •

Dentro de este contexto, deseo hablarte sobre la belleza y la grandeza de la práctica de la confesión. En mi viaje personal, la confesión ha jugado un papel muy poderoso, ayudándome a esforzarme por convertirme en la-mejor-versión-de-mi-mismo. Encuentro que la confesión es una lección de humildad, mas no de humillación. Sobre todo, encuentro que es una experiencia liberadora que me permite revaluar el lugar en el que me encuentro en mi viaje hacia la salvación, me ayuda a identificar aquello que me está retrasando y me anima a continuar el camino. El sacramento de la reconciliación es mucho más que solo confesar nuestros pecados y pedir el perdón (aunque esto puede ser tremendamente poderoso tanto espiritual como psicológicamente). La confesión es parte integral de la grandeza del catolicismo, que busca nutrir a la persona integralmente y transformar al mundo entero en un lugar donde hombres y mujeres puedan vivir en la paz y la alegría de Dios.

Aun cuando cualquier ejercicio espiritual puede ser útil en nuestro viaje, una confesión regular es una herramienta particularmente poderosa. En mis viajes por el mundo, he podido darme cuenta que este sacramento ha sido abandonado en nuestra propia generación. Creo que ha sido debido a que la Iglesia ha sido atrapada por una letal mediocridad.

Aquellos que luchan por destacarse en cualquier área de la vida quieren saber cuáles son sus debilidades para trabajar sobre ellas y poderlas superar. Esta lucha por la excelencia es justamente lo que se debería encender una vez más en los católicos de hoy. La confesión es la práctica espiritual perfecta para revitalizar nuestra búsqueda de excelencia en la vida espiritual.

Cuando cierro mis ojos en oración, veo la-persona-que-soy y la-mejor-versión-de-mí-mismo cara a cara y me siento empujado a cambiar. Esto es lo que sucede durante la confesión. Al prepararnos haciendo nuestro examen de conciencia nos hacemos varias preguntas para buscar en nuestro interior. Estas preguntas dan lugar a la doble perspectiva de la persona que soy en este momento y la persona que soy capaz de ser. Entonces, presentamos nuestras faltas, caídas y fallas ante Dios. A través de este proceso, abrimos nuestras almas a Dios y al regalo misterioso de la gracia. Esta gracia frecuentemente toma la forma de un deseo más fuerte por convertirnos en una mejor-versión-de-nosotros-mismos.

La gracia es el poder de Dios dentro de nosotros. Ella cura las heridas que el pecado ha causado y nos ayuda a mantener un balance moral. También nos ayuda a perseverar en la búsqueda de la virtud. Ilumina nuestra mente para ver y saber cuáles acciones nos ayudarán a convertirnos en todo aquello que Dios quiso que fuéramos. Nos inspira a amar aquello que es bueno y alejarnos de aquello que es malo. La Gracia no es una ilusión mágica. Es mística y es real.

Acudo a este sacramento para reconciliarme conmigo mismo, con Dios y con la comunidad. La confesión no es solamente una experiencia purificadora; es también una experiencia fortalecedora. La confesión es una oportunidad para que tú y Dios trabajen juntos en formar una-mejor-versión-de-ti-mismo. También incrementa nuestro anhelo de santidad; un anhelo que deberíamos perseguir con todas nuestras energías.

• Objeciones Comunes •

Hay, por supuesto, varias objeciones comunes a la práctica de la confesión. La cultura secular propaga el mito de que no hay tales cosas como el bien y el mal, la verdad objetiva, ni aciertos o equivocaciones universales. Nos dicen que todo esto son solo ideas que la Iglesia ha inventado para controlarnos y manipularnos. Les aseguro que el pecado y el mal son reales. Esta verdad no debería requerir prueba o explicación alguna. Si lo dudas, solo enciende el televisor mira el noticiero de la noche, o échale un vistazo rápido a nuestra historia.

Esta idea es reforzada por el hecho de que mucha gente no se identifica con el pecado porque, en general consideramos que tanto nosotros como los que están a nuestro alrededor somos buenos. Esto nos permite pasar por alto la raíz profunda del pecado en nuestras actitudes, en nuestra forma cotidiana de pensar y en nuestra orientación hacia la vida. Pero Jesús no vino simplemente para curarnos de nuestros comportamientos habituales. Él quiso reorientar nuestras actitudes, comportamientos y la forma en que pensamos.

El pecado es evidente en las acciones externas de la humanidad a lo largo de la historia, pero más allá de nuestros comportamientos externos, el pecado también es profundamente psicológico y emocional.

Una vez que conscientemente reconocemos que el pecado y el mal existen en el mundo, nos enfrentamos al problema de la historia: ¿qué hacemos acerca del pecado y del mal? Sería hermoso si pudiéramos reunir a todas las personas malas y dejarlas en una isla, para que se auto-destruyeran en su pecaminosidad colectiva. Esto no es posible porque la línea que separa el bien del mal no está escondida por ahí. Si bien es cierto que esta línea existe, no es con ciertas personas de un lado y otras del otro. La línea que separa el bien del mal está marcada en el medio de mi corazón y del tuyo; la batalla es interior. De ahí que la pregunta sea: ¿Estamos dispuestos a pelear esta batalla?

La forma en que el mundo secular mira al pecado y al mal, perdería sentido si se la eliminara del ambiente auto-centrista y hedonista que la sostiene y alienta. Las objeciones de nuestros hermanos cristianos no-católicos hacia la confesión necesitan un discernimiento considerablemente mayor.

La muletilla de los cristianos modernos ha pasado a ser «No necesito confesarle mis pecados a un cura. Puedo hacerlo directamente a Dios». Tú puedes hacer lo que te parezca; esta es la naturaleza de la libertad que Dios nos concede. Pero si realmente quieres ser cristiano, entonces realmente quieres buscar y hacer la voluntad de Dios.

La tradición de la confesión está profundamente enraizada en la vida y enseñanzas de Jesús, como se ve en los Evangelios. Muchas veces me he preguntado cómo los cristianos no-católicos pueden ignorar o tratar de explicar varios de estos pasajes centrales; por ejemplo, la narración de Juan en Pentecostés: «"La paz sea con ustedes. Como el padre me ha enviado, así mismo os envío yo". Habiendo dicho esto, sopló sobre ellos diciendo, "Reciban el Espíritu Santo. Aquellos pecados que ustedes perdonen quedarán perdonados y aquellos que ustedes retengan quedarán retenidos"». (Juan 20, 21-33)

Pero tal vez el peligro más grande del método *directo-con-Dios* es que muy fácilmente puede llevarnos a engañarnos y entonces empezamos a crear a Dios a nuestra imagen. Cuando es «Solo entre Dios y yo», es muy fácil proyectar mis propias cualidades y tendencias hacia Dios. Entonces, en vez de un ser creado a imagen de Dios, empezamos a crear a Dios a nuestra propia imagen distorsionada.

Hay dos verdades de autoconocimiento que debemos considerar en este punto. La primera es que, como seres humanos, tenemos una habilidad increíble para engañarnos a nosotros mismos. La segunda es que casi nunca vemos las cosas como realmente son.

Todos pensamos que tenemos una visión 20/20 en casi todas las cosas, pero esto sencillamente no es así. Para probarlo, frecuentemente pregunto a los asistentes a mis seminarios y retiros que escriban en un papel si piensan que son un conductor promedio, por encima del promedio o por debajo del promedio. Más del ochenta y cinco por ciento de los participantes se consideran conductores por encima del promedio. Sin embargo, la realidad estadística sugiere que esto no es posible. Entonces estamos ante dos alternativas: o algunos no vemos nuestra pericia al volante como realmente es, o mis seminarios atraen a un número desproporcionado de buenos conductores. Pienso que todos sabemos cuál es la alternativa correcta.

Casi nunca vemos las cosas como realmente son. Cuando voy al confesionario, la mitad de las veces necesito que el sacerdote me diga, «Estás siendo demasiado suave contigo mismo». La otra mitad de las veces, necesito que diga, «Estás siendo muy duro contigo mismo». Casi nunca veo las cosas en su magnitud real. Esta es solo una pequeña muestra de la genialidad de la confesión.

La excelencia en cualquier campo requiere entrenamiento. Los entrenadores ven cosas que nosotros no vemos y nos ayudan a ser conscientes de ello. Recuerdo una ocasión en que grabé en video mi swing de golf. Cuando llegué a casa y vi el video en mi televisión y no podía creer que ese era mi swing. En mi mente mi swing era mucho más suave y elegante. En realidad—y las grabaciones de video no mienten—mi movimiento era bastante torpe. Tal como cuando niño necesité entrenamiento en golf y tenis, para sobresalir, también necesito entrenamiento espiritual. Estoy tan agradecido con los sacerdotes que han dado su vida para proveernos con su invaluable entrenamiento espiritual. ¿Quién es tu entrenador espiritual?

Existe una dinámica similar en nuestras relaciones. Dios nos da esposos y esposas, hermanos y hermanas, padres, colegas y amigos que nos ayudan a ver cosas como realmente son. No hay relación más valiosa en este mundo que la amistad de gente que amamos, confiamos y respetamos lo suficiente como para permitirles que corrijan nuestras faltas cuando no las vemos como realmente son. Constantemente necesitamos saber que somos muy hábiles para engañarnos a nosotros mismos y que tendemos a distorsionar la forma en que vemos las cosas en nuestra relación con Dios y los demás.

Hoy, muchos católicos acogen la visión protestante y evangélica de que no necesitan confesarse con un sacerdote. Al respecto diré que, mientras muchos católicos reclaman el derecho de confesarse directamente don Dios, mi investigación sugiere que, a diferencia de muchos de nuestros hermanos no-católicos, los católicos que utilizan este argumento tampoco adquieren el hábito de confesarse directamente con Dios; no lo usan para justificar una forma distinta de confesión, sino como excusa para evitarla.

Otra objeción que se ha generalizado es que la confesión (o reconciliación, como ahora se la conoce en algunos lugares del mundo) no fue instituida sino hasta el Cuarto Concilio de Letrán de 1215 y por lo tanto no formaba parte de la tradición cristiana desde el principio. Este claramente tampoco es el caso. Mientras los primeros escritos cristianos, como *La Didaché*, del Siglo I no detallan claramente la forma o procedimiento a utilizarse para el perdón de los pecados, en el Siglo II, el padre Irineo establece claramente en sus escritos que el sacramento data de los comienzos de la Iglesia. Los escritores cristianos de los Siglos III y IV, como Orígenes, Cipriano y Afraates manifiestamente indican que la confesión debe hacerse ante un sacerdote y no hay razón para que creamos que esto no haya sido practicado desde el comienzo. En *Católica in Católica*, escrita alrededor del año 244, Orígenes se refiere a la persona que «no se empequeñece por declarar su pecado a un sacerdote del Señor». Siete años después, en *De Lapsis*, Cipriano escribe: «Finalmente, de cuán grande fe y más saludable temor de Dios son aquellos que... se confiesan con los ministros de una manera sencilla y en arrepentimiento, haciendo una declaración abierta de su conciencia». En su libro *Demonstrationes*, Afraates, aconseja a los presbíteros así: «Si alguien descubre su herida ante ti, dale el remedio del arrepentimiento y a aquel que está avergonzado al hacerte conocer su debilidad, anímalo para que no la esconda de ti y cuando te la haya revelado, no la hagas pública».

El Cuarto Concilio de Letrán no inventó la práctica de la confesión tal como la conocemos hoy día. El concilio buscó solamente reafirmar aquello que según su entendimiento había sido práctica constante de los cristianos desde el comienzo y enfatizar las ventajas de esta práctica para todo hombre y mujer que deseara estar cerca de Dios.

Entre los católicos que aún sienten resistencia por la confesión en su vida espiritual, hay algunos que la consideran una práctica necesaria únicamente en caso de pecado grave (de acuerdo a la mínima obligación establecida en la Ley Canónica). Este argumento hace que nos preguntemos qué tipo de relación tienen estas personas con sus cónyuges, hermanos, hijos, patronos, colegas y amigos cercanos.

Tomemos como ejemplo una relación entre un esposo y su esposa. ¿Acaso sería bueno para su matrimonio si nunca se disculparan por nada? En 1970, la película *Love Story* fue un gran éxito que obtuvo un Premio de la Academia y tres Globos de Oro. La línea más famosa de la película dice: «El amor significa jamás tener que decir lo siento». Me pregunto ¿qué impacto ha tenido esa línea en las relaciones sentimentales de los espectadores y en su relación con Dios? El guionista claramente confundió amor con orgullo.

¿Resultaría saludable para una relación si el esposo y la esposa se pidieran disculpas únicamente en caso de ofensas graves? ¿Cuán saludable sería tu relación más importante si nunca pidieras perdón? Yo diría que nada saludable; más bien, sería bastante disfuncional y tristemente inadecuada. También sospecho que todos conocemos al menos a alguien que se rehúsa a pedir perdón—nunca—por ningún motivo. Incluso cuando es descaradamente obvio que ha hecho algo malo, lleno de orgullo, él o ella se rehúsa tercamente a disculparse. A veces ni siquiera admite un mal comportamiento. ¿Será posible ver a Dios en alguien así? ¿Brillará su luz en la oscuridad? ¿Serán ejemplo de esperanza y bondad para todos los que les rodean? ¿Estarán convirtiéndose en la-mejor-versión-de-sí-mismos?

Si aplicamos este método de nunca pedir perdón en nuestra comunicación con Dios, esta relación padecerá el destino que tantas relaciones humanas modernas están padeciendo.

Después de las objeciones culturales y de las objeciones cristianas no-católicas hay, por supuesto, objeciones y excusas católicas. La gente me dice todo el tiempo: «No puedo ir a confesarme con mi sacerdote». Cuando les pregunto la razón, me responden, «porque él me conoce». ¡Pues esa es la idea! Se supone que el sacerdote debe conocerte. Es de gran ayuda si te conoce. Mientras más te conoce, más útil puede ser en tu camino interior. Cada vez que te enfermas tú no vas a ver un doctor distinto. Tu doctor te conoce— conoce tu historia médica, tus alergias y las circunstancias de tu vida. Todo esto hace que sea infinitamente más eficaz. De igual forma, puedes ir a la Confesión con un sacerdote que no te conoce, o con un sacerdote diferente cada vez, pero hay una ventaja adicional al tener un confesor regular: ya que él te conoce a ti y muchos aspectos de tu vida, es capaz de darle continuidad a tu experiencia de salvación, así como una visión única.

Otros, en cambio me dicen: «No puedo confesarme con un padre que me conoce». Les pregunto ¿Por qué? y me responden: «!Oh!, si supiera mis pecados nunca más me volvería a hablar». Esto es absurdo. Cuando revelamos a los demás nuestras faltas y debilidades, ellos no nos aman menos; nos aman más. Tampoco es como si fueras a decirle algo que no hubiera escuchado antes. No te creas tan original. Las maneras de pecar del hombre son bastante similares y muy poco originales.

Algo que hemos perdido de vista es que el sacerdote está ahí para ayudarte a convertirte en la-mejor-versión-de-ti-mismo. Ha entregado su vida entera para servir al pueblo de Dios y su única preocupación en ese momento es ayudarte en tu viaje hacia aquello que Dios quiso que fueras al crearte.

Pueda que no lo diga de esta forma, pero al acercarte a la experiencia de la confesión, ten en cuenta que todo lo que el sacerdote dice está diseñado para que vivas una vida de santidad.

Estas representan las objeciones comunes que las personas de hoy tienen hacia la experiencia católica de la confesión. Pero con todo esto dicho, me gustaría reafirmar que Dios no es un dictador injusto tratando de dominar la humanidad con puño de hierro. Dios no quiere controlarte o manipularte, ni forzarte a hacer cosas que no quieres, ni quiere hacerte sentir culpable o mal contigo mismo. Dios quiere que llegues a ser la-mejor-versión-de-ti mismo; y a cambio, te envía al mundo para que ayudes a otros a hacer lo mismo. Todos tenemos fallas y faltas, así como tensiones interiores. La oración, los sacramentos y las escrituras son herramientas maravillosas diseñadas para ayudarnos a entender y manejar nuestras tensiones interiores y así dar un paso cada día hacia Dios.

• Contempla la Belleza •

Todos estamos enfermos espiritualmente. Todos tenemos pecados. A algunos les gusta pretender que no los tienen, pero con el tiempo, el pecado se disemina sobre sus vidas como el cáncer en el cuerpo. Como el cáncer, si nuestros pecados no son identificados y contrarrestados, al final terminan devorándonos. A otros les gusta justificar sus pecados con todo tipo de explicaciones, ninguna de las cuales logrará satisfacerlos ni a ellos mismos. Después hay aquellos que acuden a «expertos» con la esperanza de que tales personas les ayuden a sobreponer sus aquejadas conciencias.

La verdad es que todos los días hago cosas que son contrarias a los caminos de Dios, cosas que no me permiten ser la-mejor-versión-de-mí-mismo, al igual que tú—todos los días. Entonces, llevamos con nosotros toda esta carga que nos afecta de maneras que a veces ni siquiera somos capaces de darnos cuenta. Nuestros pecados nos afectan física, emocional, intelectual, espiritual y psicológicamente. Afectan nuestras relaciones, nuestro trabajo, nuestra salud, nuestra claridad intelectual y nuestra habilidad para acoger genuinamente y experimentar la vida. El pecado limita nuestro futuro al encadenarnos al pasado. Aun así, muchos logran convencerse a sí mismos ya sea que el pecado no existe, que ellos no pecan, o que su pecado no les afecta. Pero si hacemos un inventario serio y honesto de nuestros pensamientos, palabras y acciones, es evidente que cada uno de nosotros hace cosas que son autodestructivas, ofensivas hacia los demás, contrarias a las leyes naturales del universo y en directa contraposición a los caminos de Dios. Si realmente pensamos que podemos llevar esta carga dentro y que no nos afecta, entonces solo estamos engañándonos a nosotros mismos.

Si quieres pasar el resto de tu vida defendiendo tus debilidades, allá tú. Si quieres seguir perdiendo los estribos y diciéndote a ti mismo, «así es mi carácter», adelante. Si quieres que alguien trate de explicar o justificar los pecados que cometiste en tu vida, acude a un psicólogo o a un psiquiatra; pero si quieres paz en tu corazón, te invito personalmente para que acudas a la confesión. No hay tesoro en la vida más grande que una conciencia limpia. Si quieres la dicha de una conciencia tranquila, ve a la confesión.

El misterio de la gracia jamás será descrito adecuadamente con palabras frías en páginas frías; debe ser experimentado. De ahí que, si no has acudido a la confesión por algún tiempo, tal vez ahora sea el momento. Tal vez han sido diez años, o veinte años, tal vez más. Jesús te dice: «No tengas miedo». (Mateo 14, 27). Trae los pecados de tu vida y colócalos a los pies de Jesús en este sacramento de reconciliación. No lo veas como confesar tus pecados a un cura; míralo como confesar tus pecados a Dios, tu Padre Celestial.

Dios mira tu potencial inalcanzado. Él no mira solo quién eres sino quién podrías ser. Pídele que comparta esa visión contigo.

Nuestras fallas y caídas tienden a corroer nuestro interior, pero al traer luz a nuestra oscuridad, surge una gran liberación. La oscuridad no puede sobrevivir en la luz. Mientras escondamos nuestros pecados escondamos nuestras faltas y caídas, estas crecerán y desarrollarán poder sobre nosotros. Antes de que nos demos cuenta, estaremos planeando nuestros días alrededor de nuestros hábitos autodestructivos, como cuando un alcohólico planea a qué hora beberá y mientras más tratemos de esconderlas, nuestras faltas y debilidades tendrán más poder sobre nosotros. Si son lo suficientemente graves y las dejamos desatendidas un tiempo suficiente, empezarán a controlar nuestra vida entera. Pero al llevarlas a la luz, perderán poder sobre nosotros.

Te aseguro que si te acercas a este sacramento con un corazón sincero y humilde, experimentarás el flujo de la gracia en tu vida. Escucha las palabras de absolución: «Por el ministerio de la Iglesia, que Dios te conceda el perdón y la paz y yo te absuelvo de tus pecados en el nombre del Padre, del Hijo y del Espíritu Santo. Amén». Conforme el sacerdote dice estas palabras, las compuertas de la gracia se abren y tu alma se llena de una profunda paz. Experimentas una ligereza inexplicable y un embriagador sentido de dicha y liberación.

La confesión es un regalo. Sé testigo de su belleza. Acoge el tesoro.

• Auto Conocimiento •

En la vida espiritual, es muy importante crecer no solo en nuestro conocimiento y entendimiento de Dios, sino también en el conocimiento y entendimiento de nosotros mismos. Tanto el conocimiento de Dios como el propio son necesarios para emprender el viaje del alma. Estos están conectados intrínsecamente y poseer uno sin el otro es inútil.

Confesar nuestros pecados en el sacramento de la reconciliación nos ayuda a desarrollar ese autoconocimiento. Los santos lo buscaban con avidez; ellos lo desarrollaron gracias a horas de auto examen y a la práctica frecuente de la confesión. Ellos conocían sus fortalezas y debilidades, sus faltas, caídas y fallas, sus talentos y habilidades, sus necesidades y deseos, sus esperanzas y sueños, su potencial y su propósito. No tuvieron miedo a mirarse a sí mismos ya que gozaban de la luz de la gracia de Dios en la oración. Sabían que las cosas de este mundo son pasajeras y que cuando esta corta vida se termine, cada uno estará desnudo en presencia de Dios donde nada significarán dinero, poder, estatus, posesiones y fama mundial. Lo único valioso en ese momento será el carácter—tu luz interior. Aquello en lo que nos convertimos es infinitamente más importante que aquello que tenemos. Como solía decir

San Francisco, «Recuerda que eres lo que eres ante los ojos de Dios y nada más».

Conócete a ti mismo. Los regalos del autoconocimiento incluyen la liberación de la imagen que el mundo tiene de quien eres (y de quien deberías ser) y una inagotable compasión por los demás. Entre más me conozca a mí mismo (y mis propios defectos), más seré capaz de aceptar y amar al resto de las personas. Más aún, mientras más llegue a conocerme a mí mismo y mi pecado, más capaz seré de entender a los demás siendo tolerante con sus faltas, caídas, fallas, adicciones y quebrantos. El autoconocimiento produce la máxima expresión de la compasión.

El autoconocimiento también desinfla todo tipo de falso orgullo y egolatría en nuestra vida. Un autoconocimiento genuino es una lección de humildad y dos personas humildes siempre tendrán una mejor relación que dos personas orgullosas. No a veces. Siempre.

Conócete a ti mismo y toda relación en tu vida mejorará.

• Un Nuevo Hábito •

Nuestra vida cambia cuando nuestros hábitos cambian. Yo me he convencido del poder del hábito de la confesión frecuente en mi propia vida y me gustaría animarte a que lo hagas un hábito espiritual en la tuya.

¿Te parece suficiente una vez al año en cuaresma? Bueno, es suficiente para cumplir con la obligación, pero eso sería minimalismo. Convertirte en la-mejor-versión-de-ti-mismo y amar a Dios no son asuntos de obligaciones o minimalismos. Cuando estamos pendientes de estas cuestiones, nuestras aspiraciones se amplían más allá de las normas y reglamentos de nuestra fe. Estas normas y reglamentos definen solo los límites mínimos de nuestra tarea, pero Dios nos invita a explorar las posibilidades máximas.

Imagina el siguiente caso. ¿Con qué frecuencia lavas o haces lavar tu auto? Tal vez cada dos o tres semanas, quizá una vez al mes, ¡pero seguramente no son diez años desde la última vez que lo lavaste! Y cuando tu auto está reluciente y brillante por fuera; limpio e impecable por dentro, te sientes muy bien por ello. La sensación de conducir un auto limpio es muy distinta que la de conducir un auto sucio.

Luego de lavar tu auto, conduciendo de regreso a casa, ¿qué es lo que le pides a Dios? Le pides que no llueva, ¿verdad?, o al menos lo piensas, ¡esperas que no llueva! Como si Dios no tuviese mejores cosas en qué preocuparse. Hay cincuenta mil personas muriendo diariamente de extrema pobreza y enfermedades prevenibles en África, pero acabaste de lavar tu auto, ¡y quieres que Dios se ocupe primero de que no llueva para que tu auto no se ensucie! Afortunadamente no llovió. Sin embargo, si al otro día ves en el camino un charco de lodo, ¿qué haces? Pues lo esquivas por supuesto, ¡si acabas de lavar tu auto!

Al siguiente día piensas que tal vez va a llover más tarde y piensas, *mejor llevo una chaqueta por si acaso me da frío.* Tomas la chaqueta y la llevas contigo pero resulta que no llovió. Entonces piensas, *la voy a dejar en el asiento de atrás para sacarla más tarde.* Pero más tarde te olvidas y no la sacas. Pasa un día más y te dices, *Hoy tengo cita con el doctor; mejor llevo un par de revistas porque en el consultorio nunca hay nada bueno para leer.* Además yo pregunto, ¿qué tipo de personas van a la consulta de un doctor? ¡Pues personas enfermas! La historia es así: llegan las personas enfermas, se reúnen en la sala de espera, en la que hay cinco o seis revistas viejas, que se reparten entre todos y las tocan con sus dedos contaminados. Si ves la portada de una de ellas puedes leer: «Edición No. 137, Febrero de 1983» y te preguntas, *¿cuánta gente enferma ha estado aquí desde 1983?* Como trajiste tus propias revistas, no te preocupas. Una vez que has terminado la consulta médica pones las revistas en el asiento de atrás de tu auto. Te dices, *las dejaré aquí para sacarlas más tarde y también la chaqueta.* Pero más tarde te vuelves a olvidar y una vez más, no lo haces.

Al tercer día se te está haciendo tarde para un compromiso, tienes hambre y no sabes si tendrás tiempo para comer algo en medio de todo el ajetreo que te espera. Entonces entras a un autoservicio y compras lo primero que se te ocurre; después de todo, no hay mucho que escoger en un autoservicio. Vas en el auto guiando el volante con tus rodillas porque al mismo tiempo vas comiendo y hablando por celular. Una vez que terminas de comer te dices, *no voy a poner esto en el asiento de atrás; ¡si lo acabo de lavar!*

Más bien voy a guardar los papeles y basura con cuidado dentro de la misma bolsa y la colocaré cuidadosamente en... el piso del asiento de atrás. Al llegar a casa la recojo y también saco la revista y la chaqueta. Pero, ¿qué crees? Se te vuelve a olvidar y ahí queda junto con todo lo demás.

El cuarto día ya no te importa tanto y vuelves a tirar algún otro desperdicio al asiento de atrás y el día después, tiras algo más. Sin darte cuenta, se ha pasado la semana y otra vez es domingo y estás volviendo a casa de la Iglesia, ¿con qué? ¡Claro! Con el boletín dominical que probablemente leíste mientras el padre estaba dando su homilía. Entonces, piensas, *esto ya lo leí,* antes de arrugarla y lanzarla ¿Dónde? Al asiento trasero. Al día siguiente, tiras la envoltura de algún caramelo o cualquier otra basura pequeña y al siguiente, alguna chuchería que estás llevando de casa al trabajo o viceversa.

Lo próximo que sabes es que han pasado dos o tres semanas desde que hiciste lavar tu auto, el cual luce bastante revuelto por dentro y sucio por fuera y te vuelves menos cuidadoso con él. Ahora tiras cualquier basura al asiento trasero porque hay ya tanta que ni siquiera notas la que acabas de tirar. Luego, dentro de poco, estás tirando basura y más basura ahí atrás. ¿Sabes por qué? Porque has perdido tu sensibilidad y una vez que la pierdes, un gran trozo de basura no parece tan grande en esa montaña de pequeñas basuritas.

Exactamente de la misma forma, nosotros perdemos nuestra sensibilidad. Luego de un tiempo, un gran comportamiento autodestructivo no se ve tan mal entre tantos pequeños comportamientos autodestructivos.

Cuando lavas el auto, eres cuidadoso con todo aquello que lo pudiera ensuciar. De la misma forma, luego de acudir a la confesión, eres cuidadoso con todo aquello que te impide ser la-mejor-versión-de-ti-mismo. Cuando sales de la confesión, te cuidas de pensamientos, palabras, acciones, gente y lugares que te impiden caminar junto a Dios. No sé cuánto dura en ti esa sensibilidad, pero al poco tiempo se va desgastando y tú te vuelves indiferente a las cosas que no te ayudan a vivir una vida de santidad y a ser fiel a ti mismo.

¿Has notado alguna vez cómo ciertas personas ejemplares tienen una sensación de bienestar? No parecen estar cargando el peso del mundo sobre sus hombros. Cuando acudes a la confesión tu alma es purificada y una belleza interna brilla desde dentro. Pero al cabo de pocas semanas, los pequeños pecados se empiezan a acumular y antes de que te des cuenta, un pecado mortal no se ve tan mal encima de una montaña de pecados veniales y una vez que colocas ese pecado mortal sobre la pila de pecados veniales, crees que te has metido en aprietos por lo que ahora ya puedes meterte en verdaderos aprietos si quieres. Poco a poco, empiezas a perder el sentido del pecado. Antes de que lo notes, eres muy infeliz y no sabes en realidad por qué. No te sientes en paz contigo y te encuentras siendo impaciente e irritable con los que te rodean. Empiezas a experimentar cierta intranquilidad y ansiedad, sin saber por qué.

¿Cuánto tiempo toma esta pérdida de sensibilidad? Sospecho que varía para cada persona e incluso para cada momento de nuestra vida. Ha habido momentos cuando he luchado con pecados habituales, incluso cuando he tratado de alejarme de ellos. Entonces, me he acercado a la confesión casi semanalmente. Pero actualmente, en este punto de mi vida, pierdo esa sensibilidad al cabo de un mes, por tanto he desarrollado el hábito de acudir a la confesión mensualmente. Si no lo hago, me vuelvo desatento e insensible a las cosas que me separan de Dios, de mi vecino y de mi verdadero yo.

Otra lección interesante que he aprendido es que tengo que elegir un momento específico cada mes. De otra forma, un mes se convierte en dos o tres. Ahora sé que tengo que confesarme el primer fin de semana de cada mes. De esta forma, no hay confusión y no dejo abierta la puerta a postergaciones, pereza y todas esas tendencias que acechan para alejarme de Dios y de mi mejor yo.

¿Cuán frecuentemente deberías confesarte? Nadie te lo puede decir. La Iglesia pide que vayas al menos una vez al año, pero recomienda la Confesión frecuente. Algunas personas van una vez por semana y otras una vez al mes y hay un rumor de que el Papa Juan Pablo II lo hacía diariamente.

Una vez al mes funciona para mí, pero si no has ido en algún tiempo, al principio podrías ir cada semana para reavivar tus sentidos espirituales. Esta Confesión semanal podría ser particularmente valiosa si has caído en pecados habituales. Pero con el pasar de las semanas, la mayoría de personas deberían ser capaces de aplicar a su vida espiritual el ritmo de una confesión mensual.

No hay nada como una conciencia limpia. Nada nos llena de dicha de la misma forma. ¡Ah! Una conciencia limpia—es un placer único.

• La Tentación •

Una vez que hemos vuelto hacia Dios y lo hemos abrazado otra vez, como el hijo pródigo que abrazó a su padre (cf. Lucas 15, 20), aún tenemos que vivir en el mundo. En él, enfrentamos toda clase de distracciones y tentaciones que tantas veces nos han alejado del camino de la paz en el pasado.

La tentación es real. Cada día soy tentado a hacer cosas que no me llevan a ser la-mejor-versión-de-mí-mismo. Sospecho que a ti te sucede lo mismo. Soy tentado por la lujuria, gula, codicia, envidia, pereza…

Me parece que si logramos dominar el momento de la tentación, podemos dominar la vida cristiana. Debería haber libros enteros sobre el momento de la tentación. Debería haber cursos que pudiéramos tomar para estudiarla y aprender cómo responder ante ella pero casi nunca hablamos al respecto.

Hay algunas verdades inmutables cuando de nuestra lucha contra la tentación se trata. La primera es no hablar con ella. Cuando la tentación susurra a tu oído, aléjate. La tentación te dirá cosas como «Todos lo hacen», o «No va a importar solo esta vez», o «Te lo mereces», o «Nadie se va a enterar». No entregues la paz de tu alma. Mantente ocupado. La tentación pasará. Aprende a apreciar la paz en tu alma sobre todas las cosas.

No es suficiente que yo te aconseje sobre no dialogar con la tentación. Sería como si te dijera: «Cuando llegues a casa esta noche, al pie de la entrada habrá una botellita de cristal llena con una poción mágica color púrpura. Cualquier cosa a la que le eches esa poción se convertirá instantáneamente en oro sólido—siempre y cuando mientras lo hagas, ¡no pienses en una manada de hipopótamos color púrpura!».

Probablemente nunca hayas pensado en una manada de hipopótamos de color púrpura, pero tan pronto como vayas a colocar la poción sobre algo, ¿qué es la primera cosa que se te va a venir a la mente? ¡Pues una manada de hipopótamos color púrpura! Por más que trates con todas tus fuerzas, no serás capaz de sacar esa imagen de tu mente. Lo mismo sucede cuando tratamos de no dialogar con la tentación pensando que no debemos hacerlo. Terminamos dialogando con ella. Aquello en lo que nos enfocamos crece en nuestra vida. Tenemos que voltear nuestro interés lejos de aquello que nos detiene de alcanzar nuestro máximo potencial en Jesús y ponerlo en aquello que nos ayudará a experimentar la vida a la que Jesús nos invita en él.

No es suficiente evitar el diálogo con la tentación. Tenemos que remplazar ese diálogo de tentación con otro tipo de diálogo. ¿Cómo se llama ese otro tipo de diálogo? Oración. Para vencer a la tentación tenemos que orar incesantemente en medio de ella. Pero la verdad es que la mayor parte del tiempo no oramos cuando estamos siendo tentados. ¿Sabes por qué? ¡Porque somos personas de fe! Esto puede sonar extraño para muchos y puede parecer una contradicción, pero ahora lo explico.

Como hombres y mujeres de fe, creemos que Dios es todopoderoso. Sabemos esto instintivamente y frecuentemente no queremos que Dios y su ser todopoderoso se interpongan en el camino de nuestros pecados. Nosotros amamos algunos de nuestros pecados. Esta es la primera verdad que descubrimos en el camino a la conversión. Amamos algunos de nuestros comportamientos autodestructivos, especialmente los habituales.

Es importante que reconozcamos y agradezcamos esta verdad. Luego, como toda verdad, tenemos que responder ante ella. No tenemos alternativa; la verdad demanda una respuesta. Podemos elegir cómo responder, pero no podemos elegir no responder. No puedes acogerte al silencio con la verdad. Una vez que lo descubres, estás obligado a responder. Puedes, por supuesto, ignorar la verdad que descubres, pero eso es ya en sí mismo una respuesta.

Una respuesta puede ser volver a Dios y rogarle que te libere de cierto pecado habitual. Luego, la próxima vez que estés tentado a consentir ese pecado, llama a Dios incesantemente en la oración, pidiéndole que te aleje de la tentación.

Otra posibilidad muy real es que no quieras abandonar algún pecado habitual. Si ese es el caso y no tienes ninguna intención genuina de ceder cierto comportamiento autodestructivo, entonces te invito a que vayas a la Iglesia y te sientes en presencia de Dios y le pidas que te conceda el deseo de dejar ese pecado. La oración podría sonar más o menos así: *Señor, yo sé que mi pecado me está impidiendo convertirme en la-mejor-versión-de-mí-mismo y que me está impidiendo amarte y amar a mis hermanos, pero amo este pecado. Por favor concédeme el deseo de dejarlo.* Esta es una oración honesta y todo crecimiento verdadero en la vida espiritual empieza con este tipo de cruda honestidad.

La tentación es real y la experimentamos todos los días. La mejor forma de ocupar el tiempo mientras esperamos que la tentación pase es orando. Remplaza el diálogo de la tentación con un diálogo de oración: *Señor, conozco aquello que es bueno y verdadero, pero sigo atraído por aquello que es autodestructivo. Dame fortaleza. Sé mi fortaleza.* A veces la tentación es tan grande que ni siquiera eres capaz de articular palabras en tu cabeza. Es entonces, cuando escucharás el valor de aquellas oraciones simples que el mundo moderno desprecia tanto: «Padre nuestro, que estás en el cielo…», (Mateo 6, 9); o «Dios te salve, María llena eres de gracia…», (Lucas 1, 28).

Por lo que más quieras, no dialogues con el demonio. Él siempre tiene más preguntas que lo que tú tendrás respuestas. Te sugerirá algo y le refutarás y así continuará sucesivamente: te dará un pensamiento y lo rechazarás. Pero el ir y venir de pensamientos y rechazos te debilitará. Con el tiempo habrás sucumbido ante el pecado por puro agotamiento o por cortar el diálogo. El pecado es agotador; evita el diálogo que lo antecede. La tentación es real; descubre cómo es que llega a tu vida y evita todo eso, las personas, los lugares y las situaciones que crean momentos de tentación en ti. Cuando aquel que te está tentando susurre en tu oído, dale la espalda. ¿Por qué complicarse la vida? No dialogues con el portador de la tentación. Vuelve tu rostro a Dios y ora. Serás dichoso y tendrás la paz de Cristo en tu corazón.

Conocer tus debilidades y fortalezas es una gran ventaja en cualquier campo. En el aspecto espiritual es de importancia capital. El basquetbolista que es orgulloso no nota los defectos en su juego. La ejecutiva que es orgullosa no nota las debilidades en su estilo de liderazgo. El artista que es orgulloso no se da cuenta del defecto de su estilo. El hombre que es orgulloso no nota la debilidad de su carácter

Los que son orgullosos deben conformarse con la mediocridad; la excelencia pertenece a los humildes. Actúa con humildad para saber quién eres realmente y Dios te responderá revelándote a la increíble persona que eres capaz de convertirte.

• El Toque de la Mano del Maestro •

En su sabiduría, la Sra. Rutter, quien fuera mi profesora de cuarto grado, presentó en mi clase el siguiente poema. Tras recitarlo un día, anunció que para la siguiente semana debíamos aprendernos el poema de memoria. Entonces todos los días durante un mes, alguien recitaría el poema para la clase. Era solo un ejemplo de sus muchos momentos de genialidad. En ese instante nuestra comprensión del poema era superficial, tal vez debido a que uno debe sufrir varios golpes duros para apreciar sinceramente el significado completo. El fragmento se titula «El Toque de la Mano del Maestro», escrito por Myra B. Welch. Se pueden obrar cosas maravillosas si dejamos que el Maestro ponga sus manos en nuestras vidas.

Todo maltratado y raspado y el subastador pensó
Que no valía la pena
Malgastar tanto tiempo con ese viejo violín.
Aun así, lo sostuvo en alto sonriendo.
« ¿Cuánto me ofrecen, amigos?»—preguntó—
« ¿Quién quiere empezar las ofertas?».
«Un dólar, un dólar...» y después, ¡Dos!, ¿Sólo dos?
«Dos dólares. ¿Quién me da tres?».
«Tres dólares, a la una; tres dólares, a las dos;
A punto de venderse por tres...». Pero no.
Desde el fondo del salón, un hombre de pelo gris

Se adelantó a coger el arco y,
Después de sacudir el polvo del viejo instrumento
Y volver a tensarle las cuerdas,
Tocó una melodía tan dulce y pura
Como las canciones del coro de los ángeles.

Terminada la melodía, el subastador,
En voz baja y grave, volvió a preguntar;
« ¿Cuánto me ofrecéis por el viejo violín?»
Y levantó el violín con el arco.
«Mil dólares, ¿Quién ofrece dos?
¡Dos mil, a la una! ¿Quién ofrece tres?
Tres mil, a la una; tres mil, a las dos y
A punto de venderse en tres mil; y,
¡Vendido en tres mil!», concluyó.
La gente aplaudía, aunque algunos se lamentaban,
«No entendemos muy bien,
¿Qué fue lo que cambió su valor?», preguntaban,
Y la respuesta fue muy sencilla:
«El toque de una mano maestra».

De ese modo más de un hombre de andar desafinado,
Marcado por los golpes y cicatrices del pecado,
Como al viejo violín, se lo ofertan barato a los impasibles,
Por un plato de sopa, por un vaso de vino;
Y hecha la jugada, sigue su camino.
A «punto de venderse» una vez y a
«Punto de venderse» la segunda,
A «punto de venderse» y casi «vendido».
Pero llega el Maestro y la gente insensata
Jamás alcanza a entender del todo
El valor de un alma y el cambio forjado
Con el toque de la mano del Maestro.

Capítulo Trece

LA ORACIÓN DIARIA

Casi todos los días me encuentro con alguien que dice estar escribiendo un libro. Hay otros que afirman siempre haber querido hacerlo. Aunque constantemente los animo a hacerlo, dentro de mi corazón sé que muy pocos llegarán en verdad a terminar aquel libro de sus sueños. Para muchos, la idea de escribir un libro es cautivante. Se sienten atraídos por la idea de internarse en el proceso creativo pero la realidad es que escribir un libro es un trabajo duro. El punto de partida, en el cual se concibe la idea para el libro, es maravilloso y emocionante pero la emoción no dura mucho y empieza el trabajo duro. A lo largo del proceso, habrá momentos en los que te lleguen chispazos de inspiración, pero si escribieras solo en momentos de inspiración, nunca terminarías tu libro.

Escribir un libro requiere de disciplina diaria. Tienes que trabajar todos los días, aun cuando haya días en los que solo leas y releas lo que escribiste el día anterior para mantener fresca la idea en tu mente. Escribir un libro requiere de la disciplina de escribir cuando tienes ganas de hacerlo y cuando no las tienes. La falta de disciplina es la razón por la que muchos que empiezan un libro, nunca lo terminan. Cuando pensamos en la escritura de un libro, se viene a nuestra mente una serie de imágenes románticas del artista en su trabajo rodeado de un paisaje inspirador, completando página tras página sin esfuerzo. La verdad es que, como lo mencioné antes, escribir un libro es en su gran parte un trabajo difícil y hemos hablado solamente acerca de escribir un libro. Ni siquiera hemos mencionado el escribir un buen libro, menos aún el escribir un gran libro.

La oración es similar en varias formas. Algunos fallan en adquirir un hábito diario de oración en su vida porque lo enfocan con expectativas equivocadas. Consciente o inconscientemente, muchos afrontan la oración esperando que sea fácil. La verdad es que, la oración probablemente sea lo más difícil que hagamos jamás. De cuando en cuando, habrá momentos en que nos lleguen chispazos de inspiración en nuestra oración, pero la mayoría del tiempo, la oración es trabajo duro—trabajo que bien vale la pena hacer; pero, en fin de cuentas, trabajo duro.

No llegas a ser un gran atleta entrenando solo cuando tienes ganas de hacerlo. No alcanzas a ser un gran escritor escribiendo solo cuando te sientes inspirado. Los santos no se convirtieron en aquellos grandes embajadores de Dios en la tierra rezando solo cuando sentían ganas de hacerlo. En cada caso, se requiere disciplina diaria.

Hace muchos años, vi una entrevista hecha a un violinista que en esa época era considerado el mejor del mundo. Él explicaba al entrevistador que practicaba de ocho a diez horas diarias. El entrevistador sugirió que seguramente en el nivel en que se encontraba su carrera podría disminuir un poco su carga diaria de práctica, ante lo cual el violinista sonrió y dijo: «Si dejara de ensayar un día y diera un recital al día siguiente, yo sería la única persona que lo notaría. Pero lo haría. Mi rendimiento sería inferior. Si dejara de ensayar durante una semana y luego diera un recital, un puñado de personas entre el público podrían notar que mi rendimiento ha sido inferior. Pero si dejara de ensayar durante dos o tres semanas, prácticamente todo el público notaría que no he interpretado a mi mejor nivel».

Lo mismo sucede con la oración. Si descuidas la oración por un día, probablemente tú seas el único que se dé cuenta. Pero lo notarás. Tienes menos paciencia y estás menos enfocado. Si descuidas la oración por una semana, algunos alrededor tuyo notarán el cambio en ti. Pero si descuidas la oración durante dos o tres semanas, casi todos a tu alrededor notarán que no estás comportándote a tu mejor nivel.

La oración es crucial para la experiencia cristiana. Una vida cristiana no es sostenible sin ella, porque el crecimiento en la vida cristiana es sencillamente imposible sin la oración. Crecer en carácter y virtud, aprender a escuchar la voz de Dios en nuestra vida y caminar hacia donde nos llama—todo esto requiere de la disciplina de la oración y no es suficiente simplemente con rezar cuando nos parezca. La oración requiere un compromiso diario.

• ¿Por qué Rezar? •

Hace pocos meses estuve de visita en una escuela primaria y un niño, tal vez de siete años, me preguntó, « ¿Por qué rezas?». Hay ocasiones en que una pregunta es muy sencilla y a la vez tan impactante que te hace detenerte en el tiempo una y otra vez para pensar la respuesta. La pregunta de este niño era para mí exactamente ese tipo de pregunta.

Conozco todas las respuestas correctas a la pregunta. El catecismo nos dice que los propósitos y formas de oración son, adoración, petición, intercesión, agradecimiento y exaltación. Pero esta respuesta no iba a satisfacer a mi curioso amigo.

Santa Teresa de Lisieux, una de las más grandes maestras de oración cristiana, escribió: «La oración es para mí como drenar el corazón; es dar una simple mirada al cielo, es una exclamación de reconocimiento y amor, acogiendo la prueba y la dicha». Estoy casi seguro que si usaba esta respuesta, el pequeño de siete años me habría visto con ojos desconcertados.

Docenas de pensamientos y respuestas pasaron por mi mente, todas apropiadas para un adulto o un teólogo, pero no podía encontrar las palabras adecuadas para un niño. Entonces, en vez de responder a su pregunta, le formulé otra. Hice al niño la misma pregunta que él me había hecho: « ¿Por qué rezas tú?».

No tuvo que pensar mucho. De forma espontánea y casual me dijo. «Bueno, Dios es mi amigo y los amigos quieren saber lo que está sucediendo en la vida del otro».

A veces rezo por razones muy egoístas. Tal vez me encuentro tensionado y sobrecogido y acudo a la oración esperando que Dios calme mi mente y corazón y traiga paz a mi alma. A veces rezo por razones completamente altruistas. Cuando alguna región del mundo ha sido azotada por un desastre natural o una guerra, frecuentemente me hallo atraído a rezar. A veces rezo por razones muy sagradas. Hay ocasiones en las que rezo no solo porque necesito algo de Dios, sino porque quiero expresarle mi gratitud por todas las cosas, personas y oportunidades con las que ha llenado mi vida y cuando estoy en mi punto máximo, rezo simplemente para estar con Dios y buscar sus caminos.

La mayor parte del tiempo, rezo por razones más prácticas—tres en particular. Primero, para que las cosas tengan sentido. La vida es muchas veces complicada y confusa, pero en medio de todo eso, Dios siempre parece presentar un camino sencillo. Los caminos del Señor pueden no ser fáciles e incluso a veces pueden llegar a ser tremendamente difíciles, pero casi siempre son simples.

También rezo porque quiero vivir mi vida profunda y conscientemente. No tengo duda acerca del precioso regalo que es la vida y quiero experimentar con plenitud este regalo. Cuando estuve en secundaria, estas palabras de Thoreau se grabaron en mi corazón: «Partí al bosque porque quería vivir conscientemente, quería vivir profundo y extraer la esencia de la vida, alejarme de todo aquello que no fuese vida y no cuando haya llegado a morir descubrir que no he vivido». Yo parto al bosque de la oración todos los días por la misma razón.

La tercera de las razones prácticas por las que rezo es para construir el tipo de densidad interior necesaria para prevenir ser absorbido por la cultura.

Vivimos momentos de tremenda presión cultural. El espíritu del mundo es poderoso y despiadado y hay poco apoyo de la sociedad para aquellos que rechazan al espíritu del mundo y acogen al espíritu de Dios. Esta no es una elección muy popular y como resultado, en ocasiones lleva a experimentar cierta soledad en nuestra vida.

La ósmosis es un fenómeno físico que establece esencialmente que una sustancia más densa será filtrada de aquella que es menos densa. Si queremos ser consecuentes con nuestros valores, si queremos celebrar y defender la-mejor-versión-de-nosotros-mismos, necesitamos desarrollar cierta densidad en nuestro interior. Esta fuerza interna, o densidad, nos permitirá resistir la presión cultural de abandonar nuestros valores, nuestro verdadero yo y Dios.

Si vamos a caminar junto a Dios y a convertirnos en la-mejor-versión-de-nosotros-mismos, necesitamos de esta densidad interna, la que aparentemente ha sido creada de la combinación de gracia y disciplina. Esta densidad interior no es algo que podemos obtener para uso personal; se trata de un regalo que Dios nos entrega libremente cuando colaboramos con su plan para nuestra vida. Cuando tenemos esta densidad en nuestro interior, tendremos un efecto cristiano a nuestro alrededor. Aquello que es más denso será filtrado de lo menos denso y la densidad cultural que nos rodea es muy intensa. La forma más poderosa de construir esta densidad, esta fuerza interior, es a través de la oración y los sacramentos. Ruego a Nuestro Señor que me permita juntar la densidad necesaria para sobrevivir y prosperar en una cultura que es muchas veces hostil y algunas veces violenta hacia aquello que es bueno y noble.

Ya son casi veinte años desde que empecé un hábito serio de oración en mi vida. Hoy en día, no puedo imaginar mi vida sin la oración. No sé cómo hay personas capaces de sobrevivir en nuestro mundo ruidoso, loco y ocupado sin el santuario de la oración que renueva y refresca. Hay muchas razones para rezar y muchas formas de hacerlo—lo crítico aquí es que hagamos un esfuerzo para crear un hábito diario de oración en nuestra vida.

• El Pensamiento Determina la Acción •

Contemplar es meditar algo profundamente. Como cristianos, estamos llamados a pensar a un nivel más profundo y a vivir a un nivel más profundo. La oración diaria hace esto posible. Es en nuestra oración donde nos movemos más allá de los pensamientos efímeros de la vida y empezamos a llevar una vida de contemplación significativa.

La contemplación no es solo para frailes y monjas. En realidad, todos llevamos vida de contemplación, solo que pasamos nuestra vida contemplando distintas cosas. ¿Qué es lo que *tú* contemplas?, ¿acaso las riquezas del mundo?, ¿o quizá todas las mujeres que se te cruzan en la calle?, ¿reflexionas acerca del último grito de la moda?, ¿los chismes locales?, ¿o contemplas las maravillas de Dios, la gloria de su creación y las dichas de la vida espiritual?

No es necesario recluirse en un monasterio para vivir una vida de contemplación. Todos somos contemplativos porque estamos pensando todo el tiempo y aquello que tú contemplas jugará un papel muy importante en la vida que llevas.

La razón por la que la oración y la contemplación son parte integral de la vida cristiana es porque el pensamiento determina la acción. Si mandas tus pensamientos hacia una dirección, tus acciones seguirán a tus pensamientos. El pensamiento determina la acción, por lo tanto, las acciones de tu vida son función de tus pensamientos más dominantes.

Imagina por un momento que eres un jugador de baloncesto. Es el séptimo juego de la final de temporada de la NBA. Queda un segundo en el reloj. El marcador está empatado. Te acaban de cometer una falta y tienes un lanzamiento desde la línea de tiros libres.

Durante el tiempo transcurrido desde que la falta fue cometida hasta que ejecutas el lanzamiento, todo se mueve en cámara lenta. Hay millones de personas mirándote, pero en realidad son solo tú y tus pensamientos. Durante esos momentos antes de lanzar, si te imaginas fallando el tiro, lo fallarás. Si te imaginas anotando el lanzamiento, lo harás pero ¿qué sucedería si, durante ese corto tiempo, tienes cuarenta y siete pensamientos de fallar el lanzamiento y solo trece pensamientos de anotarlo?, ¿qué sucedería en ese caso?, pues fallarás tu lanzamiento. ¿Por qué?, porque las acciones de tu vida son función de tu pensamiento más *dominante*.

Tomemos como ejemplo a los héroes del cristianismo, aquellos hombres y mujeres a quienes llamamos santos. Ellos han vivido en todas las épocas, en todos los lugares y en todas las culturas. Algunos de ellos fueron jóvenes y otros viejos. Algunos fueron ricos, otros pobres. Algunos fueron educados y otros no. Algunos tuvieron posiciones de poder y autoridad y otros no. Yo sostengo que no existe en la historia un grupo más diverso que los santos. No obstante, las personas que los conocieron de cerca coinciden de manera unánime sobre cada uno de ellos: los santos hicieron presente a Jesús en la vida de sus contemporáneos. ¿Qué dijeron sobre San Francisco de Asís? El hace presente a Jesús en nuestra vida. Dijeron lo mismo sobre Santa Teresa de Lisieux, San Ignacio de Loyola, Santa Catalina de Sienna y Santo Domingo. ¿Qué dijeron acerca de la Madre Teresa y Juan Pablo II? Hicieron presente a

Jesús para nosotros en nuestro propio tiempo y lugar.

Durante dos mil años tanto hombres como mujeres han venido diciendo lo mismo acerca de todos y cada uno de los santos. ¿Por qué? Porque los santos destinaron su vida post-conversión a meditar la vida y enseñanzas de Jesucristo—el Evangelio—y sencillamente se convirtió en aquello que ocupó sus mentes. El pensamiento humano es creativo. Lo que pensamos se hace realidad.

Algunos santos se convirtieron de otras religiones; la conversión de otros, se produjo luego de vivir vidas increíblemente desordenadas, pero para la mayoría, la conversión consistió en aceptar la voluntad de Dios para sus vidas. ¿Estás listo para empezar tu vida post-conversión?

Cuando estuve en la secundaria, asistí a un retiro. En esa época, no estaba muy interesado en las cosas de naturaleza espiritual pero aun así, recuerdo vagamente que el tema del retiro era colocar a Cristo en el centro de nuestra vida. Durante tres días muchos conferencistas nos hablaron acerca de cómo vivir una vida «Cristo-céntrica».

Desde entonces, he descubierto que esta no es solo una frase o idea bonita, sino que es, de hecho, el núcleo de nuestra espiritualidad católica. El centrar nuestra vida y la historia de la humanidad en Cristo no es un descubrimiento menor, tampoco una simple idea; es una idea que ha sido probada y ensayada y cuyos resultados son sorprendentes e inspiradores.

Si quiero ser honesto conmigo mismo, a pesar de mi profundo deseo por mantener a Cristo en el centro de mi vida tengo que esforzarme a través de una lucha constante por no dejarme distraer por todos los deseos conflictivos de mi corazón y todas las cosas de este mundo que me alejan de Dios y de la-mejor-versión-de-mí-mismo.

Mis pensamientos siempre se distraen antes que mis acciones. Los pensamientos determinan las acciones y en poco tiempo, estarás viviendo aquello que ya vislumbraste en tu mente. El pensamiento humano es creativo. Lo que piensas se hace realidad. Lo que permites que ocupe tu mente, forma la realidad de tu vida. Bueno o malo, casi todo sucede en tu pensamiento antes que en el tiempo y en el espacio. Ciertamente que hay accidentes y cosas fuera de nuestro control. En estos casos, podemos solamente controlar nuestra respuesta ante estas circunstancias inesperadas. Si puedes controlar lo que sucede en tu mente tendrás una masiva influencia sobre lo que sucede en tu vida y controlarás completamente tu forma de responder ante las cosas que te sucedan en la vida.

Entonces, ¿qué es lo que hay en tus pensamientos? ¿En qué piensas todo el día? ¿En qué piensas mientras conduces tu carro hacia y desde tu trabajo todos los días? ¿En qué piensas mientras esperas en la fila para pagar en el supermercado?

Cualquier cosa que atrape tu atención mental, crecerá en tu vida. Si piensas en dinero, tendrás más dinero. Si colocas tu atención sobre cuánto te aman (o no te aman), tendrás más (o menos) amor en tu vida. Si fijas tu pensamiento en la virtud, tendrás más virtud y si colocas tu atención mental en la vida y las enseñanzas de Jesucristo, Él crecerá en ti (cf. Juan 3, 30).

San Pablo, nos da este consejo: «Todo cuanto hay de verdadero, de noble, de justo, de puro, de amable, de honorable, todo cuanto sea virtud o valor, ténganlo presente». (Filipenses 4, 8). Yo pienso que mientras Pablo probablemente se refería a muchas cosas de este y del otro mundo, su descripción de las cosas que debemos tener presentes es al mismo tiempo una descripción del Evangelio y una invitación a reflexionar sobre Cristo y sus enseñanzas.

Anteriormente habíamos dicho que la diferencia entre los santos y aquellos que han sido menos exitosos en vivir una vida cristiana radica en que los santos fijaron su objetivo central en hacer la voluntad de Dios y que tuvieron mejores hábitos. Uno de estos hábitos fundamentales es aquello que llamamos contemplación. Permitimos con excesiva frecuencia que nuestros pensamientos se distraigan. Dios nos invita a enfocar nuestro pensamiento y a la disciplina de la oración diaria; nos enseña cómo dirigir esos pensamientos hacia las cosas superiores.

Conforme vas cambiando de una actividad a otra durante tu día, pon atención en lo que piensas y cómo te sientes ante distintos pensamientos. Pon atención a aquellos pensamientos que te empujan a amar más a Dios y a los que te rodean y a aquellos que no. Cuando te des cuenta que tu mente está ocupada en pensamientos negativos, autodestructivos, llevados por el chisme, voltea la mente en otra dirección.

No se puede obtener un roble de una semilla de manzana. No se puede obtener una buena vida con malos pensamientos. Ciertos pensamientos dan paso a ciertas acciones. Con el pasar de cada día, Dios te invita a cambiar, a crecer y a convertirte en la-mejor-versión-de-ti-mismo. Dios te ama tal como eres, pero te ama demasiado como para dejar que te quedes estancado.

• La Habitación del Silencio •

Si te pidiera que hagas una búsqueda de algunos candidatos apropiados para ser líderes y profetas en el mundo moderno, ¿en dónde buscarías? Probablemente no empezarías tu búsqueda entre pastores. He encontrado el interesante hecho de que el oficio de la mayoría de profetas y líderes del Antiguo Testamento era el de pastoreo. ¿Por qué crees que Dios llamó a tantos pastores para ocupar posiciones de autoridad e influencia? ¿Qué los hacía excepcionalmente aptos?

Me parece que estos pastores pasaban largas horas en silencio y soledad. Día tras día se sumergían en el templo cósmico de Dios. Esto producía en ellos un entendimiento único de la naturaleza y de la creación, haciéndolos dignos herederos de la tierra y todo lo que hay en ella. Pero estas largas horas transcurridas en la habitación del silencio también proporcionaban mucho tiempo para pensar, reflexionar y contemplar. Más importante aún, el silencio y soledad les daban más oportunidad que a otros para escuchar la voz de Dios en su vida.

Cuando leemos la Biblia, pareciera que la introducción más común de cualquier oración es «Dios dijo». «Dios dijo a Adán . . .», «Dios dijo a Noé . . .», «Dios dijo a Abraham . . .», «Dios dijo a Moisés . . .» y así sucesivamente. A lo largo de la historia de la relación entre Dios y la humanidad, Él se ha comunicado constantemente con nosotros. Estoy convencido de que hoy en día, no es que Dios haya dejado de hablarnos, sino que nosotros hemos dejado de escucharlo. Dios se puede comunicar con cualquiera, de cualquier forma y a cualquier hora pero creo que su vía preferida sigue siendo en la soledad y el silencio. Dios habla en el silencio. O tal vez es solo que en el silencio, lejos del ajetreo y del bullicio de todos los días, somos capaces de escucharlo.

Si llegara a los cien años, escribiendo durante toda mi vida, no podría explicar cuán importante es el silencio como ingrediente de la vida espiritual. En mi libro *Un Llamado a la Alegría*, escribí, «Puedes aprender más en una hora de silencio que en un año de libros». En *Semillas de Mostaza* escribí, «Es en la habitación del silencio donde Dios otorga su sabiduría a hombres y mujeres»

Voy a prometerte dos cosas: en el silencio encontrarás a Dios y en el silencio te encontrarás a ti. Estos serán tus dos grandes descubrimientos en la vida. Pero estos descubrimientos no serán momentos de repentina revelación; serán graduales. Descubrirás un poco cada vez, algo así como un rompecabezas siendo armado. No puedo imaginarme lo desdichada que sería la vida sin la aventura de descubrir a Dios y a uno mismo. Es este proceso de descubrir lo que nos permite encontrar sentido a la vida.

En el silencio las cosas comienzan a tener sentido. Pensemos en este ejemplo: durante un viaje te pierdes en el camino. ¿Qué es lo que haces?, ¿acaso les pides a los que viajan contigo que suban el volumen de la música? No. Les pides que guarden silencio y apagas la radio. ¿Por qué? porque las cosas empiezan a tener sentido en el silencio.

Ahora, si aplicamos esto a nosotros, todos estamos tratando de encontrar sentido a nuestra vida. Constantemente, tratamos de hallar sentido en cualquier circunstancia. De hecho, lo estás haciendo ahora mismo. ¿Cuál es tu circunstancia? ¿Te estás regalando el silencio necesario para que tenga sentido?

Nuestro mundo actual gira sin control y uno de los grandes responsables de este caos y confusión es el ruido. Nuestra vida está llena de ruido. Nos asusta el silencio.

Durante la década de los 40's, C. S. Lewis escribió una serie de cartas que aparecieron publicadas en un diario londinense llamado *The Guardian*. Se trataba de un cómico e inteligente intercambio de correspondencia entre un viejo demonio, Escrutopo y su aprendiz, su sobrino Orugario. Las treinta y un cartas fueron publicadas en un libro titulado «*Las Cartas del Diablo a su Sobrino*». En las cartas, Escrutopo aconseja a Orugario acerca del procedimiento para lograr alejar un alma de Dios y ganarla para el Diablo. En un punto, Orugario trata de inventar todo tipo de formas exóticas para tentar al hombre que ha sido asignado a él y Escrutopo lo reprende, explicándole los métodos que se han utilizado durante mucho tiempo. Uno de los cuales, es crear tanto ruido que los hombres y mujeres no puedan escuchar la voz de Dios en sus vidas. En una carta, el viejo demonio Escrutopo anuncia, «Al final haremos del universo un ruido eterno». ¿Eres capaz de escuchar la voz de Dios en tu vida?

Pienso que los escritos de C. S. Lewis tenían una visión profética cuando fueron publicados hace más de sesenta años. Hoy en día, nos despertamos con alarmas de radio, escuchamos la radio mientras nos duchamos y vemos televisión mientras desayunamos. Escuchamos la radio en el auto mientras conducimos al trabajo o a la escuela, escuchamos música todo el día en los aparatos de audio, al ponernos en espera escuchamos música. Tenemos *Game Boys*, localizadores, teléfonos celulares, walkmans, discmans, reproductores portátiles de DVD, *iPods,* e *iPhones.* Muchos hogares tienen varios televisores y estos permanecen encendidos incluso cuando nadie los está viendo. Tenemos tanto ruido alrededor que ni siquiera nos escuchamos mientras pensamos.

¿Cómo piensas meditar sobre quién eres y para qué has venido al mundo en medio de todo ese ruido? La verdad es que no podrás. Hasta que no te deshagas de todos los ruidos de tu vida y del mundo durante al menos unos minutos cada día, no serás más que otro eslabón de la cadena económica, consumidora y consumida.

Nuestro mundo ha sido invadido por el ruido y como resultado ya no podemos escuchar la voz de Dios en nuestro interior. Es momento de entrar en la habitación del silencio.

• Primeros Pasos •

Fue mientras estaba en secundaria cuando comenzó mi compromiso hacia la oración diaria. Todo iba muy bien en la escuela—tenía un grupo de amigos muy bueno, una novia maravillosa y un buen trabajo de medio tiempo. En el exterior todo parecía estar caminando adecuadamente, pero una creciente intranquilidad germinaba en mi interior.

Mi corazón estaba inquieto. Sentía que algo faltaba en mi vida. Sabía que algo andaba mal. Pero no podía identificar qué era. Sentía que debía haber algo más en la vida, peo no sabía qué o dónde buscarlo. Traté de ignorar estos sentimientos, pero la incesante intranquilidad persistía.

Algunas semanas después, me topé con un amigo de la familia y me preguntó cómo me iba en la escuela. «Bien», repliqué. Él es médico y sabe cómo plantear las preguntas adecuadas así que al cabo de unos cinco o diez minutos logró averiguar sutilmente el estado de distintas áreas de mi vida. Cada pregunta y cada respuesta nos acercaban a un diagnóstico. Hizo una pausa breve y mirándome profundamente a los ojos me dijo, «Matthew, ¿tú no eres feliz del todo verdad?».

Él lo sabía y yo lo sabía, pero tenía vergüenza de admitirlo al comienzo. Pero nuestra vida parece llenarse de gracia en momentos inesperados y comencé a contarle sobre el vacío e intranquilidad que estaba viviendo. Luego de escucharme cuidadosamente me sugirió que pasara diez minutos por la Iglesia todos los días en mi camino a la escuela.

Lo escuché, reí, asentí cortésmente, e inmediatamente rechacé la idea pensando que se trataba de algún fanático religioso. Mientras él me explicaba su sugerencia y cómo esta transformaría mi vida, me preguntaba en mi interior, *¿Cómo van a ayudarme diez minutos de oración todos los días?* Antes de que terminara de hablar, había resuelto ignorar por completo todo lo que me estaba diciendo.

Durante las siguientes semanas, me concentré en mis estudios, en mi trabajo y en mis aspiraciones deportivas de forma más intensa que antes. Ya había hecho esto antes en mi vida para aplacar mi intranquilo corazón pero los logros en estas áreas ya no proporcionaban la satisfacción que alguna vez me dieron.

Una mañana, como seis semanas después, el vacío se había vuelto tan profundo que decidí entrar a la iglesia en mi camino a la escuela. Me escabullí silenciosamente hacia adentro, me senté en la parte de atrás y comencé a planear mi día. El simple hecho de hacer esto levantó las nubes de apuro y confusión. Por primera vez en mi vida probé una pizca de este tónico maravilloso llamado paz—y me gustó.

Volví al siguiente día y los subsiguientes. Cada mañana me sentaba en la parte de atrás de la iglesia y revisaba los eventos del día en mi mente. Con el pasar de cada día, un sentido de paz, propósito y dirección comenzó a llenarme.

Un día, estando sentado ahí, se me ocurrió que «planear mi día» no era verdadera oración. Así que comencé a orar: *Dios, quiero esto... y necesito esto... y podrías hacer esto por mí... y ayúdame con esto... y permite que esto suceda... y por favor, no permitas que aquello suceda..*

Fue así como lo hice las siguientes semanas. Cada mañana, pasaba por la iglesia, me sentaba en el fondo, planeaba mi día y le decía a Dios lo que quería. Durante un tiempo, este fue el fondo de mi vida espiritual. Un día, tuve un problema. Esa mañana llegué a la iglesia, llevando conmigo una sencilla oración en mi corazón, alcé la mirada al sagrario y empecé a explicar, «*Dios, tengo este problema... La situación es... Con estas circunstancias..*». Entonces, tropecé con la pregunta que cambiaría mi vida para siempre: «*Dios, ¿qué crees que debería hacer?*»

Mi vida empezó a cambiar con esta pregunta. Al hacerla, se marcó un nuevo comienzo en mi vida. Hasta entonces, mi oración se había limitado a «*Escucha Dios, que tu siervo te está hablando*». Pero en ese momento de oración espontánea, el Espíritu que a todos nos guía me hizo orar a Dios diciendo, «*Habla Señor, que tu siervo te está escuchando*». Fue probablemente la primera ocasión en mi vida en que elevé una oración sencilla y humilde. Antes de ese día, había estado interesado en dejar saber a Dios cuál era *mi* voluntad. Ahora, por primera vez, estaba pidiendo a Dios que me revelara la suya.

¿Dios, qué crees que debería hacer? Llamo a esta la Gran Pregunta. Es la

pregunta que cambió mi vida para siempre y la pregunta que continúa transformándola diariamente cuando tengo la valentía de hacerla.

Esta pregunta debería ser un tema constante en nuestra vida espiritual. Siempre que la observemos, seremos felices sin importar las realidades externas, porque tendremos paz y satisfacción en nuestro interior. Se trata de la paz que proviene de saber que aquello que somos y aquello que hacemos tiene sentido sin importar el resultado y sin importar la opinión de los demás. Esta paz proviene de estar conscientes de que la única opinión que realmente importa es la de Dios.

Diariamente tomamos decenas de decisiones, algunas grandes y otras pequeñas. ¿Cuándo fue la última vez que involucraste a Dios en las decisiones de tu vida?

Cada día *procuro* que Dios desempeñe un papel en mi toma de decisiones, pero frecuentemente me distraen los encantos del mundo. A veces sencillamente olvido preguntarle. Otras veces bloqueo su voz porque quiero hacer algo que sé que él no desea que haga. Otras veces, creo tontamente que conozco un atajo hacia la felicidad. De una u otra forma, estas decisiones siempre me han llevado a sentirme infeliz.

Solo hay una pregunta y una dirección de nuestras acciones que llevan hacia la felicidad en este mundo cambiante: *¿Dios, qué crees que debería hacer?* Pensar que podemos encontrar la felicidad sin hacer esta pregunta es una de las mayores desilusiones.

San Ignacio se hizo esta pregunta. San Francisco se hizo esta pregunta. San Benito se hizo esta pregunta. Santo Domingo se hizo esta pregunta. Santa Juana de Arco se hizo esta pregunta. Santa Teresa se hizo esta pregunta. ¿Acaso tú te harás esta pregunta? Necesitamos santos hoy en día. Estos hombres y mujeres comenzaron haciéndose una sencilla pregunta: *¿Dios, qué crees que debería hacer?* Y como consecuencia de hacerse esta pregunta constantemente, ellos se convirtieron en gigantes espirituales de su época. Esta época también necesita tener sus propios gigantes espirituales.

A veces cuando hablamos de los santos, cometemos el error de pensar que fueron distintos a nosotros. Pues no es así. Ser santo es decidir para Dios y con Dios. Tú y yo tomamos decisiones todos los días, algunas grandes y la mayoría pequeñas. Pero ¿cuándo fue la última vez que te sentaste junto al Divino Arquitecto y le dijiste, *Dios, qué crees que debería hacer respecto a esta situación con mi cónyuge?* ¿Cuándo fue la última vez que te sentaste junto al Divino Navegante y le preguntaste, *Dios, qué crees que debería hacer respecto a esta situación en mi trabajo?* Cuando tus hijos se te acercan hablándote sobre lo que quieren hacer de sus vida, ¿les preguntas simplemente qué quieren hacer? ¿O les preguntas que sienten que Dios los llama a hacer?

He conocido gente feliz y he conocido gente muy desdichada y puedo asegurar sin lugar a dudas que la diferencia entre las personas verdaderamente felices de este mundo y las personas desdichadas es una sola cosa: el sentido de misión.

Las personas apasionadas, tenaces y entusiastas por la vida tienen un sentido de misión. No están viviendo solamente por la búsqueda egoísta de placer o posesiones. Están viviendo una misión y a través de esa misión, hacen la diferencia en la vida de otros.

¿Cuál es tu misión? ¿Cómo la descubrirás? Tal vez, el primer descubrimiento que hagas sea ver que no escoges sino que se te asigna una misión.

«Muchos hombres viven vidas de silenciosa desilusión». Si no te formulas la gran pregunta, no descubrirás tu misión y tarde o temprano serás uno de entre las masas de Thoreau que caminan hacia esa ansiedad. Tú no planeas vivir una vida de silenciosa desilusión; nadie lo hace. Simplemente una mañana abrirás los ojos y te preguntarás cómo fue que llegaste ahí.

Si te encuentras viviendo una vida de silenciosa desilusión, no tienes por qué permanecer ahí. Simplemente empieza por hacerte la gran pregunta. *¿Dios, qué piensas que debería hacer?* Haz la misma pregunta en distintos momentos del día. En tu oración diaria. Haz de esta pregunta una constante en tu diálogo interno y te prometo que tu vida empezará a cambiar.

La vida es vocacional, esto quiere decir que se trata de buscar, descubrir y vivir tu misión; tu vocación. Se habla mucho sobre la vocación, pero sospecho que el promedio de las personas no saben su verdadero significado. Con la actual falta de vocaciones hacia el sacerdocio, nuestras discusiones sobre las vocaciones tienden a centrarse en relación al sacerdocio. Reconocemos que el matrimonio, la vida religiosa y la vida de los solteros laicos comprometidos también son vocaciones, pero nuestra educación, nuestras discusiones y nuestras plegarias por las vocaciones tienden a estar enfocadas casi exclusivamente en nuestra necesidad de sacerdotes. Todo esto deja a muchos pensando que algunos tienen una vocación y otros no.

La idea de una vocación en general no tiene ninguna relación con el sacerdocio. La vocación es acerca de encontrar aquello para lo cual una persona está más capacitada. Se trata de encontrar la misión de uno en la vida, descubriendo aquello que Dios quiso que fueras cuando te creó y las tareas que ha creado para ti durante tu vida en este mundo. Todos tienen una vocación y encontrarla verdaderamente será el evento que traiga la mayor felicidad a tu vida, más que ninguna otra cosa. Por lo tanto, la vida es un asunto de vocación: consiste en buscar y encontrar aquello para lo cual Dios te ha creado—y luego, hacerlo. A través de este proceso, Dios te transformará en la-mejor-versión-de-ti-mismo y transformará al mundo en el lugar que él soñó.

Unas personas están mejor preparadas para el matrimonio, otras para el sacerdocio, otras para la vida consagrada y otros para ser solteros. Estas vocaciones nos son familiares, pero cada una es diferente. Algunos sacerdotes trabajan en parroquias y otros en universidades. Hay miles de formas de vivir la vocación al sacerdocio. Lo mismo se aplica para el matrimonio, la vida consagrada y la vida de soltero.

Cada uno de nosotros ha sido creado por una razón. Lo importante es que recuerdes que tú tienes una vocación. Todos la tenemos y desccubrirla es de vital importancia para nuestra experiencia de vida, porque la vida es vocacional. Por eso, cuando hablemos, enseñemos, u oremos sobre las vocaciones, deberíamos personalizarlas para cada individuo. La vocación es profundamente personal.

En los capítulos iniciales de este libro, me referí a nuestro intenso deseo de felicidad y a las distintas maneras que tenemos para responder a ese deseo. Al final, pareciera que todo nos llevara al punto en que debemos decidir cuánto tiempo queremos ser felices. Si estás dispuesto a cambiar felicidad por momentos de placer, sospecho que el sexo, las drogas, la comida, el alcohol y el juego serán lo tuyo. Pero yo quiero algo más allá de esto. ¿Por cuánto tiempo quieres ser feliz? Si quieres ser feliz solo por una hora, toma una siesta. Si quieres ser feliz por un día, vete de compras. Si quieres ser feliz por un fin de semana, sal a pescar. Si quieres ser feliz por un mes, toma unas vacaciones por Australia. Si quieres ser feliz por un año, hereda una fortuna. Si quieres ser feliz por una década, encuentra una forma de influir positivamente en la vida de los demás, pero si quieres ser feliz para toda tu vida y más allá, busca la voluntad de Dios para ti. No te ofusques. Búscala día a día, momento a momento, en cada decisión.

Algunos meses después de haber empezado a visitar mi iglesia por diez minutos todas las mañanas, un anciano muy sabio me dijo, «Si eres infeliz, piensa en tu interior, "Algo debe estar interponiéndose entre Dios y yo". Rara vez te equivocarás».

Años después, viajando en un avión casi todos los días, desarrollé el hábito de escribir un pequeño pasaje diario. Luego, usaba este pasaje para guiar mis pensamientos, acciones y reflexiones de ese día. Estos pasajes se publicarían luego con el nombre de *«Semillas de Mostaza»*. El siguiente es uno de mis favoritos: «El solo hecho de saber que estás cumpliendo la voluntad de Dios, es suficiente para sostener tu felicidad. Si no tienes esto, ni todas las posesiones del mundo serán capaces de sostener la felicidad en las profundidades de tu corazón».

La voluntad de Dios es misteriosa. He aprendido en mi viaje espiritual que él nos la revela paso a paso. Esto causa en nosotros una gran incertidumbre que no nos gusta. Queremos saber hacia dónde vamos y cuándo llegaremos. En estos tiempos modernos queremos controlar todos los elementos para tener seguridad y estabilidad. Si tan solo aprendiéramos a disfrutar de la incertidumbre. La incertidumbre es un signo de que todo está bien. Dios es tu amigo; Él se hará cargo de los detalles.

Nuestra vida cambia si nuestros hábitos cambian. Mi vida cambió cuando, animado por un amigo, empecé a orar diez minutos diariamente. En aquellos momentos de silenciosa reflexión, tropecé con la gran pregunta: *¿Dios, qué crees que debo hacer?*

Durante años, he viajado por el mundo hablando para diversos grupos de personas. No recuerdo una sola ocasión en la que no haya invitado a los que me escuchan a entrar diez minutos en la habitación del silencio para orar y reflexionar diariamente. Con el pasar de los años, millones de personas han asistido a mis charlas, seminarios y retiros y a veces, no puedo evitar preguntarme cuántos de ellos habrán adquirido el hábito de destinar diez minutos diarios para orar. Con frecuencia, las personas desechan el mensaje por considerarlo muy simple. Pues son precisamente las cosas simples aquellas que tienen el gran potencial de transformar nuestra vida. He experimentado el poder de la sencillez en mi propia vida y te invito a hacer lo mismo.

Ahora es tu turno. Antes de acostarte esta noche, toma un pequeño papelito y escribe estas cuatro palabras en él: DIEZ MINUTOS AL DÍA. Pégalo en el espejo de tu baño, donde te cepillas los dientes. Mañana, cuando te estés aseando, escoge una hora de tu día para entrar en la habitación del silencio a orar junto a tu Dios. De ser posible, procura que sea en tu parroquia. Probablemente esté silenciosa y vacía la mayor parte del día. Sé que se puede orar en cualquier sitio, pero hay algo místico y poderoso acerca de la presencia de Dios en la iglesia.

Te desafío a hacer de la oración diaria una prioridad en tu vida y a hacerla indispensable en tu horario habitual. Entra en la habitación del silencio. Siéntate junto al Divino Arquitecto y diseñen juntos algo maravilloso. Viaja junto al Divino Navegante y tracen una ruta hacia territorios inexplorados. Siéntate junto a Dios y sueña un sueño.

Diez minutos diarios. Si te sientes confundido, enojado, cansado, frustrado, feliz, emocionado, agradecido... acude al silencio. Pega un papel en el espejo de tu baño. DIEZ MINUTOS AL DÍA y cada día, mientras te cepillas tus dientes pregúntate, « ¿Dónde entraré diez minutos en la habitación del silencio hoy?» No te dejes engañar por la sencillez del mensaje. Te sorprenderá cuánto pueden cambiar tu vida diez minutos diarios de silencio en una iglesia.

Con el tiempo, puede ser que decidas pasar más de diez minutos cada día. ¡Extraordinario! Habrá ocasiones en que te sientes junto al Señor por una o dos horas; es maravilloso tener, de vez en cuando, un momento de despreocupada intemporalidad junto a él, pero sin importar cuán ocupado estés un día, defiende y celebra tus diez minutos diarios.

Sería útil si nuestras almas rugieran cuando tienen hambre, como lo hace el estómago, pero no es así. Tu alma inmortal es la posesión más valiosa que tienes—aliméntala, nútrela, celébrala. Los santos descubrieron cuánto valor tiene el alma inmortal y por eso establecieron como prioridad nutrir y alimentar las suyas. Espero que algún día cercano tú también te des cuenta de esto, no solo tu mente, sino en lo más profundo de tu corazón y espero que, habiendo llegado a este descubrimiento, empieces a alimentar y nutrir tu alma. Sólo entonces serás capaz de prosperar verdaderamente.

Diez minutos diarios. Empieza ahora. El comienzo de todo es lo más difícil; arrancar es la parte complicada. Acéptalo para que no te desanimes. El transbordador espacial utiliza el noventa y seis por ciento de su combustible para el despegue; pero luego, literalmente flota en el espacio y de vuelta a tierra. Es hora de comenzar.

• ¿Debo ir a la Iglesia para Rezar? •

Espero que en las páginas anteriores haya logrado convencerte de empezar (o retomar) la disciplina de la oración diaria—no solo cuando sientas que lo necesitas, o cuando es conveniente, sino todos los días. La siguiente pregunta a considerar sería ¿dónde deberíamos rezar?

Siempre que cuento la historia de cómo empecé a tomarme diez minutos diarios en la iglesia, me hacen la siguiente pregunta: ¿Tengo que ir a la iglesia para rezar? La respuesta corta es no. Puedes rezar en cualquier lugar y la oración espontánea debería ser algo que te acompañe donde quiera que vayas. Podemos rezar mientras conducimos al trabajo, mientras hacemos ejercicios, mientras estamos de compras o mientras nos cepillamos los dientes, en el momento en que nos enteramos que un amigo está enfermo, o al ver pasar una ambulancia en la calle. La oración debería surgir en cada evento de nuestra vida. Pero también necesitamos un momento diario de oración atenta, un momento apartados de todo lo demás, en que prestemos nuestra atención irrestricta a Dios. ¿Debemos tomarnos este tiempo en una iglesia? La respuesta corta es no. Pero permítanme formularles otra pregunta ¿Cuál es el mejor lugar para hacer tu oración diaria?

Hay muchos días en los cuales no acudo a la iglesia para hacer oración, pero siempre anhelo hacerlo. Cuando puedo llegar a la iglesia para mi oración diaria, esta parece ser más directa y fructífera. He buscado la respuesta a esta pregunta de forma profunda y prolongada y he llegado a dos conclusiones. La primera es una razón muy natural. La segunda, es la realidad espiritual más fascinante que nuestra fe nos ofrece.

La primera conclusión es que nuestras iglesias son silenciosas y diseñadas para el recogimiento. Se prestan fácilmente para la espiritualidad y proporcionan un espacio apartado. En las Escrituras, leemos una y otra vez que Jesús va a un lugar apartado y solitario. Él buscaba lugares apartados y silenciosos para poder orar. Si Jesús necesitó hacer esto, cuánto más lo necesito yo.

La segunda razón por la que creo que mi oración diaria parece ser más efectiva cuando puedo hacerla en una iglesia es sobrenatural. Yo creo que Jesucristo está presente en la Eucaristía y que su presencia es singular y poderosa en cualquier sagrario, en cualquier iglesia Católica del mundo. Creo que su presencia hace la diferencia. ¿Y cómo no la haría?

Hay muchos que no creen que Jesús esté en la Eucaristía. El Evangelio según San Juan dice, «Yo soy el pan vivo... el que come este pan vivirá para siempre» (Juan 6, 15). «Mientras no coman mi carne y no beban mi sangre no tendrán vida en ustedes» (Juan 6, 53). «El que come mi carne y bebe mi sangre permanece en mí y yo en él» (Juan 6, 56). Muchos de los discípulos de Jesús, se alejaron de él por estas palabras, tal como hoy, muchos de sus discípulos han dejado la Iglesia debido a nuestra creencia de que él está presente en la Eucaristía. En el Evangelio, después que Jesús habla de esto, leemos «Esta doctrina es inadmisible. ¿Quién puede aceptarla?» y «Desde aquel momento, muchos de sus discípulos se retiraron y ya no andaban con él» (Juan 6, 66).

Puedo entender cómo aquellos que no creen en la presencia verdadera de Cristo en la Eucaristía, minimizan el poder de la oración en la iglesia. Pero si crees que Jesús está presente, ¿cómo puedes pensar que la presencia de la Eucaristía no hace alguna diferencia?

Hace años, recibí una carta de un sacerdote que había trabajado como misionero laico en China antes de regresar a su tierra natal, Estados Unidos y ordenarse sacerdote. Me compartió muchas historias sobre la Iglesia en China, pero hay una que me impresionó mucho. Es una historia que he contado cientos de veces y siempre me siento honrado al hacerlo.

Muchos años después de convertirse en sacerdote, regresó a China de incógnito para una breve visita. Aún hoy hay sacerdotes y obispos encarcelados en China por rehusarse a permitir que el gobierno comunista controlara sus iglesias. Por eso, nadie en China sabía que era religioso.

En la madrugada de la segunda noche de su visita, lo despertaron unos ruidos de gente moviéndose alrededor de la casa. Se levantó un poco sobresaltado y se acercó a la puerta. Al abrirla, preguntó a uno de los hombres que vivían ahí qué estaba sucediendo.

Su hospedero chino contestó, «Nos vamos al muro».

Él replicó, «¿Qué es el muro?»

El hombre respondió, «Venga con nosotros y le mostraré».

Había más de veinte personas viviendo en la pequeña casa y aunque ninguno sabía que él era un sacerdote, sí sabían que podían confiar en él.

Insatisfecho con las respuestas que había recibido, bajó las escaleras y encontró a una de las mujeres que había conocido hace muchos años y le preguntó, «¿Qué está pasando? ¿A dónde van todos?»

Ella respondió delicadamente, «Nos vamos al muro».

Él insistió, «Sí, pero ¿qué es el muro?»

Ella replicó con la misma delicadeza, «Venga con nosotros y le mostraremos».

Se vistió y se unió a los demás que salían presurosos en medio de la noche. Caminaron varios kilómetros y en el camino se les unían otros grupos. Al final, todos juntos sumaban unos 120 hombres, mujeres y niños. Pronto, llegaron a un bosque y al adentrarse en él, notó que algunos hombres se trepaban a los árboles.

Algunos minutos después, llegaron a un claro en el bosque, en cuyo centro había un pequeño muro de algo más de un metro de alto que había quedado de un antiguo edificio abandonado. La mujer lo miró y le sonrió con todo el amor de su corazón y aunque él percibía una emoción increíble en ella, no sabía qué la causaba. Todos parecían emocionados, pero él estaba asustado.

Al levantar su mirada, notó que había un círculo de hombres trepados en los árboles rodeando el claro. Luego, mientras el grupo se acercaba al muro, cayeron de rodillas ante él.

Al poco rato, un hombre se levantó y caminó hacia el muro, entonces, estirando una mano, retiró un solo ladrillo del muro. Tras éste había una pequeña custodia con la Eucaristía en su interior. El grupo estuvo en oración ante el Santísimo Sacramento durante una hora, luego, el mismo hombre, se acercó al muro y colocó el ladrillo de vuelta en su sitio. Los hombres bajaron de sus puestos de guardia en los árboles y todos regresaron silenciosamente a casa.

Al siguiente día, el hombre contó a todos que era sacerdote y ellos le dijeron que no habían escuchado misa en diez años. El grupo iba una o dos veces por semana al muro en medio de la noche, arriesgando la vida, para estar una hora junto a Jesús presente en la Eucaristía.

La siguiente noche, el sacerdote ofició una misa en el muro y remplazó la hostia. Este fue uno de los momentos más importantes de su sacerdocio.

Creo que no estamos conscientes del poder de Dios presente entre nosotros en todos los sagrarios de las iglesias del mundo. Si este sacerdote hubiera sido descubierto esa noche, habría sido apresado y torturado y el resto del grupo habría sido apresado y muy probablemente ejecutado. Ellos lo sabían muy bien y sin embargo, estaban dispuestos a aceptar el riesgo.

Estar en silencio por un momento en una iglesia tiene un poder especial. Me gustaría invitarte a explorar esta experiencia. Con los años, he visitado muchas iglesias, pero pocas son aquellas a las que he regresado tiempo después. Cuando era pequeño en Sydney, mi familia y yo pertenecíamos a la Parroquia Santa Marta y ahí es donde empecé a destinar mis diez minutos diarios de oración. Siempre quiero ir a este lugar cuando estoy de visita en Sydney visitando a mi familia y amigos. Bajo el sagrario está la inscripción, «Señor mío, Dios mío» y esta sencilla frase tiene un profundo efecto en mí. En la actualidad, cuando estoy en mi hogar en Cincinnati, me gusta acudir a la capilla de un monasterio Franciscano no muy lejos de casa. Los frailes tienen sillas acomodadas alrededor del sagrario y me gusta sentarme ahí cerca y hablar con Jesús sobre lo que está sucediendo en mi vida.

La experiencia me ha enseñado una y otra vez que todas las respuestas están en el sagrario. Puedo acudir a mucha gente y preguntar qué piensan que debería hacer ante una situación dada, pero nada se compara con sentarse frente a Jesús en el sagrario y colocar mi pregunta ante él.

Más allá del poder del silencio en la vida de las personas y del poder de la presencia de Cristo en nuestros sagrarios, puedo dar fe también del poder del silencio y de su presencia en la comunidad. Hay un fenómeno resurgiendo en el mundo católico conocido como la Adoración Eucarística. Hay más y más parroquias que tienen capillas de adoración y muchas de ellas están abiertas veinticuatro horas al día. Para muchos podría considerarse anticuado y excesivamente devocional, pero en mi experiencia he notado que algunas comunidades cuyas parroquias hacen adoración Eucarística, son más vivaces. La gente está espiritualmente más enfocada, más involucrada, es más generosa con Dios y prospera.

¿Cuándo vamos a dejar de ignorar estas señales considerándolas meras coincidencias? Las capillas de adoración acercan a las personas hacia Dios, introduciéndolas en la vida espiritual y proporcionando aquello que la humanidad necesita tan desesperadamente en los tiempos actuales.

Puede ser muy difícil hallar un sitio callado en este mundo. Pero esta quietud es esencial para el crecimiento en el Espíritu. Tu alma necesita silencio, tal como tú necesitas aire para respirar y agua para beber. Ruego a Dios que mientras el ruido del mundo aumenta y se hace más constante, podamos seguir encontrando lugares apartados de manera que más personas puedan experimentar a Dios en el silencio que necesitan con tanta urgencia.

Mientras el hombre de hoy se llena cada vez más de ruido y trata de eliminar a Dios de más áreas de su vida, Dios nos invita al silencio y a estar en su presencia. Aquí, en la presencia de Dios, encontraremos descanso para nuestro desgastado corazón y nuestra mente maltrecha. En la gran habitación del silencio desarrollaremos corazones decididos y espíritus pacíficos. Si abres los oídos, escucharás a Jesús hablar con una claridad inequívoca: «Venid a mí todos los que estáis fatigados y sobrecargados y yo os daré descanso» (Mateo 11, 28).

Volviendo a la pregunta anterior, ¿tienes que orar en la iglesia? No, pero si puedes, ¿por qué no hacerlo? Me doy cuenta que para algunos es imposible. Están lejos de casa o viven en sitios rurales en los que la iglesia más cercana está a ochenta kilómetros de distancia. Pero para la mayoría de nosotros es asunto de convertirlo en una prioridad. ¿Es conveniente? Probablemente no. Pero no creo que hagamos algo más importante en el día que compartir unos pocos minutos con nuestro Señor. Nuestro compromiso diario hacia la oración merece ser una prioridad en nuestra vida, pero muy a menudo nos hallamos atrapados en todas las cosas urgentes. El problema con ello es que las cosas más importantes rara vez son urgentes. La oración nos permite ejercitar aquello que más importa y colocarlo en el centro de nuestra vida.

Lo único que les pido es esto: en la medida de lo posible, traten de practicar lo que he descrito aquí. Deténganse en su parroquia por diez minutos todos los días las siguientes dos semanas. Si pueden, háganlo a primera hora por la mañana. Estoy seguro que descubrirán que sus días serán más fructíferos y enfocados y se llenarán de una pasión revitalizante y de una dicha embriagante.

Acudan al silencio.

• Empieza Hoy •

Tal vez te preocupe pensar que no sabes cómo rezar. Es más simple de lo que supones. Entra en el silencio y en tu corazón, dile a Dios, «no sé cómo orar» y en ese momento ya estarás a orando. Solo háblale. Simplemente abre tu corazón a Él en delicado diálogo. Háblale como lo harías a un gran amigo, a un mentor, a un maestro.

Cuando te vayas luego de haber hecho tu oración diaria, continúa tu diálogo con Dios en tu corazón a lo largo del día. Comparte con él tus alegrías y decepciones, tus preguntas y dudas. Háblale acerca de todo.

Un gran ejemplo de esto es Tevye, de la película El Violinista en el Tejado. Él siempre está hablando con Dios sobre todo. Este diálogo constante es tal vez parte de lo que Pablo imaginó cuando escribió, «Recen constantemente» (1 Tesalonicenses 5, 17).

Empieza hoy con diez minutos. Más adelante podrás sentirte llamado a tomarte más tiempo. Si ese es el caso, te aliento a que lo hagas de forma gradual y consistente. Si vas a tomar diez minutos diarios, que sean diez minutos—no seis ni tampoco catorce.

También me gustaría animarte a mantener registro de los días que lo haces y los que no y cuánto tiempo destinas para orar cada día. En mi trabajo como consultor de negocios, he tenido el privilegio de trabajar con muchas compañías de la lista *Fortune* 500. Una de las mayores lecciones que he aprendido de las mejores empresas es que lo miden todo. Han desarrollado un método en que si algo no se mide no se puede cambiar. Esta lección me ha llevado a concluir que nosotros medimos muy poco en nuestra vida, en contraste con lo mucho que las compañías miden en sus negocios.

Como resultado he empezado a medir algunas cosas en mi vida. Empecé a medir diariamente el tiempo que destino para hacer oración, cuánto tiempo destino a ejercitarme y cuánto como. Escribo toda esta información en un papel durante de mi jornada y al final de cada semana hago un conteo general. Me han sorprendido los resultados sobre lo mucho que como y lo poco que hago ejercicio. También me sorprendió el poco tiempo que destino a la oración.

Por lo tanto, me gustaría animarte a que midas cuánto tiempo destinas a la oración cada semana. Visita DynamicCatholic.com para descargar una tarjeta que puede ser impresa y en la que se puede llevar el control del tiempo de oración cada semana. Te sorprenderá cómo el medir este tiempo te permite enfocarte y crecer en tu vida de oración. Puedes también visitar el sitio web para descubrir lo que pasó una ocasión en que toda una parroquia hizo este ejercicio.

• Adentrarse en las Profundidades •

Cuando mi alma está hambrienta, con frecuencia pienso en el pasaje del Evangelio según San Lucas. Simón y sus amigos habían estado pescando toda la noche sin haber atrapado nada. Jesús les dice, «Lleven la barca mar adentro y echen las redes para pescar» (Lucas 5, 4). Imagina lo que piensa Simón. Ha estado pescando toda la noche y no ha atrapado nada, aun cuando este es su oficio; y llega Jesús, quien no tiene ningún conocimiento o experiencia sobre pesca y le dice que eche las redes. Si estuvieron pescando toda la noche, con seguridad están cansados. Si no atraparon nada, con seguridad están frustrados y en este punto es importante anotar que adentrarse mar adentro y volver a echar las redes no es un ejercicio de cinco o diez minutos. Jesús les está pidiendo bastante.

Tal vez a esta hora de tu vida estás cansado y frustrado—con tu carrera, tu matrimonio, tus hijos, la sociedad, tu vida espiritual—pero Jesús está diciéndote, «Lleva la barca mar adentro y echa las redes para pescar».

Volviendo al pasaje, sabemos que Simón y sus amigos escucharon a Jesús e hicieron lo que él sugirió y pescaron tal cantidad de peces que las redes casi se rompían al punto que tuvieron que llamar a sus compañeros que estaban en la otra barca para que vinieran a ayudarles a recoger la pesca.

Dios nos desafía una y otra vez a abandonar nuestras dudas y temores y a llevar nuestra barca mar adentro en la vida espiritual y aunque nunca es conveniente, casi siempre es difícil y algunas veces bastante doloroso, si seguimos la sugerencia del Señor, siempre obtendremos una gran pesca. No te asustes de llevar tu barca mar adentro.

Al escribir este capítulo, me he acordado de una historia que pone en relieve el poder y el propósito de la oración diaria.

Había una vez, durante una hermosa tarde de verano, en un antiguo castillo ubicado en las colinas a las afueras de Londres, un banquete.

Más de seiscientos invitados habían viajado de todos los rincones del mundo para asistir a este espléndido acontecimiento. Había estrellas de cine y músicos, artistas y políticos, príncipes y princesas, diseñadores de moda y hermosas modelos, hombres y mujeres dueños de negocios del tamaño de pequeños países y un puñado de personas sin influencia particular que se habían ganado la estima del anfitrión a lo largo de los años.

El festejo se iba a hacer no con música, ni discursos, ni bailes, sino con la presentación de un famoso actor «Shakesperiano».

El castillo estaba radiante, adornado con una primavera entera de flores e iluminado cuidadosamente con miles de velas. Los invitados disfrutaron de una lujosa comida y de una maravillosa selección con los mejores vinos que el mundo podía ofrecer.

Cuando terminaron la cena, antes de que se sirviera el postre, el anfitrión se levantó de su silla y les dio la bienvenida. Luego explicó, «Esta tarde, en vez de música, discursos y bailes, he invitado al más célebre artista "Shakesperiano" de Inglaterra para que nos brinde su actuación». Las personas aplaudieron entusiastamente y el actor se levantó y acercándose al centro del salón empezó a hablar.

Habló con potencia y elocuencia. Durante treinta y cinco minutos se movió por todo el salón, recitando con brillantez famosos pasajes de los escritos de William Shakespeare.

« ¡Oh! ¡Soy el juguete de la fortuna! . . .»

«Ser o no ser—he ahí la cuestión.
¿Qué es más noble?
¿Permanecer impasible ante los avatares de una fortuna adversa o afrontar los peligros de un turbulento mar? . . . »

« ¿He de compararte con un día de verano?
Tú eres más hermoso y más templado...»

«Ni prestes ni tomes dinero prestado:
Si prestas a un amigo, perderás dinero y amistad;
y si tomas prestado, pronto te arruinarás.
Pero por encima de todo, nunca te mientas a ti mismo;
pues de esto se sigue, como la noche al día,
que no engañarás a nadie».

Tras una breve pausa, el público rompió en estruendosos aplausos, cuyo eco retumbó por todo el castillo llegando incluso a los jardines iluminados por la luz de la luna.

«Es el nombre que llevas mi enemigo: Tú eres tú mismo...
¿Qué hay en un nombre?
La rosa no dejaría de ser rosa ni de esparcir su aroma
aunque se llamase de otro modo;
de igual suerte mi querido Romeo, aunque tuviese otro nombre
conservaría todas las cualidades de su alma . . .»

«Si en algo estas sombras les hemos ofendido,
es que solo se durmieron y visiones les vinieron . . .»

Con este, el epílogo de «*Sueño de Una Noche de Verano*», el actor hizo una reverencia anunciando que había terminado. Los invitados aplaudieron y ovacionaron pidiendo más. El actor se levantó una vez más para complacer a su ansioso público. «Si alguien tiene un pasaje favorito de Shakespeare y lo conozco, estaré encantado de recitarlo», dijo.

Varias personas levantaron su mano espontáneamente. Un hombre pidió el soliloquio de *Macbeth*. Otro pidió la escena del balcón de *Romeo y*

Julieta y luego, una joven mujer pidió el *Soneto 14*. Uno a uno, el actor trajo a la vida estos pasajes—valiente, brillante, delicada y solícitamente, cada extracto era ligado a la perfección con su correspondiente emoción.

Entonces, un caballero viejo al final del salón levantó su mano y el actor lo señaló. Resulta que se trataba de un sacerdote. «Señor», dijo, levantándose de su asiento para poder ser escuchado, «Sé que no es Shakespeare, pero me preguntaba si nos podría recitar el Salmo Veintitrés».

El actor se detuvo mirando al suelo como si tratase de recordar algún evento lejano en el pasado, tal vez un pasaje de su niñez. Luego, sonrió y levantando la voz dijo, «Padre, me encantaría recitar el Salmo con una condición: que cuando termine, usted también recite el Salmo para nosotros esta noche».

El sacerdote estaba desconcertado. Dudó por un momento. Ahora estaba algo avergonzado y, mirando al suelo, jugueteaba con su servilleta. Pero realmente quería escuchar al actor recitar el Salmo. Finalmente, sonrió y accedió. «Muy bien».

El público aguardaba en silencio cuando el actor empezó con voz potente y elocuente. «El Señor es mi pastor, nada me faltará...»

Cuando terminó de recitar el Salmo, el público lo ovacionó de pie. Aplaudían y aclamaban como si nunca más quisieran detenerse y sus vítores, una vez más, resonaban por todo el castillo y al exterior, hacia la noche de verano.

Tras lo que parecieron varios minutos, los invitados finalmente se calmaron y retomaron sus asientos. Entonces, el actor miró hacia el lugar en el que el viejo cura estaba sentado y dijo, «Padre, es su turno».

Cuando el sacerdote se paró junto a su mesa, se escuchó un gran murmullo por todo el salón. Acomodándose en su lugar, el viejo cura bajó la mirada, colocó una mano sobre la mesa para equilibrarse y respiró hondo.

Una expresión de vivo recuerdo se dibujó en su rostro. Parecía que escapaba a otro lugar. Entonces, en una voz apacible y profundamente reflexiva, empezó.

«El Señor es mi pastor,

Nada me falta.

En verdes pastos me hace reposar.

Me conduce a fuentes tranquilas.

Ahí reparo mis fuerzas.

Me guía por cañadas seguras, haciendo honor a su nombre.

Aunque fuese por valle tenebroso, ningún mal temería.

Pues el Señor me acompaña.

Su vara y su cayado me sosiegan.

Me prepara un banquete a la vista de mis enemigos.

Perfuma con ungüento mi cabeza.

Mi copa reboza.

Bondad y amor me acompañarán todos los días de mi vida.

Y habitaré por siempre en la casa del Señor»

Una vez que el sacerdote terminó no se escuchó ni un sonido en el salón del banquete. Nadie aplaudió, nadie se movió y nadie habló. Un profundo silencio se apoderó del castillo. Las mujeres sollozaban. Los hombres se miraban boquiabiertos. Corrió una lágrima por la mejilla del anfitrión y mientras el viejo sacerdote tomaba delicadamente su asiento, todos los ojos presentes se fijaron sobre él.

Los invitados se mostraban asombrados y atónitos. El actor estaba perplejo. Se preguntaba por qué las suaves palabras de aquel hombre mayor habían llegado tan profundas al corazón de la gente. De pronto, como un rayo de luz sobre su cara, entendió todo.

Aprovechando el momento de silencio, el actor se levantó y dijo, «Amigos, ¿se dan cuenta lo que acaban de presenciar esta noche?». Todos lo contemplaron con una gran mirada de asombro. Sabían que habían presenciado algo profundo, pero no estaban seguros de su significado. El actor continuó, «¿Por qué la recitación del Salmo hecha por el padre fue mucho más poderosa que la mía? Opino que la diferencia radica en que yo conozco el Salmo, pero el padre… él conoce al Pastor».

Conoce al pastor. Deja de buscar un plan maestro para tu vida y tu felicidad. En vez de ello, busca el plan que el Maestro tiene para ti y tu felicidad. Permite que te guíe, que te dirija, que sea tu acompañante, tu amigo, tu preparador y tu mentor. Él te guiará hacia verdes praderas. El reparará tu alma y tu copa rebozará.

Capítulo Catorce

LA MISA

La misa es el centro de la tradición católica, no obstante hoy en día, pareciera que la idea general al respecto es que es la misa es aburrida. Nos hemos acostumbrado escuchar a los niños decir, «No quiero ir a la Iglesia, ¡la misa es aburrida!» Han venido diciéndolo por generaciones. La inquietante realidad es que cada día más y más adultos están diciendo lo mismo, « ¡la misa es aburrida!, ¡no es significativa para mi vida actual!, ¡no me proporciona nada!» Se trata de un problema multi-generacional, que necesita de nuestra urgente atención.

Mirando brevemente una iglesia cualquier domingo, encuentro un gran número de hombres, mujeres y niños desconectados. No hablo de personas distraídas momentáneamente, sino seriamente desconectadas durante toda la misa. Hemos venido hablando sobre este problema durante más tiempo de lo que llevo vivo. Algunos dicen que el problema con la misa es el comportamiento de los monaguillos, otros dicen que el problema con la misa son los ministros de la Palabra, o de la Eucaristía, o la falta de estacionamiento, o las homilías del sacerdote. Hemos tratado de hacer más atractiva a la misa cambiando una serie de cosas, agregando algunas, quitando otras, e involucrando a más y más gente, pero a pesar de todo esto, un creciente número de personas ha dejado de asistir a la misa regularmente y confiesa sentirse aburrido o profundamente desligado al escucharla.

En realidad, no hay ningún problema con la misa. Personas en todas las épocas y lugares la han considerado una pieza central y transformadora de su vida espiritual. No tiene nada que ver con la edad. Muchos, jóvenes y mayores la siguen considerando una experiencia que proporciona un estado de increíble tranquilidad y claridad espiritual. Yo soy uno de ellos. Por lo tanto, me rehúso a creer que la misa sea aburrida. No estoy dispuesto a aceptar que sea irrelevante para nuestra vida, aunque sí pienso que deberíamos considerar si nuestras vidas son irrelevantes para la misa. Reconozco que mucha gente, se aburre durante la misa. No tienen por qué mentir. Si no se aburrieran, estoy convencido que no dirían que lo están. La pregunta es: ¿Cómo logramos que pasen del aburrimiento a una experiencia más enriquecedora durante la misa?

La misa no es aburrida, pero muchos se aburren cuando asisten a ella. Este es el dilema central que enfrentamos como Iglesia. ¿Cuál es la respuesta? ¿Cómo demostramos la profunda relevancia que tiene la misa? He estudiado el tema por años y he llegado a la conclusión de que se necesitan dos cosas para demostrar esta profunda relevancia de la misa sobre los católicos hoy en día.

La primera es que necesitamos cambiar la forma en que nos acercamos a misa los domingos. Dios nos está hablando a cada momento. La liturgia del domingo es una oportunidad para que nos detengamos un momento y escuchemos. Necesitamos enseñar y aprender formas prácticas de escuchar la voz de Dios.

La segunda es que necesitamos un entendimiento renovado de lo que sucede durante la misa y cómo esto se relaciona con nuestra vida diaria. La gran mayoría conoce tan poco acerca de la misa que bien podría ser celebrada en otro idioma. Muy pocos católicos tienen un conocimiento verdadero de lo que realmente está sucediendo en cada momento de la celebración litúrgica. Necesitamos llevar la experiencia Eucarística a las personas.

En este capítulo buscaré dar a ustedes algunas pistas prácticas de ambos puntos. Hay más de mil millones de católicos en el planeta. La experiencia central del catolicismo es la misa y estoy convencido de que, como Iglesia, tenemos la obligación de volver a atraer a las personas. Espero que este capítulo sea un poderoso primer paso.

• Prepárate •

No irías a jugar un partido de fútbol esperando ganar si no hubieras entrenado a conciencia. Tampoco presentarías un gran proyecto en tu trabajo, esperando que sea aprobado, sin haberlo preparado con todo detalle, ni esperamos sobresalir en nuestros exámenes sin haber estudiado. Pensemos en la preparación que implica organizar una parrillada, una cena, o un matrimonio. Nos preparamos para todo aquello que consideramos importante en nuestra vida. En todos los casos, la preparación constituye una maravillosa experiencia. ¿Cuándo fue la última vez que te preparaste para ir a misa?

El primer paso es la preparación. Es necesaria para que sea una experiencia de alto nivel. Sería absurdo caminar por las puertas de la iglesia mientras suena la música de entrada esperando tener una experiencia espiritual profunda y personal sin alguna preparación previa.

¿En qué momento empieza la misa para ti? Para mi esposa Meggie y para mí, la misa del domingo empieza el miércoles por la tarde. Me gustaría decir que lo hacemos todos los miércoles, pero a veces nos olvidamos y otras veces nos da pereza. Puedo asegurarles que nuestras mejores experiencias de la liturgia dominical han sido cuando nos hemos tomado unos minutos los miércoles por la noche para prepararnos responsablemente.

Nuestro proceso es muy sencillo. Revisamos las lecturas del siguiente domingo, conversamos sobre aquello que nos pareció más relevante de cada lectura y por qué y luego cada uno cierra el ejercicio con una pequeña oración espontánea. Nos toma cerca de quince minutos, pero ponemos las lecturas del siguiente domingo en nuestra mente, varios días antes de asistir a misa. Es simple y poderoso; los invito a intentarlo. Hazlo con tu cónyuge, en familia, con amigos, o solo. Pero busca un momento para prepararte para la misa.

Todos los domingos, sentimos la Palabra de Dios en la misa. Considero que esta tiene el poder para transformar nuestra vida. He experimentado en persona su poder en mi vida y he sido testigo de ella en la vida de innumerables personas. Yo creo que en este momento, empezando hoy, la Palabra de Dios puede tener un gran impacto en tu vida. Pero estoy igualmente convencido de que la Palabra de Dios no transformará tu vida o la mía, con una lectura rápida el domingo en una iglesia llena de gente, donde estamos rodeados de miles de distracciones. Para que sus refrescantes aguas puedan calmar nuestras almas sedientas, la Palabra de Dios necesita permanecer en nuestra mente y hundir profundo sus raíces en nuestro corazón. Esto no es posible en el contexto de la misa dominical.

Cuando el sacerdote se levanta para leer el Evangelio, todos en la iglesia se ponen de pie. En ese momento te distraes por quién está o no presente, por cómo está vestido alguien que conoces, por un niño corriendo de un lado al otro del corredor lanzando crayones y comiendo papitas, o lanzando papitas y comiendo crayones. Lo cierto es que te distraes. Cuando te das cuenta, el sacerdote está comenzando su homilía. No tienes idea de lo que trató el Evangelio y regresas a casa espiritualmente desnutrido.

Permíteme hacer una pregunta sencilla. ¿De qué trató el Evangelio del domingo anterior?, ¿lo recuerdas?, ¿necesitas más tiempo para acordarte?, ¿se te viene a la mente? Tal vez lo sabes o tal vez no. En mi experiencia, puedo afirmar que más del noventa por ciento de los católicos no son capaces de recordar sobre qué trató el Evangelio del domingo anterior.

Para muchos, la única experiencia bíblica que tienen se da durante la misa Dominical. Si luego de pocos días no sabemos sobre qué habló el Evangelio del domingo, deduzco que no tuvo un impacto significativo en nuestra vida.

Déjame ofrecerte la primera resolución práctica que cambiará radicalmente tu experiencia durante la misa del domingo y tu relación con Dios. Probablemente, la preparación sea la más poderosa herramienta disponible para mejorar tu experiencia en misa. Ya se ha hablado sobre la preparación en varios ámbitos como los negocios, la educación y los deportes, por lo que, ¿no sería lógico aplicar la misma estrategia cuando de asistir a misa se trata? La preparación revaloriza cualquier esfuerzo humano.

Me gustaría sugerir que una vez a la semana, tal vez el martes o miércoles, te tomes un momento para reflexionar sobre el Evangelio del siguiente domingo. Empieza con el Evangelio. Tal vez con el tiempo logres abarcar todas las lecturas, pero por ahora, solo empieza con el Evangelio. Si eres casado, tal vez quieras compartir esta experiencia con tu cónyuge. No te apures. Lee el Evangelio detenidamente. Identifica una frase o palabra que te llegue o que te llame la atención. Después vuelve a leer todo el pasaje. Otra vez, mantente atento a cualquier palabra o frase que te atraiga. Tal vez sea la misma palabra o frase, tal vez sea otra. No importa. Lee el pasaje tres veces. Si la Palabra de Dios está para transformarnos necesitamos dejar que hunda profundamente sus raíces en nuestra vida por medio de la repetición y la reflexión.

Cada vez que leas el pasaje, piensa el por qué esa frase o palabra en particular se repite en tu interior. ¿Está sucediendo algo en tu vida que haga que esta frase o palabra inquieten tu conciencia? Tal vez haya algo que no deberías estar haciendo y esa palabra te acusa; situación incómoda. O tal vez una palabra te consuela. Te inspira. Deja que el Espíritu Santo trabaje en tu interior.

Cuando te familiarices con el Evangelio del siguiente domingo, la misa dejará de ser parte de tu rutina. Se convertirá en una experiencia espiritual y en parte de tu aventura de salvación personal.

Amamos lo que sabemos. Cuando subes a tu auto, ¿qué canciones quieres escuchar en la radio? Las que te sabes. Cuando vas al teatro, ¿qué idioma quieres que hablen los actores? El que tú hablas.

Si aplicas este compromiso único en tu vida y lo practicas con corazón abierto, honesto y humilde, tu entera experiencia de la misa Dominical mejorará tremendamente y poco a poco, empezarás a acercarte más al hombre cuyas huellas han dejado una marca indeleble en los polvorientos caminos de la historia de la humanidad.

La Palabra de Dios necesita oportunidades para establecerse en nuestro corazón y en nuestra mente. Si le damos estas oportunidades llegará como corriente de agua hacia las grietas de nuestra vida. Estas grietas son nuestras dudas y preocupaciones y Dios quiere contestarlas directamente. Solo entonces se hará incuestionablemente presente en nosotros la relevancia actual, personal y poderosa que tiene la eterna sabiduría de Dios.

Destinar unos pocos minutos de la semana para prepararnos es el primer paso hacia una experiencia de misa Dominical más comprometida. Aunque existen otras formas prácticas para preparase antes de la misa como apagar el radio al conducir hacia la iglesia, o llegar unos minutos antes de la hora para colocarnos conscientemente en presencia del Señor. Encuentra aquello que más funcione para ti y conviértelo en un hábito.

• Consigue un Diario de Misa •

Habiéndonos preparado para la misa, el siguiente paso es acercarnos a la misa con corazón y mente abiertos—esperando que Dios se comunique con nosotros. Mientras muchos se quejan de que se aburren, me gustaría creer que la mayoría de católicos quisieran vivir una experiencia más enriquecedora de la misa dominical. Dicho esto, me gustaría proponer un enfoque sencillo que creo, podría cambiar totalmente la forma en que vivimos la misa y al mismo tiempo, podría transformar nuestras relaciones y parroquias.

Cuando vayas a misa el siguiente domingo, solo haz la siguiente pregunta al Señor en tu corazón, *¡Dios, muéstrame en esta misa, una forma en que puedo ser una mejor-versión-de-mí-mismo esta semana!* Y luego escucha. Un componente crítico de las relaciones exitosas que olvidamos en nuestra vida espiritual es escuchar. Escucha lo que Dios te quiere decir en la música, a través de las lecturas, en la homilía. Escucha las oraciones de la misa y escucha el silencio de tu corazón. Aquel mensaje que el Señor te quiere decir te golpeará fuertemente. Una vez que sea revelado, tómate el tiempo restante de la celebración orando y pidiendo al Señor formas para vivir esa revelación durante la semana venidera.

Mejor aún, en esta misma semana, sal y cómprate un pequeño diario. En la primera página escribe, « ¡Dios, muéstrame en esta misa una forma en que puedo ser una-mejor-versión-de-mí-mismo esta semana!» No escribas, « ¡Dios, muéstrame en esta misa una forma en que mi cónyuge puede ser una-mejor-versión-de-sí-mismo/misma esta semana!» Tampoco escribas, « ¡Dios, muéstrame en esta misa una forma en que mis hijos pueden ser mejores-versiones-de-sí-mismos esta semana!» No, Dios hablará a tu cónyuge y a tus hijos en su momento y de una forma específica para ellos. Por ahora, la plegaria que estás elevando a Dios es, « ¡Dios, muéstrame en esta misa una forma en que yo puedo ser una-mejor-versión-de-mí-mismo esta semana!»

Después lleva tu diario a la Iglesia el domingo. Trata de llegar con unos minutos de anticipación. Coloca este pedido ante Dios: *¡Muéstrame en esta misa una forma en que puedo ser una mejor-versión-de-mí-mismo esta* *semana!* Y escucha la música, las lecturas, las oraciones de la misa, la homilía, el silencio de tu corazón. Cuando aquel mensaje te golpee, escríbelo en tu diario. Después ocupa el resto de la misa orando y pidiendo ser una-mejor-versión-de-ti-mismo durante la siguiente semana viviendo ese valor revelado.

Si lo haces todos los domingos durante un año, tu diario de misa se convertirá en una herramienta increíble y poderosa. Serás capaz de llevarlo contigo a tu momento de oración diaria y revisar sus páginas. Cada página inspirará un profundo diálogo entre tú y Dios.

He hecho esto por muchos años, domingo a domingo. Usualmente Dios me dice cosas simples en estas páginas: «Evita el mal humor». «Atesora a tu esposa». «Tómate un tiempo cada día para dar gracias». « ¿Qué estás ocultándole a Dios?» Cada apunte proporciona una oportunidad única y personal para la oración y el crecimiento.

Tal vez el aspecto más poderoso de este diario de misa sea la forma en que sutilmente registra nuestro progreso. Preguntémonos por ejemplo: ¿Eres una-mejor-versión-de-ti-mismo hoy que hace un año? La gran mayoría no pueden contestar, o deben pensar bastante antes de hacerlo. Pero una vez que has perseverado en el uso del diario de misa por uno o varios años, serás capaz de mirar atrás y ver cuáles eran tus luchas hace un año o hace cinco años y podrás reconocer que has crecido. Esto es de gran importancia, porque como seres humanos, necesitamos saber que estamos progresando. Necesitamos ser capaces de mirarnos en el espejo cada noche y decir, «No soy perfecto, pero soy mejor que ayer». Incluso si nuestro progreso es mínimo en una sola área de nuestra vida, es importante que lo tengamos presente.

Visita la página DynamicCatholic.com/massjournal y obtén tu propio diario de misa.

Lo he dicho muchas veces y lo volveré a decir: nuestra vida cambia cuando nuestros hábitos cambian. Consigue un diario de misa y llévalo contigo a la Iglesia cada domingo. Escribe esa revelación que Dios susurra a tu alma. Este sólo hábito cambiará completamente tu experiencia de la misa, tu relación con Dios y tu cariño por la Iglesia. Este sólo hábito te ayudará a convertirte en una-mejor-versión-de-ti-mismo, te hará un miembro más comprometido y colaborador de tu comunidad parroquial y robustecerá tus relaciones con los demás.

Ahora da un paso más allá. Imagina si todas las personas de tu parroquia llevaran cada domingo a misa su diario, buscando la forma en que pueden ser mejores-versiones-de-sí-mismos para esa semana. Imagina las conversaciones que tendrías con tu cónyuge, con tus hijos, con tu párroco, con tus amigos.

Finalmente, da un paso aún más lejos. Hay más de quinientos millones de católicos en los Estados Unidos. Imagina si cada uno de ellos llevara su diario de misa cada domingo para encontrar aquella forma en que pueden ser mejores-versiones-de-si-mismos esa semana. Este solo hábito es lo suficientemente poderoso y práctico como para despertar el hambre por un continuo aprendizaje, un deseo de mejores prácticas y una disposición para escuchar la voz de Dios en nuestra vida Este solo hábito es lo suficientemente poderoso y práctico como para transformar a la Iglesia entera.

Nuestra vida cambia cuando nuestros hábitos cambian. Nuestras relaciones cambian cuando nuestros hábitos en esas relaciones cambian. Nuestras familias cambian cuando nuestros hábitos familiares cambian y nuestra Iglesia cambiará y será la comunidad robusta y vivificante que Dios soñó, cuando nuestros hábitos como miembros de la Iglesia coadyuven para lograr esa misión.

Pienso que Dios nos está hablando constantemente, a través de las personas y los sucesos, a través de las Escrituras y la Iglesia. Pero cada domingo, tenemos un encuentro íntimo con Dios en misa. Tal vez aquí más que en ningún otro lugar, Dios te quiere hablar. Si tú supieras que Dios va a hablarte durante misa, sospecho que quisieras llevar papel y lápiz. ¡Cómprate un diario de misa!

• Redescubriendo la Misa •

Ofrezco el concepto del diario de misa como un punto de partida. Este solo hábito es suficiente para cambiar por completo la forma en que nos acercamos a misa, porque abre en nosotros la posibilidad de escuchar la voz de Dios en nuestra vida. También es un gran punto de partida porque puedes iniciarlo hoy. Ya sabes lo suficiente como para practicar este hábito, no necesitas años de estudio para entenderlo y no depende de ningún factor externo a la misa, como por ejemplo la música o una excelente homilía. Depende solo de tu estado de apertura para escuchar la voz de Dios en tu vida. Por lo tanto, proporciona un gran comienzo, pero como lo dije antes, se requieren dos cosas si queremos vigorizar nuestra experiencia de misa: un cambio en la forma en que nos acercamos a ella cada domingo y un entendimiento renovado de sus mecanismos y cómo estos se relacionan con nuestra vida diaria. Estos nuevos hábitos de preparación y el llevar un diario, cambiarán radicalmente la manera en que muchos se acercan a misa cada domingo, pero también necesitamos movernos hacia un entendimiento más profundo acerca de lo que en realidad estamos presenciando, experimentando y participando durante misa.

Recuerden en el Capítulo Ocho que durante la vida y la época de San Francisco de Asís, la religión se había convertido más en un hábito de tradición vacía que en una verdadera convicción. Tal como en tiempos de San Francisco de Asís, para muchos católicos modernos, la misa (y la práctica de la religión) se ha convertido más en un hábito y en un espacio de reunión social que en un tipo de expresión genuina de convicción espiritual.

Esta mañana, en mi camino a misa, se me ocurrió que si los musulmanes creyeran que Dios está verdaderamente presente en sus mezquitas y que gracias a un poder místico ellos pueden recibirlo y consumirlo en la forma de pan y vino, caminarían sobre vidrios rotos al rojo vivo para tener la oportunidad de ir. Pero como católicos, somos tan poco conscientes del misterio y del privilegio, que muchos ni siquiera se molestan en aparecer por la iglesia el domingo y la mayoría, al estar ahí, no ve la hora de salir.

Los católicos modernos se quejan de la misa en una continua cantaleta: «La misa es aburrida». «La música es muy anticuada». «No pude entender lo que trató de decir el padre». «El sonido es malo». «Fue muy larga». «No tenemos química con el padre». «Los que asisten a misa no son de mi edad». Tal vez (solo tal vez) estamos perdiendo la perspectiva.

Al parecer hemos perdido la capacidad de asombro. Esto es verdad en casi todas las áreas de nuestra vida, pero particularmente cuando se trata de asuntos de fe y espiritualidad. Hemos perdido la quintaesencia de la niñez— el asombro.

¿Vives el asombro? ¿Eres capaz de ver las acciones rutinarias de la misa tan lejos hasta su eterno significado? ¿Sientes el misterio y poder de recibir y consumir a Cristo en la Eucaristía? ¿Te maravilla este hecho? Si creemos que Cristo está verdaderamente presente en la Eucaristía, entonces el poder revelado en nuestro interior ante la comunión es inconmensurable.

Con frecuencia, al ver a los grandes atletas en competencia me pregunto, sabiendo que no son católicos, cuánto mejor rendirían si creyeran que Cristo está presente en la Eucaristía y que podrían recibirlo antes de la prueba. Lo que es verdadero para estos atletas, lo es también para nuestra vida. La Eucaristía tiene un poder increíble.

No vamos a misa para socializar; tampoco para distraernos. Vamos para entregarnos a Dios y a cambio, recibir a Dios. Abre tu corazón, abre tu mente y abre tu alma a los milagros que Dios quiere obrar en ti y a través de ti.

La vida no se trata del tipo de zapatos que usas o de la calle en la que vives. No se trata de cuánto dinero tienes en el banco o del tipo de auto que conduces. La vida no se trata de si obtienes o no un ascenso, o el lugar al que viajas de vacaciones cada año con tu familia. Tampoco se trata de las personas con las que has salido, con las que estás saliendo o con quién te casaste. No se trata de si juegas o no en el equipo de fútbol. La vida no se trata de la escuela a la que asististe, la escuela que te admitirá o la escuela a la que asistirán tus hijos. La vida no se trata de estas cosas.

La vida se trata de aquellos a los que amas y aquellos a los que hieres, de cómo te amas y te hieres a ti mismo, de cómo amas y hieres a aquellos que te rodean. Estas cosas no se pueden ver, pero son poderosas y reales.

La misa no se trata del que está sentado junto a ti. Tampoco se trata de quién es el sacerdote celebrante o el tipo de música que en ella se toca. Ni siquiera sobre el sermón. La misa se trata de una comunidad que se reúne para agradecer a Dios por todas las bendiciones con las que llena nuestra vida. Se trata de recibir el cuerpo y la sangre de Cristo, no solo físicamente, sino espiritualmente. Probablemente has recibido la Eucaristía físicamente los domingos durante toda tu vida. Prepárate para que el próximo domingo, estés consciente de la maravilla, el portento, el misterio y recibas la comunión espiritualmente.

Redescubre la maravilla.

• Un Viaje Rápido a Través de la Misa •

Al buscar mi camino a través de estos siete capítulos que cubren los Siete Pilares de la Espiritualidad Católica, me he detenido de tiempo en tiempo pensando que, *en realidad necesito un libro entero para explicar cada pilar.* Cada vez que caigo en este patrón de pensamiento me he dicho a mí mismo que mi intención aquí es dar una perspectiva general sobre el catolicismo y lo que podría significar en tu vida y, al mismo tiempo, despertar tu apetito e inspirarte para que des el siguiente paso en tu viaje. Espero que la lectura espiritual se convierta en parte diaria de tu vida después de leer este libro y que este sea el primero de muchos libros espirituales que leas.

Con esto en mente, ahora me gustaría invitarte a un viaje rápido a través de las secciones de la misa. Al hacerlo, espero desvelar algunos de los significados que muy frecuentemente permanecen desconocidos y escondidos y enseñarte algunas formas en las que puedes comprometerte más activamente durante la misa.

Ritos Introductorios. Consisten esencialmente en la procesión y canción de entrada, el saludo, la señal de la cruz, el acto penitencial, la Gloria y la oración inicial.

Entrada. Una vez que la asamblea está reunida, comienza la canción de entrada. Al igual que cada parte de la misa, la procesión y canción de entrada tienen un significado pretendido. Esta canción abre la celebración. Está diseñada para juntarnos como comunidad, para intensificar nuestra unidad.

La canción también debe ser cuidadosamente seleccionada de manera que nuestros pensamientos sean dirigidos hacia el misterio correspondiente a la celebración o temporada del año litúrgico.

Compromiso: haz un esfuerzo por cantar. Pueda que no te guste hacerlo. En ese caso, sigue la letra de la canción en el cancionero, reflexionando acerca de cómo ella te desafía o reconforta.

Acto Penitencial. Este es el momento en que reconocemos que algunos de nuestros pensamientos, palabras y acciones no nos han ayudado a ser la-mejor-versión-de-nosotros-mismos, han impedido a los demás ser todo aquello que Dios quiso que fueran cuando los creó, en fin, han creado un obstáculo entre nosotros y el infinito amor de Dios.

Compromiso: identifica un pensamiento específico, palabra o acción que haya creado un obstáculo entre tú y Dios esta semana y pide perdón por ella.

Gloria: *Gloria a Dios en el cielo y en la tierra paz a los hombres que ama el Señor...* La Gloria es un antiguo himno de alabanza a Dios. Nuestras relaciones terrenas se han tornado muy transaccionales. Tendemos a hablar a las personas solo cuando necesitamos algo de ellas, o si es que han hecho algo malo. Esta mentalidad transaccional se ha desbordado hacia nuestra vida espiritual y como resultado, la práctica de alabar al Señor ha caído en desuso por mucho tiempo.

Compromiso: abstrae tu mente y tu vida por un momento y alaba a Dios por algo en particular. Alábalo por su bondad. Alábalo por su creación. Alaba a Dios por su sabiduría.

Oración Inicial. Esta es una de mis partes favoritas de la misa. La oración inicial siempre me parece fresca y fenomenalmente profunda. También proporciona un preludio de aquello que estamos cerca de experimentar. La oración inicial está diseñada para colocarnos en presencia de Dios y enfocar nuestro corazón y mente. La siguiente, es la oración inicial del vigésimo primer Domingo de Tiempo Ordinario: «*Padre, ayúdanos a buscar los valores que nos traigan dicha duradera en este mundo cambiante. En nuestro deseo por aquello que nos prometes, concédenos ser uno en mente y corazón*». La oración inicial de la misa nos permite enfocarnos en los temas que ese día surgirán de las lecturas. A continuación citaré la oración inicial del cuarto viernes de Cuaresma: «*Padre, fuente de vida, tú que conoces nuestras debilidades, concédenos buscar alcanzar tu mano con alegría y poder así caminar más fácilmente tus senderos*».

Compromiso: Consigue un misal y empieza a seguir las oraciones de la misa.

Liturgia de la Palabra. Consiste esencialmente en las lecturas bíblicas, la homilía, la profesión de fe y la oración de los fieles o intercesión general.

Lecturas Bíblicas. Las lecturas que conforman la Liturgia de la Palabra para la misa dominical incluyen un pasaje del Antiguo Testamento, una lectura de Salmo Responsorial, una lectura del Nuevo Testamento y un pasaje del Evangelio. Las lecturas no son escogidas al azar; están relacionadas de algún modo unas con otras y son parte de una secuencia que nos mueve desde las lecturas de la semana pasada hacia las de la siguiente semana.

Compromiso. Tómate un tiempo durante la semana para leer y reflexionar sobre las lecturas del siguiente domingo. Busca las lecturas en tu Biblia y subráyalas. Con el tiempo, esto te dará una idea de las partes de la Biblia que ya has cubierto.

Homilía. La homilía promedio dura aproximadamente siete minutos y para muchos es la única experiencia de formación religiosa que tienen en la semana. Este es el momento en que el sacerdote habla a la comunidad; una oportunidad singular para alimentar la fe cristiana. El reto que enfrenta el sacerdote es lograr desarrollar algún punto de las lecturas y transformarlo en un momento intenso de enseñanza. Jesús siempre fue hacia la gente y desde ahí los condujo hacia una mejor vida. La homilía es la oportunidad que tiene el sacerdote para convencer a las personas que Jesús tiene respuestas para los asuntos y preocupaciones que los aquejan y que el estilo de vida que Jesús nos propone es sencillamente la mejor manera de vivir.

Compromiso: como participante laico en la misa, la homilía está totalmente fuera de tu control. Pero con mucha frecuencia, Dios utiliza una simple frase para hablarnos. Escucha. Mantente abierto a lo que Dios pueda estar tratando de decirte. En muchas ocasiones, he asistido a la misa en países extranjeros en los que no conocía el lenguaje y aun así Dios me ha hablado de maneras poderosas.

Nuestra Profesión de Fe. Aquí es donde proclamamos nuestra fe como individuos y como comunidad. Si reflexionas sobre el Credo detenidamente, estoy convencido que surgirán preguntas al respecto casi todas las veces que lo recites. Estas dudas y preguntas son invitaciones para explorar y estudiar más nuestra fe pero también nos invitan a poner nuestra confianza en Dios y en su Iglesia. Encontraba reconfortante recitar el Credo con el plural, «Creemos en un solo Dios…» (Antes de que se hiciera el nuevo cambio a «Creo en...»). Porque lo que falte a mis creencias en un domingo cualquiera (ya sea por dudas o cuestionamientos que pueda tener) es compensado por la fe de alguien en la banca de en frente, o al otro lado de la ciudad, o al otro lado del mundo. Juntos tenemos una fe completa.

Compromiso: sin importar cuáles sean las preguntas que tengas respecto del Credo, empieza a explorarlas con entusiasmo, una a la vez. Examina por qué la Iglesia enseña lo que enseña en cada instancia y deja que tus preguntas y cuestionamientos fortalezcan tu fe, en vez de debilitarla.

Oración de los Fieles. La misa es la oración más poderosa en la historia del hombre. A cualquier hora de cualquier día, se está llevando una misa en algún lugar y nosotros (la Iglesia Católica) estamos rezando por toda la familia humana. Si te detienes a pensar al respecto, te parecerá realmente hermoso. En este punto de la misa ofrecemos a Dios intenciones específicas como comunidad. Estas usualmente incluyen una oración por la Iglesia, una por los líderes mundiales, oraciones por aquellos que están oprimidos y en necesidad, una oración por la comunidad local, entre otras.

Compromiso: Piensa en la persona por quién estás orando y en aquello por lo que estás pidiendo. Sumérgete por un momento en la necesidad, responsabilidad o dolor de esta persona.

La Colecta. En este punto se pasa una canasta para que podamos contribuir financieramente a la misión de la Iglesia. Lo que colocamos en la canasta lo estamos ofreciendo a Dios y a los necesitados. Es una expresión real y práctica de amor a Dios y al prójimo. Estos fondos son utilizados para cubrir los gastos de la Iglesia y de varios de los ministerios en los que está involucrada la comunidad.

Compromiso: Da generosamente; no porque tu parroquia necesite el dinero, ni porque el sacerdote haya dado una buena homilía, ni porque otros puedan saber cuánto estás contribuyendo. Da generosamente porque nosotros tenemos una necesidad real y presente de dar. También necesitamos cuidarnos contra la seducción del dinero. Es más fácil confiar en el dinero que en Dios. En el dinero estadounidense se lee la leyenda «En Dios confiamos». Pero, ¿realmente lo hacemos? Esta contribución dominical constante es una señal de desapego, una señal de rendición. En nuestra sociedad, con frecuencia damos pero bajo muchos condicionantes. Es común escuchar a la gente decir, «Yo no doy porque no estoy de acuerdo en la forma en que gastan el dinero». Ya sea que esto sea cierto para una situación particular o no, este enunciado está lleno de juicios y generalizaciones, del orgullo de saber más y del deseo por tener el control. Todos estos son comportamientos de los cuales, precisamente la contribución espiritual quiere liberarnos. Da generosamente. Es difícil, lo sé. Te dolerá; ese es el efecto que el dinero tiene en nuestra vida.

Liturgia de la Eucaristía. Es el «centro y culminación de toda la celebración» y está compuesta por la Plegaria Eucarística, la Consagración, el Padre Nuestro, el intercambio de la paz y la Comunión.

El Ofertorio. Representantes de la comunidad llevan hacia el presbiterio el pan y el vino junto con nuestras ofrendas para la Iglesia y para los pobres. Al mismo tiempo, el sacerdote y los servidores preparan el altar para nuestras ofrendas.

Compromiso: Mientras las ofrendas son llevadas hacia el altar y el sacerdote prepara las especies para la consagración, presenta y ofrece a Dios en tu corazón los distintos aspectos de tu vida. Ofrécele tu matrimonio, tu familia, tu profesión, tu negocio, tus amistades. De manera especial ofrécele tus éxitos y fracasos. Presenta a Dios algún amigo tuyo que esté sufriendo de algún modo. Ofrece a Él alguna lucha que estés librando. Ofrece a Dios todo. Coloca estos ofrecimientos mental y espiritualmente en el altar, para que Dios los transforme.

Plegaria Eucarística. La palabra *Eucaristía* significa «acción de gracias». Durante esta secuencia de oraciones, el sacerdote nos invita a elevar nuestro corazón hacia el Señor. De esta forma, estamos ofreciéndonos con Jesús a Dios Padre. Esta plegaria también nos recuerda la bondad de Dios y su amistad con la humanidad a lo largo de la historia.

Compromiso: Dale vida a las palabras. Vívelas. Con tus sentidos espirituales, eleva tu corazón y ofrécelo al Señor. Coloca tu corazón en el altar y permite que Dios lo transforme tal como transforma el pan y el vino.

La Consagración. Durante la consagración, el sacerdote recita la narración de la Ultima Cena, conectando la experiencia particular de cada misa con la institución de la Eucaristía hecha por Jesús. El momento real de la consagración se da cuando el pan y el vino se transforman en el cuerpo y la sangre de Jesucristo. Esto sucede cuando el sacerdote pronuncia las palabras de Jesús sobre las especies: «Esto es mi cuerpo que será entregado por ustedes; esta es mi sangre, sangre de la alianza nueva y eterna, hagan esto en conmemoración mía»

Compromiso: Solo déjate estar en presencia de Dios. Silencia tu mente. Imagínate junto a Jesús en la Ultima Cena o en la Crucifixión. Luego, mientras el sacerdote eleva la hostia y el cáliz, pronuncia en tu corazón, junto con Tomás, «Señor mío y Dios mío». Estos misterios son misterios, pero si los enfrentamos con humildad, regularidad y reverencia, Dios nos concederá amarlos y entenderlos cada vez más.

El Padre Nuestro. Ahora, nos unimos en comunidad para orar como Jesús nos enseñó.

Compromiso: has rezado esta oración miles de veces antes, pero permite que sean nuevas y frescas. Enfócate en alguna frase o palabra en particular y deja que se interne en todo tu ser. Si estás luchando para hacer la voluntad de Dios, tal vez te enfoques en *«hágase tu voluntad»*. Quizá tengas verdaderas necesidades humanas que no están siendo satisfechas, entonces tu atención podría centrarse en las palabras *«danos hoy nuestro pan de cada día»*. Probablemente sientes que necesitas ser perdonado por algo que has hecho o dicho: *«perdona nuestros pecados»* o pudiera ser que necesites la gracia para perdonar a alguien que te ha perjudicado: *«como nosotros perdonamos a los que nos ofenden»*. Tal vez estas luchando contra una tentación en particular en ese momento de tu vida: *«no nos dejes caer en tentación y líbranos del mal»*.

La Paz. El sacerdote ha pedido a Dios que nos conceda paz y unidad. Nadie necesita que le recuerden lo fraccionados que se encuentran nuestro mundo y nuestra Iglesia, lo que hace aún más especial y poderoso este momento de la liturgia. Aquí, abrazamos al mundo entero. Jesús nos ha amado en esta Eucaristía al compartir su paz con nosotros y ahora, compartimos la paz y el amor de Cristo con aquellos alrededor nuestro. Esto es un símbolo de cómo debemos llevar la paz y el amor de Jesús al mundo.

Compromiso: todos tenemos alguna pena en nuestro corazón causada por algo o alguien. Jesús quiere aliviar y sanar esas penas y para ello, nos ofrece su paz y nos invita a trasmitirla a los demás. Al ofrecer la señal de la paz a aquellos alrededor tuyo, ten en mente que aun cuando aparentemente se vean felices, todos tenemos penas en nuestro corazón que necesitan ser sanadas.

La Comunión. Este es el momento en que recibimos el cuerpo y la sangre de Cristo en la forma de pan y vino. Esto es casi increíble y muchos han abandonado la Iglesia, tal como muchos abandonaron a Jesús en su tiempo debido a esta sola enseñanza: «Es duro este lenguaje» (Juan 6, 60).

Compromiso: al acercarte al altar para recibir la Comunión, ten presente qué es lo que va a suceder. Yo acostumbro a elevar esta pequeña plegaria repetidas veces para enfocarme en lo que estoy viviendo: *«Señor, yo quisiera recibirte tan generosamente como lo hizo tu Santa Madre María».*

Acción de Gracias. Estos momentos de reflexión después de recibir la Eucaristía pueden ser extremadamente poderosos si los aprovechamos. Los frutos de la Sagrada Comunión incluyen unidad con Jesús, enriquecimiento de la vida espiritual, hambre de virtud, deseos de hacer la voluntad de Dios, limpieza de pecados pasados, reactivación de la llama del amor cristiano, gracia para evitar el pecado futuro, sensibilidad a los impulsos del Espíritu Santo y un deseo de conocer a Dios más íntimamente.

Compromiso: en esos momentos en los que Cristo está presente en ti de manera tan misteriosa, arrodíllate o siéntate, cierra tus ojos y agradece a Dios con tus propias palabras por todas las bendiciones de tu vida. Sé específico: lugares, personas, cosas y oportunidades por los que estás agradecido. Deja que tu corazón se llene y se desborde de gratitud.

Ritos Conclusivos. Los ritos conclusivos consisten de la bendición final y la despedida.

Bendición Final. Al entrar a la Iglesia, nos persignamos con la señal de la cruz. Antes del Evangelio, bendecimos nuestra mente, nuestros labios y nuestro corazón. Ahora, recibimos una bendición.

Compromiso: inclina tu cabeza, cierra tus ojos y deja que las palabras de la bendición final penetren hasta lo más profundo de tu ser.

La Despedida. La misa toma su nombre de esta declaración final: «Vayan en paz, glorificando al Señor con su vida». *Ite, missa est* es una frase latina que significa «Vayan, son enviados».

Compromiso: en este momento final de la misa, estamos siendo enviados a la misión de encender los caminos del mundo con nuestro amor hacia Cristo, un amor que está dispuesto a sacrificarse por los demás, un amor que no conoce límites. Al salir de la iglesia y volver al mundo, piensa cómo podrías vivir tu misión cristiana esa semana.

Hay una increíble grandeza y belleza en la misa, pero para descubrirlo necesitamos profundizar cada vez más. En cada momento de la misa hay una oportunidad para involucrarnos más personalmente en la experiencia y así transformarla de un ritual monótono a una experiencia profundamente relevante y dinámica de Dios.

Me he tomado solo unos minutos para darte un destello de la profundidad, belleza y relevancia de lo que, conscientes o no, presenciamos en la iglesia cada domingo. Ahora, hagamos la travesía desde ser meros testigos hacia convertirnos en participantes activamente comprometidos.

• Transformación Espiritual •

Como consultores de negocios, con frecuencia los clientes nos piden a mis socios y a mí que les ayudemos a identificar aquello que podría ser una «transformación innovadora» para sus negocios. Al involucrarme en este proceso con un cliente hace algunas semanas, empecé preguntándome, *¿cuál sería un cambio transformador de mi vida espiritual?* Esto me llevó a reflexionar sobre mis cambios innovadores que hice en el pasado. El primero fue definitivamente cuando comencé a destinar diez minutos al día en la iglesia camino a la escuela. El segundo fue la primera vez que leí en serio los Evangelios. El tercero fue mi experiencia de asistir regularmente a la misa diaria.

No iba todos los días, pero un par de meses después de haber empezado a ir a la iglesia diez minutos todos los días, comencé a asistir a misa los martes por la tarde en mi parroquia en Sydney. Fue en la misa entre semana donde descubrí la grandeza que encerraba. Fue en estas silenciosas e íntimas experiencias de la misa diaria, donde este sagrado ritual encendió mi amor por el catolicismo. Al seguir en mi misal la oración inicial, las lecturas y la oración final, las palabras empezaron a ahondarse en mi corazón y a encender fuego en mi alma.

Caminaba hasta la iglesia, recuerdo que éramos apenas el sacerdote, otras cuantas personas bastante más mayores a mí y yo. Era una experiencia silenciosa, apacible e íntima. Fue ahí durante la misa diaria donde me enamoré de ella y de la Iglesia. Por alguna gracia, empecé a escuchar las oraciones de la misa, realmente a escucharlas... y eran como piezas de un rompecabezas que se unían para formar una visión increíble.

La misa revela la visión de Dios para nosotros como individuos, su visión para el matrimonio y la familia, para la comunidad y la sociedad y para la Iglesia y el mundo.

Las oraciones de misa encierran grandeza y belleza; y sin embargo, muchas personas se desconectan de ellas. Me parece que si tenemos en mente el sueño de Dios que seamos la-mejor-versión-de-nosotros-mismos, lograremos descifrar el contenido de muchas de las oraciones que conforman la misa.

También nos recuerdan que somos peregrinos de viaje pero que no vamos solos y que estamos llamados a ser administradores responsables de nuestra propia vida y al mismo tiempo estamos llamados a vivir atentos a las necesidades de los demás y atentos a las necesidades de la creación entera. Una y otra vez, las oraciones de la misa nos orientan hacia Dios y nos recuerdan su deseo de tener una relación con nosotros.

Las oraciones encierran una gran belleza, pero con demasiada frecuencia, no las escuchamos porque estamos distraídos por nuestros pensamientos o por aquellos que están junto a nosotros. Algunas oraciones son iguales en todas las misas, otras cambian de acuerdo a la temporada del año litúrgico, otras son diferentes para cada día. Si te tomas el tiempo de escucharlas y rezarlas sinceramente junto al sacerdote, descubrirás el conocimiento íntimo de nuestras necesidades interiores que posee la Iglesia.

Voy a ser el primero en admitir que a veces es difícil concentrarse en estas oraciones durante misa. Por esa razón, te recomiendo que consigas un misal. Puede parecer un poco anticuado para algunos, pero tener un misal llevó mi entendimiento y apreciación por la misa hacia un nuevo nivel. Si no quieres andar llevando un libro grande y pesado, consigue una suscripción a *«La Palabra entre Nosotros»*, *«Magníficat»*, o *«El Pan de la Palabra»*, que son pequeñas publicaciones que contienen acompañamientos mensuales e incluyen las oraciones de la mañana, las lecturas y oraciones de la misa para cada día, las oraciones de la noche y un compendio de oraciones espirituales inspiradoras. Se trata herramientas espirituales muy poderosas en estos tiempos tan ocupados. Visita DynamicCatholic.com/missal para ordenar tu suscripción.

Las oraciones de la misa están bellamente integradas y cuidadosamente diseñadas para mantenernos enfocados en el sueño de Dios de que seamos la-mejor-versión-de-nosotros-mismos. Por ejemplo, la oración de entrada de la segunda semana de tiempo ordinario es: *«Dios Todopoderoso y Omnipresente, tu atento cuidado alcanza los confines de la tierra y ordena todas las cosas de forma tal que incluso las tensiones y tragedias del pecado no pueden frustrar tus planes amorosos. Ayúdanos a acoger tu voluntad, danos la fortaleza de seguir tu llamado, para que tu verdad viva en nuestro corazón y refleje paz a aquellos que creen en tu amor».* Las oraciones iniciales de la misa nos encaminan hacia los temas que surgirán en las lecturas de ese día. Esta es la oración inicial del jueves después de Miércoles de Ceniza: «Señor, que todo lo que hagamos empiece con tu inspiración, continúe con tu ayuda y alcance perfección bajo tu guía».

Consigue un misal y empieza a seguir la oración inicial, las lecturas y la oración final y tu experiencia de la misa crecerá exponencialmente. Luego, durante la semana, inicia el hábito de ir a misa una o dos veces. Esta experiencia más íntima del sacramento avivará el fuego de tu alma. Los días que no vayas a misa, haz tu oración diaria usando las oraciones y lecturas de ese día y alguna vez en tu vida deberías tratar de ir a misa todos los días de una semana. Inténtalo; te sorprenderás.

Nuestra vida cambia cuando nuestros hábitos cambian. La única forma en que la Iglesia sea más espiritual es que la gente que la conforma sea más espiritual. Nos hacemos más espirituales cuando buscamos la voluntad de Dios estableciendo hábitos espirituales Esta es una forma práctica y real de desenterrar las riquezas del catolicismo en nuestro día a día.

• Mi Oración Favorita •

¿Tienes una oración favorita en la misa? La mía es antes de la señal de la paz, cuando el sacerdote dice, «*Líbranos Señor de todos los males y concédenos la paz en nuestros días para que ayudados por tu misericordia, vivamos siempre libres de pecado y protegidos de toda perturbación mientras esperamos la venida gloriosa de nuestro Salvador, Jesucristo*».

Estas palabras significan mucho para mí. Vivir libre de pecado es un deseo sencillo y humilde, pero noble. Hay una canción australiana que recuerdo de mi niñez titulada *El talabartero de Tenterfield*. Es sobre un hombre llamado George quien vivía en un pequeño pueblo rural. Se sentaba el día entero en el pórtico de su casa fabricando monturas y con el paso de los años se convirtió en una especie de sabio para los lugareños. La canción empieza así:

El fallecido George Woolnough
Trabajaba en la Calle Alta
Vivió con compostura
Durante cincuenta y dos años se sentó en su galería
Y fabricó sus monturas

Y si tenías preguntas
Sobre ovejas, flores o perros
Tan solo acudías al talabartero
Él vivió sin pecado
Hoy construyen una biblioteca en su honor

La línea que me llama la atención es «*Él vivió sin pecado*». He visto cómo el pecado complica nuestra vida, confunde nuestra mente y endurece nuestro corazón. He visto los efectos devastadores del pecado en mi propia vida, en la vida de las personas que amo y en la vida de personas que no conozco. Deseo vivir una vida libre de pecado y la oración «*para que ayudados por tu misericordia vivamos siempre libres de pecado*», resuena en mi corazón con profundo deseo. Amo la paz que surge como fruto de una conciencia limpia. La verdad es que los momentos más felices de mi vida han sucedido cuando he estado tratando activamente de vivir libre de pecado.

«*Protegidos de toda perturbación*»—toda perturbación, no ciertas perturbaciones. ¿Cuánto de nuestra vida desperdiciamos preocupándonos? Una amiga mía tiene en su contestador una frase de Corrie ten Boom que dice, «La preocupación no acaba con los sufrimientos del mañana; acaba con las fortalezas del presente».

Yo sé que el pecado es el causante de mi dolor, angustia, impaciencia, perturbación, irritabilidad, intranquilidad y descontento. Desperdiciamos mucho tiempo y energía en el pecado. ¡Imagina cuánto podríamos alcanzar si no malgastáramos tanto tiempo y energía en el pecado!

Es también durante misa que recordamos lo bondadoso, tierno y gentil del amor de Dios como padre, al unirnos juntos antes de la Comunión a orar el Padre Nuestro.

Un buen amigo mío es voluntario en las cárceles de Chicago, él visita a los internos y dirige estudios bíblicos con ellos. Hace no mucho, me invitó a una prisión de máxima seguridad para que ofreciera una charla a los prisioneros. Acepté su invitación y un par de semanas antes de la fecha en que el evento estaba programado, pedí hablar con tres capellanes de la prisión para tener una idea sobre el grupo. Me dijeron muchas cosas respecto a los internos, pero el hecho más alarmante que compartieron fue acerca de toda la población carcelaria masculina de Estados Unidos. De hecho, hoy en día, el noventa porciento de los prisioneros en EEUU de entre dieciséis y treinta años, crecieron separados de sus padres biológicos. ¡Noventa porciento!

Yo creo que la actual generación sin-padres es resultado de las fuerzas malignas que tientan nuestro corazón. Pueda que tú no estés separado de tu padre biológico, pero las mismas fuerzas malignas quieren sembrar en ti las semillas de la duda, escepticismo y cinismo y al hacerlo, te separan de tu Padre celestial.

Yo no hablo de ellos muy a menudo, pero creo que los espíritus malignos existen y que están trabajando en el mundo y en nosotros. Tal como C. S. Lewis, yo creo que es un error prestar demasiada atención al demonio, tal como es un error prestarle poca atención.

El demonio quiere dejarte huérfano. Quiere arrastrarte lejos de tu Padre. Quiere quebrantar el Espíritu que hace que clames a Dios—Abba, Padre. Quiere secuestrarte de tu Padre espiritual. Quiere distraerte del dulce y persistente llamado de tu Padre celestial. No se lo permitas. Solo reflexiona acerca de las dos primeras palabras de esta antigua oración: *Padre Nuestro*. Si pudiésemos entender en realidad esta simple verdad de Dios como Padre, lloraríamos de dicha cada vez que esta oración cruza nuestros labios.

También creo que la libertad e igualdad que a lo largo de la historia han buscado hombres y mujeres y por la que tanto han luchado, se revela a través de esta simple oración. Si tan solo pudiéramos entender y comprender el hecho de que todos somos hijos de Dios. Solo entonces podríamos vincularnos con los demás como debería ser.

Las oraciones de la misa son profundas y poderosas. Redescúbrelas.

• Más allá de Ti y de Mí •

La Iglesia Católica es una familia de oración. En cada instante del día, la misa está siendo celebrada en algún lugar del mundo y, como católicos, estamos rezando no solo por nosotros y nuestras necesidades, sino por toda la humanidad.

Más allá de nuestra experiencia personal de la misa, es importante ser conscientes de su alcance mucho mayor. Es en misa donde 1,200 millones de católicos alrededor del mundo se juntan y comparten una experiencia común. Pero la sabiduría de la alabanza habitual tiene un significado mucho más profundo que el juntarnos una vez a la semana; es una íntima reflexión del proyecto de Dios para toda la creación.

Yo no escribí *El Ritmo de la Vida* solo para una audiencia Católica, tampoco para una audiencia cristiana, sino para todos los estratos de la sociedad y sin embargo, la premisa en la cual está fundamentado el libro, fue tomada de la forma en la que la Iglesia estructura nuestra práctica del cristianismo. Todo en la creación tiene un ritmo. El Ritmo está en el centro de la sabiduría de Dios para la creación. Al volver a Dios, somos llamados a usar este mismo proyecto para nuestra vida. En el Génesis leemos que Dios creó el mundo en seis días y descansó el séptimo. No porque estuviera cansado. Dios descansó el séptimo día porque previó nuestra necesidad de descanso.

Las estaciones cambian a un ritmo. Las mareas suben y bajan a un ritmo. El sol sale y se oculta a un ritmo. Tu corazón bombea sangre a tu cuerpo a un ritmo. Las plantas crecen de acuerdo al proceso de la fotosíntesis, que está basado en un ritmo y en última instancia, el cuerpo femenino funciona bajo un ritmo—y ese ritmo da paso a nueva vida. El ritmo da vida a la armonía, eficiencia, efectividad, salud, felicidad, paz y prosperidad. Destruye el ritmo e invitarás al caos, confusión, destrucción y desorden.

Esta es la sabiduría sobre la cual la Iglesia establece nuestra adoración como católicos. La Iglesia fundamenta el calendario en el ritmo que Dios ha colocado en el centro de la creación. A su vez, la Iglesia espera que esto nos ayude a colocar este ritmo esencial en el centro de nuestra vida.

En este contexto es que podemos empezar a entender al domingo como un día de descanso y renovación y más específicamente, entender el papel de la misa en el estilo de vida Católico.

• Aprovecha el Regalo •

Dios no nos llama a la iglesia los domingos debido a la egoísta necesidad de que nos inclinemos ante él y lo adoremos en la misa de diez de la mañana. La celebración eucarística no está diseñada para ayudarlo a él; está diseñada para ayudarnos a nosotros. No está pensada para hacerlo feliz a él; está pensada para que todos compartamos en su alegría.

Hay una bella canción titulada «Venid al Banquete Divino», escrita por Liam Lawton, de su álbum *In the Quiet*. Esta canción en su totalidad nos invita a una increíble celebración. Empieza con una sencilla pregunta, « ¿Vendrás al Banquete Divino?» Espero que sí. Yo estaré ahí contigo en espíritu junto con todos los ángeles y los santos. Reza por mí así como yo rezo por ti. La misa está llena de riquezas. Es un regalo inefable. Aprovecha el regalo.

Capítulo Quince

LA BIBLIA

El nombre del joven era Michael. Faltaba algo más de una semana para su cumpleaños dieciocho cuando un día, fue a la oficina de su padre después de la escuela. Últimamente, había discutido con su padre casi por todo y al entrar en su oficina, Michael le dijo, «Papá, el próximo martes será mi cumpleaños y si me quieres, me comprarás un auto de regalo». Su padre solo lo miró y Michael continuó, «Y si me quieres de verdad, me comprarás el auto que siempre he querido». Luego, sin darle oportunidad a su padre para responder, se fue.

A la mañana siguiente, mientras desayunaban, su padre le dijo en tono de broma, «Michael, ayer cuando fuiste a mi oficina, no mencionaste qué tipo de auto es el que siempre has deseado».

Michael replicó, «Ya sabes Pa, un Porsche rojo».

El padre del muchacho sonrió y preguntó, « ¿Y sabes cuánto cuestan?»

«Noventa y dos mil dólares y si en verdad me amas, Pa, eso es lo que me darás por mi cumpleaños. No me decepciones», repuso Michael y se fue a la escuela.

Llegó el martes y según la costumbre familiar, celebraron el cumpleaños de Michael con una cena y soplando las velas del pastel. Mientras comían el pastel, los hermanos de Michael le entregaron cada uno su regalo. El muchacho los abrió y agradeció amablemente a todos, pero su mente estaba en otro lugar. Finalmente, el momento que había estado esperando llegó.

Cuando el padre de Michael le entregó una pequeña caja rectangular, él esperaba encontrar las llaves de su nuevo auto. Michael arrancó la envoltura y descubrió que era un libro; una Biblia. Ni siquiera lo terminó de abrir. Molesto, se levantó, lanzó su silla contra la pared y se fue corriendo del comedor. Corrió hacia arriba a su cuarto, azotó la puerta y lanzó el regalo a medio abrir contra la pared, este pegó en el piso y terminó en una esquina.

Michael se fue a dormir sin hablar con nadie. A la mañana siguiente se levantó temprano y se fue a la escuela, aún sin hablar con nadie.

Ese día, justo antes del recreo, el padre de Michael sufrió un grave infarto cardíaco. Fue llevado al hospital de urgencia y se hicieron los arreglos para llevar a Michael desde la escuela hasta el hospital para que estuviera con su padre. Michael se sentó durante siete horas, junto a la cama de su padre, quien estaba inconsciente, meditando en su cabeza los eventos de la noche anterior. Agotado y hambriento, se levantó y fue a comer un sándwich con café y mientras estaba ausente, su padre murió.

Michael, devastado, regresó a casa, se acostó en su cama y lloró. Lloró inconsolablemente por horas y de pronto, con el rabillo del ojo miró el regalo, aún sin abrir, tirado en la esquina de su cuarto.

Levantándose de su cama, se acercó a recogerlo y terminó de desenvolverlo. Se sentó sosteniendo y observando la Biblia de cuero, después de un rato, al abrirla, encontró una inscripción en la contratapa frontal.

Querido Michael,

En estas páginas, encontrarás las respuestas a todas las preguntas y los secretos de todo éxito en la vida. Con amor en tu cumpleaños dieciocho,

Papá.

Michael lloró un rato más. Las lágrimas recorrían sus mejillas y caían sobre la página abierta manchando la dedicatoria de su padre. Para consolarse un poco, abrió la Biblia y ojeó entre sus páginas tratando de encontrar algunas palabras de consuelo. Lo que descubrió es que su padre había colocado un separador de libros en la Biblia. Al sacarlo, lo miró boquiabierto.

Era un cheque por noventa y dos mil dólares.

Este padre fue capaz de dar a su hijo todo desde un punto de vista material, aparentemente. Pero lo más importante fue que quería que su hijo colocara la Palabra de Dios en el centro de su vida. Su hijo se sorprendió al encontrar el cheque en la Biblia, espero que haya sido solo una de muchas sorpresas que xencontrará en sus páginas.

De igual forma, Dios quiere que descubramos las muchas sorpresas que ha dejado para nosotros en las páginas de la Biblia y, tal como Michael, con frecuencia valoramos las cosas equivocadas y fijamos nuestro corazón en nuestros propios planes egoístas. Pero, para cada uno de nosotros, Dios tiene un plan para nuestra vida mejor que lo que nunca podríamos imaginar y siempre quiere darnos más.

• ¿De Dónde Vino la Biblia? •

De todos los libros que se han publicado o escrito, la Biblia es el más leído, estudiado, traducido, impreso, vendido, regalado, distribuido y citado. Es el best-seller de todos los tiempos. Cuando se trata de enseñar sobre la naturaleza de Dios y sus deseos para nosotros, ningún otro libro se acerca. En la Biblia, descubrimos la profundidad y generosidad del amor de Dios, así como su deseo de satisfacer el anhelo humano de felicidad y verdad. ¿De dónde vino la Biblia? ¿Cómo fuimos bendecidos con semejante tesoro tan excepcional?

Empiezo nuestra discusión de las Escrituras con estas preguntas, porque en la historia cristiana reciente, la Biblia ha sido secuestrada por los cristianos protestantes y evangélicos.

Tarde o temprano, la mayoría de católicos hemos sido acorralados en nuestro trabajo, o en el supermercado por algún cristiano súper apasionado. Inmediatamente, empiezan a citar las Escrituras y con frecuencia, sus bien argumentadas ideas dejan a sus blancos católicos cansados, confundidos, llenos de dudas y sintiéndose espiritualmente inapropiados. Es posible que, si la conversación toma cuerpo, introduzcan la idea de que las Escrituras son la única fuente de inspiración, dirección y revelación. Esto, por supuesto, es un ataque directo contra la Iglesia Católica. Puede ser cuidadosamente camuflado o manifestado sutilmente. Los que lo hacen, pueden incluso no ser conscientes de que están atacando al catolicismo. Como católicos, creemos que tanto las «Sagradas Escrituras como la sagrada tradición forman el sagrado depósito de la palabra de Dios» *(Dei Verbum).*

Dios se revela a sí mismo en la naturaleza, se revela así mismo en las Escrituras y se revela a sí mismo en la vida de la Iglesia.

Esta interacción dinámica entre las Escrituras y la tradición es la que mantiene viva la Palabra. Si se separa las Escrituras de la institución viva y latente a la que fueron confiadas, estas pierden su vida. Este es un punto de divergencia primordial entre los católicos y los demás cristianos no-católicos. Con este antecedente y como un intento de traer un poco de luz a este punto de divergencia, volvamos a la pregunta original: ¿De dónde vino la Biblia?

Bueno, no es que cayera del Cielo un buen día, ni apareció de pronto en la tierra, traída por un ángel de Dios. La Biblia fue escrita con tintas y plumas primitivas por personas tan normales como tú y como yo. Estas personas fueron inspiradas de una forma que ninguno de nosotros entenderá completamente en esta vida, pero era gente normal con fortalezas y debilidades.

La Biblia no es un libro. Es una colección de libros—setenta y tres en total: cuarenta y seis en el Antiguo Testamento y veintisiete en el Nuevo Testamento. De ahí el nombre *Biblia*, que en griego significa «los libros» o «biblioteca». La mayor parte de las Biblias protestantes y evangélicas contienen solamente sesenta y seis libros. Fue durante la Reforma que los cristianos no-católicos eliminaron los siguientes libros: Tobías, Judith, Macabeos 1 y 2, Sabiduría, Libro del Eclesiástico y Baruc.

Es importante anotar que durante más de mil quinientos años, todos los cristianos eran católicos y todos aceptaron estos libros como parte de la Biblia. También es interesante decir que la gran mayoría de cristianos no-católicos no tienen idea que faltan libros en su Biblia, así como que todos los cristianos no-católicos son protestantes, así estén al tanto de ello o no y la gran mayoría de ellos probablemente no puedan decirte por qué están protestando.

La Biblia no fue escrita toda al mismo tiempo, ni tampoco por una sola persona; de hecho, pasaron mil años entre la escritura del libro del Génesis y la escritura del libro del Apocalipsis.

Si hubieras vivido en la corte del Rey David (1000 –962 AC), las únicas partes que habrías podido leer de lo que ahora es la Biblia son algunas historias del Génesis, las historias del Éxodo, el viaje desde Egipto hacia la Tierra Santa y las historias de los israelitas asentándose en ella que encontramos en el libro de los Jueces.

El Antiguo Testamento fue escrito y recopilado entre los siglos XII y II AC. Está compuesto por cuarenta y seis libros y está dividido en tres categorías: El Pentateuco, los libros Proféticos y los Escritos Históricos y Sapienciales.

El Pentateuco, que es también conocido como la Ley, Torah, o los Cinco Libros de Moisés, consiste en los primeros cinco libros del Antiguo Testamento: Génesis, Éxodo, Levítico, Números y Deuteronomio. Este fue el embrión de la Biblia. La sección conocida como los Libros Proféticos incluye todos los profetas mayores y menores del Antiguo Testamento y por último, los Escritos Históricos y Sapienciales incluyen los documentos históricos.

El Nuevo Testamento fue escrito entre los años 45 d. C. y 150 d. C. e incluye veintisiete libros. Está compuesto por cuatro narraciones de la vida, muerte y resurrección de Jesús: Los Evangelios, una narración del ministerio de los apóstoles en la Iglesia temprana: los Hechos de los Apóstoles, veintiún cartas tempranas de consejo, instrucción y aliento cristiano: las Epístolas y el Apocalipsis, un libro de profecías.

Tal vez resulte innecesario decir que la Biblia no fue escrita originalmente en español (aunque por la forma en que algunos la interpretan, a veces no se sabe). El lenguaje original predominante del Antiguo Testamento fue el hebreo mientras que el griego fue el lenguaje del Nuevo Testamento. Lo que leemos en la actualidad es una traducción al español de los lenguajes originales de los profetas, apóstoles y evangelistas.

En todo caso, es importante que nos demos cuenta de que las culturas, países y épocas eran muy distintas a las que vivimos hoy en día. Algunas cosas pueden significar una cosa en una cultura y otra cosa muy diferente en otra cultura. Yo aprendí esto muy rápidamente al empezar a viajar de país en país en los primeros años en que daba charlas. En nuestra vida, aprendemos esto por los malos entendidos entre generaciones tan cercanas como padres e hijos.

También es importante que recordemos que la Biblia, como la

conocemos hoy, no fue impresa en lo absoluto hasta casi mil quinientos años después del nacimiento de Jesucristo. Es fácil olvidar en nuestro mundo moderno, donde podemos imprimir y publicar trabajos desde computadores personales y descargarlos a dispositivos digitales, que no todas las épocas disfrutaron del lujo y conveniencia de una imprenta. Por casi un milenio y medio después de la vida, muerte y Resurrección de Jesús, los únicos libros que existían eran escritos a mano. Esto ciertamente coloca en perspectiva la idea protestante-evangélica de que toda persona debe llevar consigo una Biblia. De igual forma pone en perspectiva su crítica hacia los católicos por no leer la Biblia antes de la Reforma.

Si hubieras vivido antes de la invención de la imprenta, como los hombres y mujeres de los primeros mil quinientos años de cristianismo, no habrías tenido en lo absoluto acceso material a una Biblia. No porque la Iglesia haya querido mantener ignorantes a las personas, o porque los líderes de la Iglesia no querían que la gente leyera las Escrituras; simplemente porque cada volumen de la Biblia era un manuscrito original copiado laboriosamente por un fraile o monje católico sobre páginas de pergamino o vitela. Durante milenio y medio, los cristianos aprendían de las historias que llenan las Escrituras gracias a los sermones en la misa, o contemplando las historias plasmadas en los vitrales o al verlas representadas en alguna obra teatral religiosa.

Hoy, nuestros hermanos y hermanas no-católicos hacen enorme énfasis en leer y estudiar la Biblia y aunque estoy a favor de ambas, es vital que no perdamos de vista el hecho de que cientos de millones de personas pudieron conocer a Cristo sin jamás haber tenido o estudiado una Biblia. Muchos cristianos modernos dan la impresión de que no hay posibilidad de salvación sin poseer una Biblia. Si ese fuera el caso, ¿Qué pasó con los que vivieron antes de que la Biblia fuera impresa?, ¿qué pasó con aquellos que vivieron antes de que fuera incluso escrita en su forma actual?, ¿cómo conocieron los hombres y mujeres a Jesús antes del siglo XVI?, ¿cómo se inspiraba a personas de tierras lejanas a vivir la vida cristiana antes de que la Biblia estuviera disponible para producción en serie? La belleza del catolicismo se encuentra precisamente ahí, en el vacío de conocimientos que la mayoría de protestantes tiene acerca de la historia cristiana.

¿Acaso Dios tiene favoritos?, ¿será que favoreció a aquellos que nacieron después del siglo XV más que aquellos que nacieron antes? Seguramente Dios deseó que los innumerables millones de personas que vivieron antes del siglo XV supieran y siguieran las enseñanzas de Jesús. Pero ¿cómo lo iban a hacer si no tenían Biblias, o dinero para comprar Biblias, o no podían leer la Biblia, incluso si hubieran tenido una, o no la podían entender incluso si la hubieran podido leer?

Desde la perspectiva católica, la salvación está disponible para aquellos hombres y mujeres de cualquier edad y cultura. A través de las enseñanzas de la Iglesia, durante dos mil años, personas de todo el mundo han aprendido sobre la vida y enseñanzas de Jesucristo. Las personas de toda época y lugar han sido alentadas a creer y hacer aquello que Jesús enseñó y en muchos casos, este grandioso trabajo ha sido logrado en todos los rincones del globo sin necesidad de una Biblia impresa.

Teniendo este conocimiento claro y conciso sobre la historia de las Escrituras, la teoría protestante de la *sola scriptura*, o «la Biblia y nada más», pierde fuerza convirtiéndose en el mayor disparate bien argumentado de la historia de la humanidad.

Los cristianos de toda denominación alrededor del planeta tienen una gran deuda con la Iglesia Católica. La Iglesia Católica, inspirada y guiada por el Espíritu Santo, es responsable de la formulación, preservación e integridad de las Sagradas Escrituras. Durante mil quinientos años, donde no había bautistas, luteranos, pentecostales, metodistas, anglicanos, evangélicos, protestantes sin denominación, o cualquier otra iglesia cristiana de cualquier tipo, la Iglesia Católica preservó las Escrituras del error, las protegió de la destrucción y extinción, las multiplicó en todos los lenguajes de la tierra y llevó las verdades que contienen hacia personas en todo lugar. Varias veces, ha habido personas que han intentado manipular y corromper estos escritos—y en algunos casos lo han logrado—pero la Iglesia Católica ha preservado una versión que es completa y libre de la manipulación humana.

Paradójicamente, muchos que dicen amar a Jesucristo, son bastante hostiles hacia la Iglesia que ha protegido sin ayuda los registros de su vida y enseñanzas por tanto tiempo.

La Biblia es la más sublime y profunda colección de escritos de la historia. Por lo tanto, se sobrentiende que estos escritos sean difíciles de entender. La interpretación individual de la Biblia es un camino muy resbaloso que lleva a quienes lo hacen hacia una gran confusión, angustia y dolor. La historia del cristianismo en los últimos quinientos años es prueba de ello. Este tipo de enfoque no promueve la unidad y siempre lleva a la división entre cristianos. Qué tristeza sentirá Cristo al ver las disputas y divisiones de la historia cristiana. Después de todo, en su última oración él dijo «que todos sean uno» (Juan 17, 22).

Es por ello que la Iglesia Católica en su sabiduría, ha defendido tan firmemente su derecho único para interpretar el significado de las Escrituras a lo largo de la historia. La voz viva de la Iglesia Católica se levanta como faro para todos los hombres y mujeres de buena voluntad y anuncia la vida y enseñanzas de Jesucristo con la Tradición en una mano y las Escrituras en la otra.

En última instancia, interpretar las Escrituras desemboca en una cuestión de autoridad. Probablemente no sea sorpresa que el más grande obstáculo hacia la unidad cristiana sea también una cuestión de autoridad. El mayor reto que enfrentamos como cristianos en nuestra búsqueda de unidad es liberar a tanta gente de una sumisión ciega a un libro y llevar hacia una obediencia amorosa a Dios, vivo y presente en la Iglesia que es una, Santa, Católica y Apostólica.

• Jesús: Punto de Inflexión en la Historia de la Humanidad •

A lo largo de la historia, todas las civilizaciones han tratado de comunicarse con Dios. Cada sociedad se ha acercado a Dios en formas distintas y aunque muchas de ellas nos parezcan extrañas hoy en día, todas convergen en una verdad única: dentro del corazón de cada persona hay un deseo de conocer a Dios y un anhelo de llegar a estar más cerca de él. De igual forma, en cada momento de la historia, Dios se ha acercado al hombre.

Dios desea estar con su pueblo.

La máxima expresión de su deseo de llegar a nosotros fue la venida de Jesucristo. Nacido hace dos mil años, Jesús de Nazaret no es un mito ni una leyenda, sino una bien documentada figura de la historia. Más que eso, es el Mesías de quien se había profetizado en las Escrituras judías—nuestro Antiguo Testamento—y que había sido largamente esperado por el pueblo judío. Sus milagros son la evidencia que respalda este título, pero a fin de cuentas cada uno debe decidir por sí mismo: ¿Fue Jesús un mentiroso, un lunático, o el Mesías como él lo anunció? Yo pienso que solo mediante ese regalo maravilloso y misterioso llamado fe, podemos concluir que Jesús fue quien decía que era.

A lo largo de la historia, toda noble tarea humana ha sido una preparación para la venida de Jesús o una respuesta a su vida y enseñanzas.

Jesús vivió una vida en esta tierra. Comió, bebió y caminó por las calles. ¿Lo conoces como persona o es solo una figura histórica para ti? Es crucial que vayamos más allá de la fachada de la historia de Jesucristo y nos adentremos en su vida y enseñanzas. Debemos dejar que su Espíritu inunde los pensamientos, palabras y acciones de nuestro diario vivir. Para hacerlo, es necesario que lleguemos a conocer los Evangelios íntimamente.

San Jerónimo escribió, «La ignorancia de las Escrituras es la Ignorancia de Cristo». La gran tragedia del mundo actual es que las personas saben más acerca de su grupo musical o deportista favorito que de Jesucristo. Conoce a Jesús. Lee los Evangelios. No dejes pasar un día sin reflexionar alguna de las preciosas palabras que contienen esos cuatro libros. No te apures leyéndolos. Elige una pequeña sección y léela lentamente. Reflexiona sobre su significado. Luego vuélvela a leer y medita las palabras. Deja que ellas penetren la dureza de tu corazón. Deja que las palabras del Evangelio erosionen tus prejuicios personales, que limpien tu estrechez de mente, que destierren tus tendencias a hacer juicios. No tienes que leer cinco capítulos diarios—solo un pequeño pasaje. Pero deja que la vida y enseñanzas de Jesucristo, vivo y presente en los Evangelios, hunda sus raíces profundamente en tu vida.

Imagínate ahí, con tus sandalias empolvadas, en aquellos días calurosos, la multitud empujando en todas direcciones mientras tratas de acercarte solo un poco a él. Solo entonces descubriremos que él es Dios y Salvador, pero también profesor, compañero, mentor, guía, hermano, maestro, médico y amigo.

• ¿Por Dónde Empezar? •

Hay muchas maneras de empezar a leer la Biblia. Podrías, por supuesto, empezar por el Génesis y leerla toda hasta el Apocalipsis. Es una forma de hacerlo y millones lo hacen así todos los días. Empiezan el año con la resolución de leer la Biblia y lo hacen, de principio a fin. El principal problema de esta forma es que los libros que conforman la Biblia, ni siquiera están ordenados de manera cronológica, por lo que se puede perder el panorama. La Biblia no fue ordenada para ser leída de principio a fin.

Empieza por los Evangelios—Mateo, Marcos, Lucas y Juan. No los leas sólo una vez. Léelos una y otra vez, durante quince o veinte minutos diarios, durante un año. Deja que la vida y enseñanzas de Jesucristo hundan sus raíces profundamente en tu corazón, mente, alma y vida.

Tal vez ya los has leído antes, o sientes que ya te has familiarizado bastante con ellos en la iglesia, pero esta familiaridad pasajera con Jesús y los Evangelios puede en realidad ser una desventaja. Nos puede llevar a pasar por alto la naturaleza radical de las enseñanzas de Jesús. Estas enseñanzas fueron radicales hace dos mil años y hoy siguen siendo igual de radicales. Si lo dudas, lee Mateo 5,44: «Ama a tus enemigos y reza por aquellos que te persiguen». Antes de esto, ¿cuál había sido la enseñanza? «Ojo por ojo y diente por diente» (Éxodo 21, 24). Es fácil leer esta enseñanza y aceptarla intelectualmente, pero para poder vivirla se requiere constante vigilancia.

Mientras no estemos dispuestos a examinar constantemente nuestra forma de vivir, amar, trabajar, pensar y hablar bajo la luz penetrante de los Evangelios, casi con seguridad nos hallaremos aceptando gradualmente el Evangelio de la conveniencia. El Evangelio de la conveniencia consiste en tomar las partes de las enseñanzas que nos parecen fáciles y cómodas, e ignorar el resto.

Tomemos como ejemplo la siguiente enseñanza, «Ama a tus enemigos y reza por aquellos que te persiguen». Cada año visito más de cien ciudades por razones de trabajo y por lo tanto, tengo la oportunidad de asistir a misa en muchas parroquias. Durante la misa, rezamos por muchas personas. Rezamos por los enfermos, por los adictos, por los hambrientos, por los solitarios, por los deprimidos, por los marginados, por los difuntos y por muchos más. Pero desde el 11 de Septiembre del 2001, no he escuchado una sola oración en nuestras Iglesias por Osama bin Laden, o por Al Qaeda, o por los terroristas y no solo eso, si un sacerdote ofreciera la misa del próximo domingo por Osama bin Laden, ¿qué tipo de reacción crees que tendrían los feligreses?

Las enseñanzas de Jesús son tan radicales hoy como lo fueron en la época en que se impartieron. Nos llaman a un estilo de vida que es tanto más desafiante como gratificante. El catolicismo no es fácil. Es un estilo de vida avanzado que requiere de todo nuestro ser; los Evangelios son un constante recordatorio de ¿para qué fuimos creados y para qué estamos llamados?

• Más allá de los Evangelios •

Una vez que te hayas familiarizado con los Evangelios, te sugiero que leas los libros narrativos. De los setenta y tres libros de la Biblia, catorce son narrativos:

Génesis

Éxodo

Números

Josué

Jueces

1.° Samuel

2.° Samuel

1.° Reyes

2.° Reyes

Esdras

Nehemías

Libro Primero de los Macabeos

Lucas

Hechos

Al leer estos libros narrativos en orden, empiezas a visualizar el panorama—la historia cronológica de la relación de Dios con la humanidad. Empieza familiarizándote con los Evangelios. Luego lee los catorce libros narrativos en orden, para tener una idea general del relato. Finalmente, explora los demás libros de la Biblia, teniendo en cuenta tanto a los Evangelios como al panorama general revelado en los libros narrativos.

La Biblia es el libro más influyente de la historia. Ciertamente, el Antiguo Testamento tiene un valor especial para aquellos de creencia judía y para los de creencia cristiana, tanto el Antiguo como el Nuevo Testamento tienen significado especial. Pero incluso fuera del contexto religioso, es imposible ignorar la importancia e influencia que ha tenido la Biblia en la historia de la humanidad. Sería imposible negar su valor desde perspectivas históricas y sociológicas. La Biblia tiene enorme relevancia, incluso desde un contexto puramente terrenal y aun cuando sea vista desde una perspectiva estrictamente académica. No obstante, nuestra cultura moderna parece intentar ignorar los escritos más influyentes de todos los tiempos. A menudo me siento admirado por la cantidad de gente supuestamente educada que no ha leído la Biblia.

• Relatos, Preguntas y Oraciones •

Ya sea que estés iniciando tu primer intento por leer la Biblia o tu siguiente intento, mientras lo haces, te invito a que prestes atención a los relatos, preguntas y oraciones.

Relatos. La Biblia es el único relato que ha dado forma y está dando forma a la historia de la humanidad. Al mismo tiempo es una colección de relatos. Encontramos que los más grandes relatos jamás contados están en la Biblia y cualquier otro es solo una variación del relato bíblico que ha hecho eco a lo largo de la historia. La razón por la que estos relatos hacen eco en la historia es porque son relatos de hombres y mujeres que luchan por conocerse a sí mismos, por conocer a Dios y por obtener su salvación. En otras palabras, son los relatos de todos los hombres y mujeres y por lo tanto son siempre relatos frescos.

Con frecuencia, las personas se admiran de la debilidad humana que tienen algunos de los principales personajes de los relatos bíblicos. Muchos se sorprenden, incluso se escandalizan por el hecho de que Dios usara personas con defectos y vicios tan grandes para acercarse a la humanidad y brindar esperanza para el futuro

El peligro es leer la Biblia como un observador. Es fácil leer estos relatos desde la fría distancia de un observador objetivo y no dejar que ellos penetren en nuestra vida. Mucha gente ha hecho esto desde el mismo momento en que fueron escritos. El desafío es involucrarse.

Es muy fácil leer la historia de Moisés guiando a los israelitas en su escape de la esclavitud hacia el desierto y pensar que no tenemos nada que aprender, o que jamás debemos quejarnos como lo hizo el pueblo judío cuando escaseaban los alimentos. La tentación es leer los Evangelios y pensar que nunca seremos crueles, calculadores, vengativos y de corazón duro como fueron muchos de los Fariseos. Estamos tentados a presumir que nosotros seríamos el leproso que volvió. Pero la tentación máxima es leer la Biblia y vernos solo en Jesús.

Cada personaje bíblico fue puesto ahí para servirte. Este desfile de personas con sus fortalezas, debilidades, fallas, caídas, defectos, talentos y habilidades, virtudes y vicios son tus sirvientes. Esperan escondidos entre las líneas de esos antiguos textos queriendo enseñarte las grandes verdades del viaje.

Ellos proporcionan un auxilio invaluable sirviendo como espejos. ¿Qué ves cuando miras en un espejo? Sí, te ves a ti mismo. Estos hombres y mujeres te brindan la oportunidad de mirar dentro de ti en tu corazón dividido y ver tu verdadero *yo*—el bueno y el malo, aquel que vale la pena y aquel que está en espera de la redención. Hasta que no hayas aprendido a verte a ti mismo en cada persona de las Escrituras, no habrás leído la Biblia.

Los relatos que llenan la Biblia son relatos de cientos de personas y sus luchas por caminar junto a Dios, por hacer el viaje del alma, por rendirse y permitir que Dios los salve. Estos son relatos de hombres y mujeres que intentaron y tuvieron éxito, o lucharon y fallaron en su búsqueda por convertirse en la-mejor-versión-de-sí-mismos. Podemos encontrar gran éxito en el viaje de algunos de estos personajes o fracaso en el viaje de otros. Pero en la mayoría encontramos una particular mezcla de éxito y fracaso; se trata de la humanidad que resuena en nosotros profundamente porque nos recuerda nuestras propias luchas. Muchos se acercan a Dios solo para abandonar sus caminos; luego, desde la angustia del quebranto y vacío de su pecado, se han vuelto a acercar a Dios para retomarlos.

Probablemente no haya mejor ejemplo que el de Pedro. Uno de los primeros llamados al círculo íntimo de Jesús, Pedro deja todo para seguirlo. Después, le da la espalda, negando incluso que lo conoce. Pero luego de la resurrección de Cristo, Pedro se convierte en la voz unificadora de la Iglesia primitiva.

¿Te identificas con Pedro? ¿Alguna vez has ignorado lo que en conciencia sabías que era correcto porque tuviste miedo de lo que otros pudieran pensar?

Como vimos antes, los relatos tienen un impacto muy poderoso en nuestra vida. Pueden transformar civilizaciones. Un relato puede perder o ganar una guerra. Los relatos pueden conquistar los corazones de millones y convertir a los enemigos en amigos. Pueden ayudar a curar a los enfermos. Los orgullosos los desprecian porque son simples, pero los relatos son los agentes de cambio más poderosos de la historia. Pueden reformar el temperamento político o espiritual de una época. Los relatos pueden ser claros u oscuros.

¿Qué relatos estás dejando que dirijan tu vida?

Preguntas. Todos tenemos preguntas y cómo las respondemos, muchas veces determina la dirección de nuestra vida. De hecho, las preguntas que nos hacemos muchas veces son más importantes que las respuestas que hallamos. La razón es porque si te haces la pregunta equivocada, siempre obtendrás la respuesta equivocada.

Nuestra cultura actual está haciendo preguntas equivocadas y por eso muchos están viviendo vidas de silenciosa desilusión. ¿Qué quiero hacer? ¿Qué gano con ello? ¿Me sentiré bien al respecto? ¿Cómo lograr que los demás me sirvan? ¿Cómo obtengo más haciendo menos? ¿Cómo obtengo más poder? ¿Qué necesito para sentirme seguro? Todas estas preguntas nos llevan al solitario camino del egocentrismo. En este contexto, nos colocamos en el centro del universo. ¿Realmente esperamos encontrar la felicidad al construir nuestra vida sobre una visión tan distorsionada de la vida y de la realidad? Nos colocamos en el centro de la historia de la humanidad y al hacerlo nos aislamos de cualquier oportunidad de felicidad duradera.

Al leer la Biblia, nos cruzamos con mucha gente que huyó de los designios de Dios, pero que nunca encontraron felicidad en sus propios planes. No fue hasta que volvieron la mirada hacia Dios y dijeron, «Aquí estoy Señor, he venido para hacer tu voluntad», (1 Samuel 3, 4), que experimentaron la plenitud y satisfacción que habían estado buscando por tanto tiempo. La más grande tontería de la humanidad es la loca fantasía de que podemos encontrar felicidad duradera separada de la voluntad de Dios.

Las preguntas que hacemos son importantes—aquellas que nos hacemos acerca de nosotros, de nuestro cónyuge, de nuestros hijos, de nuestros empleadores y empleados, de nuestros amigos y del extraño ocasional que se cruza en nuestro camino.

Las preguntas son parte integral de nuestro viaje espiritual. Despreciar las preguntas y la incertidumbre que conllevan constituye una tentación, pues la incertidumbre es un regalo espiritual diseñado para ayudarnos a crecer. De cuando en cuando, de nuestro corazón y mente surgen grandes preguntas. Cuando esto te suceda, no dejes que tu corazón se perturbe. Aprende a disfrutar la incertidumbre. Aprende a amar a las preguntas. Las preguntas son vida.

Hace tres o cuatro años, mi hermano Andrew me regaló un libro titulado *Cartas a un Joven Poeta*. Es un pequeño libro que contiene una colección de cartas escritas por el gran poeta lírico alemán Rainer Maria Rilke a Franz

Kappus, quien por entonces era un joven aspirante a poeta. En una de las cartas, Rilke escribió algunas palabras que se han mantenido grabadas en mi corazón desde que las leí y subrayé, *«Ten paciencia con todo aquello que todavía no está resuelto en tu corazón y procura encariñarte con las preguntas mismas, como si fuesen habitaciones cerradas o libros escritos en un idioma extraño. No busques de momento las respuestas que necesitas; no te pueden ser dadas, porque tú no sabrías vivirlas aún—y se trata precisamente de vivirlo todo. Vive ahora tus preguntas. Tal vez, sin advertirlo siquiera, llegues a internarte poco a poco en la respuesta anhelada y, en algún día lejano, te encuentres con que ya la estás viviendo también».*

Trata de disfrutar la maravilla de las preguntas en tu vida. Permite a tu alma respirar profundamente, tal como el cuerpo lo hace en ciertas circunstancias. Párate en medio de la incertidumbre de las grandes preguntas que la vida propone, toma un suspiro profundo y disfrútalas.

La Biblia está llena de preguntas. Cada persona que encontramos en las Escrituras está preguntando algo, explícita o implícitamente, de la vida, de Dios, o de sí misma. Al pasar de un libro a otro, de un relato a otro, pon atención a las preguntas que cada persona está haciendo.

Y si te encuentras una pregunta hecha por Dios, pon mucha atención. Dios no necesita preguntarnos nada; Él ya conoce todas las respuestas. Por lo tanto, cuando hace una pregunta, no lo hace por Él, sino por nosotros. Nos hace preguntas como un gran maestro: Dios pregunta para educar.

El ejemplo perfecto de este cuestionario divino es el tercer capítulo del Génesis. Dios paseaba por el jardín a la hora de la brisa como todos los días. Solo que ese día, Adán y Eva se ocultaron. Dios llamó a Adán diciendo: «¿Dónde estás?» (Génesis 3, 9). Él no pregunta porque no sepa dónde está. Lo hace porque quiere que se dé cuenta dónde está. Dios quiere que Adán y Eva se den cuenta de lo ridículo que resulta esconderse de Él, pues quiere que se den cuenta que le han dado la espalda, que han obrado en contra de sus designios de vida y que han rechazado su amistad. Al llamarlos, «¿Dónde están?», logra que se den cuenta dónde están y dónde deberían estar.

A menudo escucho esta llamada de la misma manera en los momentos

del día: me hallo sin rumbo en el camino y Él me llama, «¿Dónde estás?».
Elevo una plegaria para que todos podamos escuchar su suave voz en las
circunstancias de nuestro diario vivir.

Oraciones. Tejidas entre estos eternos relatos y las grandes preguntas que la
Biblia genera, también encontramos algunas de las más hermosas oraciones
jamás escritas.

La oración de Yabés es sólo un ejemplo: «Cólmame, te ruego, de bendiciones y ensancha mis términos; protégeme con tu mano y guárdame del
mal, de modo que no padezca aflicción» (1 Crónicas 4, 10). Pero este es sólo
un ejemplo de los cientos de oraciones que surgen al leer la Biblia.

Cuando estés confundido o preocupado, fatigado o distraído y encuentras difícil concentrarte durante la oración, usa estas palabras. A menudo uso
un Salmo como mi última oración del día. Me arrodillo junto a la cama y
solo recito las palabras del Salmo lentamente. A veces lo hago una noche tras
otra, día tras día. Otras veces, al final de un largo día simplemente escojo
uno de mis favoritos en busca de guía y calma.

La Biblia es el tesoro más grande de oraciones. Algunas de ellas son
obvias, como los Salmos, pero otras son tesoros escondidos en los relatos,
esperando ser descubiertos.

En medio de las preocupaciones y ocupaciones de un día complicado,
me gusta usar lo que llamo las Primeras Oraciones Cristianas para man-
tenerme conectado con mis prioridades espirituales. Las Primeras Oraciones
Cristianas es el nombre que le he dado a las palabras que la gente dirigió a
Jesús durante su vida. Cuando rezamos, hablamos y escuchamos a Dios.
Estas palabras fueron dichas directamente a Jesús—verdadero Dios y verdadero hombre—por lo que pienso que tienen un poder especial.

Cuando siento que Dios me está llamando a hacer algo, pero no estoy
seguro de qué, o cuando tengo que tomar una decisión y no sé qué opción
elegir, rezo las palabras del hombre ciego: «Señor, abre mis ojos para que
pueda ver» (Mateo 20, 33). Rezo esta oración una y otra vez en los momentos
del día, usándolas como una jaculatoria en los momentos libres—en la luz

roja, en la cola del supermercado, cuando me ponen en espera en el teléfono.

Durante momentos de duda, cuestionamiento o confusión, uso las palabras del padre del niño poseído: «Señor, yo creo pero aumenta mi fe» (Marcos 9, 24).

En otros momentos, uso las palabras del ladrón junto a Jesús: «Jesús, acuérdate de mí cuando entres en tu Reino» (Lucas 23, 42).

Y una de mis oraciones favoritas son las palabras de Pedro cuando Jesús le pregunta tres veces, «¿Me amas?» y Pedro le responde, «Señor, tú lo sabes todo, tú sabes que te amo» (Juan 21, 17). A veces uso esta oración cuando he ofendido a Dios con mis palabras o acciones. En otros momentos las uso cuando me siento desesperado, o impotente en mi intento para expresar mi amor por Dios.

Cuando mi pecado me abruma, rezo «Si tú quieres puedes sanarme» (Mateo 8, 2).

Rezo estas sencillas oraciones una y otra vez a lo largo del día. Ellas me permiten estar conectado con Dios incluso entre las muchas actividades que hacen que mis días sean sumamente ocupados.

• 77 Años •

Si hubieras nacido en 1900, tu expectativa de vida habría sido cuarenta y siete años. Hoy, el promedio de las personas en América del Norte vive setenta y siete años. Mi pregunta para ti es: ¿Cómo le vas a decir a Dios que no tuviste tiempo para leer su libro?

La Biblia no es solo un libro más en nuestra biblioteca. Las palabras tienen valor de acuerdo a quién las escribe o habla. Si un mentiroso te cuenta algo, no le das valor ni atención a sus palabras. Pero si un hombre honorable y honesto te cuenta algo, incluso si lo que te dice desafía tus más hondas creencias personales, considerarías cuidadosamente sus palabras, porque lo respetas como un hombre íntegro.

La Palabra de Dios merece ser analizada con reverencia y asombro. Es demasiado fácil confiarnos en que ya sabemos tal o cual historia y por lo tanto desconectarnos; hacer esto es un error. La Palabra de Dios se renueva y se refresca constantemente, incluso para aquellos que han dedicado su vida a explorarla. La razón es porque nuestra vida, nosotros y nuestra relación con Dios están cambiando constantemente.

Si todavía no has tenido una experiencia que haya cambiado tu vida con la Biblia, me siento emocionado por la oportunidad frente a ti en este momento. Mi esperanza es que este capítulo te haya intrigado y te haya dado seguridad, como para que tomes una Biblia y empieces una fabulosa aventura en tu vida espiritual.

Capítulo Dieciséis

EL AYUNO

En un mundo obsesionado por el placer, el quinto pilar puede demostrar la importancia de nuestra espiritualidad más que cualquier otra disciplina espiritual. Fuimos creados para amar y ser amados y como tales, anhelamos amar y ser amados. Mientras hombre y mujer tengan este anhelo, las prácticas y tradiciones de nuestra fe serán importantes. Explicaré.

Con frecuencia se dice que en nuestra época actual hay falta de amor. Usualmente se mencionan las tasas de divorcio como argumento. Sin embargo, yo diría que nuestra cultura no está atravesando por una falta de amor, sino más bien por una falta de auto-pertenencia. Nuestra capacidad para amar está directamente ligada con el nivel de auto-pertenencia que tengamos. Para amar, para poner a otro antes que nosotros, necesitamos pertenencia. Aquel que tiene poca auto-pertenencia piensa sólo en sí mismo y constantemente coloca sus deseos antes que los del resto. El propio acto de amar es un acto de auto entrega, de darnos al otro. Pero para poder darnos, primero debemos pertenecernos. Esta auto-perteencia es la que ha sido masivamente disminuida por las ideas hedonistas de nuestra cultura. Algunos de los síntomas son las relaciones rotas, las altísimas tasas de divorcio, las relaciones que se mantienen sólo por conveniencia y cualquier disfunción incluso en la relación más saludable. La enfermedad es nuestra falta de auto-pertenencia.

Todas las disciplinas espirituales que forman el gran paisaje de la espiritualidad católica están diseñadas de una forma u otra para restaurar nuestra auto-pertenencia perdida para que podamos, una vez más, amar a Dios y al prójimo y ser amados de la misma forma en que fuimos creados para serlo.

• En Búsqueda de una Visión •

La época actual está en búsqueda de una visión auténtica del ser humano. ¿Somos sólo animales? ¿Somos animales inteligentes o somos creaturas de

Dios? ¿Somos el resultado de la evolución, del big bang, de la mano amorosa de un creador o una mezcla de estos? ¿Estamos aquí para experimentar todo el placer que podamos en nuestra corta existencia o es que hay alguna misión superior y un propósito en nuestra vida? La forma en que vivimos, amamos, trabajamos, votamos y participamos en la sociedad es un resultado directo de aquella visión del ser humano a la que nos acogemos.

En los Estados Unidos, el año pasado gastamos más de treinta mil millones de dólares en productos dietéticos. Esta cantidad es mayor que lo que gastamos en libros y mayor que el producto interno bruto de por lo menos cincuenta de las naciones más pobres del mundo. Ahora, para mí, la única dieta que la mayoría necesita es solo un poco de disciplina. Pero no queremos ninguna disciplina. Queremos que alguien en las teletiendas nos diga que si tomamos esta pastillita dos veces al día, todos los días, podemos comer todo lo que queramos, a cualquier hora. Queremos que alguien nos diga que si compramos este equipo de ejercicios y lo usamos durante veinte minutos, dos veces por semana, tendremos la figura de un o una supermodelo. Queremos que alguien nos diga, «Puedes estar sano y feliz sin disciplina».

La verdad es que no puedes estar sano y feliz sin disciplina. De hecho, si quisieras medir el nivel de felicidad en tu vida, bastaría que midieras el nivel de disciplina que hay en ella. Nunca tendrás más felicidad de lo que tienes disciplina, pues ambas están relacionadas directamente una con otra.

Aquí, por supuesto, es donde aparece el gran abismo entre la Iglesia y la cultura. El mensaje que nuestra cultura nos trae con incansable entusiasmo es: «Puedes ser feliz sin disciplina». ¡Haz cualquier cosa que se te antoje y serás feliz! Mientras la Iglesia dice: «No puedes ser feliz sin disciplina; de hecho, ¡la disciplina es el camino hacia la felicidad!» Ambos mensajes prometen la felicidad y sin embargo, no pueden ser más diametralmente opuestos; entonces, ¿cuál es el que realmente lleva hacia la felicidad que anhelamos y para la que fuimos creados?

La Iglesia trae un mensaje difícil de trasmitir. En algún momento, todos hemos atravesado por la dificultad de trasmitir un mensaje sobre la importancia de la disciplina. Sin embargo, la Iglesia lo hace continuamente, porque tiene sus raíces enterradas muy profundamente en el entendimiento de aquello que hace al hombre prosperar y brillar. No olvides esto: la Iglesia tiene una visión de plenitud y santidad para el hombre y todo lo que hace la Iglesia debería ayudar a sus miembros a convertirse más perfectamente en aquello que Dios soñó que fueran cuando los creó.

Esta visión del hombre es crítica en nuestro desarrollo como individuos, comunidades, naciones y como miembros de la familia humana. La razón es porque nuestra posición respecto a todo lo demás fluye desde una visión del ser humano. Nuestra posición respecto al cuidado médico, seguro social, educación, sexualidad, el papel del trabajo, negocios y economía y muchas otras cosas, fluye desde esta visión primaria que tenemos sobre el propósito del hombre. El mensaje de la Iglesia perdura y se opone a aquel de la cultura actual porque la Iglesia se conduce por su increíble visión del hombre.

Cuando preguntas « ¿Qué visión tiene la cultura acerca del hombre?», el silencio es ensordecedor. La cultura no tiene una visión acerca del hombre. Entonces, ¿qué empuja a la cultura de hoy? El consumismo.

Y si la cultura no tiene una visión del hombre, ciertamente no tiene una visión de la familia. De hecho, la cultura preferiría que cada familia se rompiera, porque una familia rota necesita dos lavadoras, dos cortadoras de césped y dos de casi todo lo demás y si la cultura pudiera, rompería las familias en dos, tres, cuatro partes porque lo prefiere así.

La ausencia de cualquier deseo por ayudar a que las personas se conviertan en la-mejor-versión-de-sí-mismos y explorar el potencial del hombre en nuestra cultura es tan alarmante y en un nivel tan profundo que es muy probable que la mayoría no se den cuenta sino cuando sea muy tarde.

Esto no tiene por qué ser así. Imagina una cultura en la que la música y las artes exaltaran la belleza del hombre e inspiraran a las personas a explorar todo el potencial que Dios les ha dado. Imagina una cultura en la que los legisladores se concentraran menos en intereses particulares y más en crear una sociedad que incentive y ayude activamente a que las personas sean la-mejor-versión-de-sí-mismas. Imagina una cultura en la que todos los hombres, mujeres y niños fueran educados no simplemente para perpetuar el comercio, sino de una forma en que llegaran a entender quiénes y qué son, en qué son capaces de convertirse y cómo podrían usar sus talentos y habilidades para hacer una contribución inigualable. Pareciera ser que estamos muy lejos pero una cultura así es posible.

• Cuerpo y Alma •

Tú eres una delicada mezcla de cuerpo y alma. Esta es la característica esencial del hombre. Tu cuerpo y tu alma están cuidadosamente relacionados por tu voluntad y tu intelecto. En su forma actual, tu cuerpo es temporal. Un día, morirá, será enterrado y se degradará. Tu alma, sin embargo, es eterna. El cuerpo y el alma están constantemente luchando por dominar—entonces ¿cuál debería ser la que pilotee el barco? ¿Te parece lógico que algo que es temporal conduzca algo que es eterno? No. Aquello que es eterno debería conducir y guiar lo que es temporal. Pero por más que esto tenga sentido en el contexto de una discusión intelectual, tú y yo sabemos cuán fácil es dejarnos seducir por las cosas de este mundo.

Hay muchas voces en nuestra vida: las voces de la familia y los amigos, las voces de los maestros y la cultura y las voces del arte y la historia. Por supuesto, en medio de todas estas voces, muy dentro de ti, está la voz de la conciencia. Todas estas voces influyen en nosotros en distintos momentos y en distintas medidas. Hay otra voz que juega un papel poderoso en nuestra vida—la voz del cuerpo.

Tu cuerpo tiene una voz y te está hablando constantemente. Al levantarte, tu cuerpo exige: «aliméntame» y entonces comes. Después de un par de horas, el cuerpo exige: «tengo sed» y entonces bebes. Luego, el cuerpo exige: «estoy cansado» y entonces descansas. Otra vez el cuerpo exige: «aliméntame» y lo haces. Cuando llega la hora de hacer ejercicios, tu cuerpo reniega: «no tengo ganas», entonces no los haces y al final del día, tu cuerpo te dice: «estoy listo para dormir» y entonces duermes. Nos demos cuenta o no, nuestro cuerpo está ordenándonos todo el tiempo. Siempre demandando, aliméntame, dame descanso, compláceme, mímame, nútreme, lávame, alíviame, dame de beber...

Pero ¿a dónde nos lleva esta voz?

En el la actualidad, en la mayoría de los casos el cuerpo está ganando la batalla por la dominación entre el cuerpo y el alma. En sentido figurado, el cuerpo es como el dinero—un gran sirviente, pero un terrible amo. El ayuno es una de las ingeniosas prácticas que la Iglesia nos enseña para asegurarnos que el cuerpo no se convierta en nuestro amo.

• La Muerte de la Disciplina •

Parecería que quisiéramos evitar la disciplina a cualquier costo. Lejos de verla como una amiga en nuestra búsqueda de amar y ser amados, la tratamos como a una enfermedad. La idea de libertad proclamada por el mundo actual es anti-disciplina, pero la verdadera libertad no puede ir separada de la disciplina.

El ejemplo más evidente de esta paradoja es nuestra forma de afrontar los hábitos alimenticios, mencionados anteriormente. Durante más de dos décadas, la industria de productos dietéticos ha sido una de las más crecientes industrias en cualquier sector de la economía. Cada día, más y más productos colman las estanterías, mientras la publicidad llena los espacios televisivos y de radio, ponderando las maravillas que estos productos son capaces de lograr. Sin embargo, si has ido a la playa últimamente, verás que a pesar de los miles de millones de dólares que gastamos en estos productos, seguimos engordando más y más cada año al grado que esta situación ha pasado de curiosa a ridícula.

¿Qué es lo que las personas buscan en estos productos dietéticos y por qué tantos fracasan con las dietas?

De lo que he observado, las personas quieren una dieta que les permita comer lo que quieran, cuando quieran y aun así tener una gran figura, sentirse excelente y perder esos indeseables kilos extra. Básicamente lo que buscamos es un producto milagroso que elimine la necesidad de cualquier tipo de disciplina en nuestros hábitos alimenticios y de ejercitación, para que podamos continuar satisfaciéndonos de formas hedonistas comprometiendo continuamente la-mejor-versión-de-nosotros-mismos.

Las dietas no fallan porque el programa o el producto no hayan sido buenos. Las dietas fallan porque no tenemos la disciplina para adoptar un programa de alimentación y ejercicios que nutran y promuevan nuestro máximo potencial físico como seres humanos.

La moderación es la única dieta que la mayoría de las personas necesita, pero parece que nos falta la fuerza interior para elegir aquello que es bueno, verdadero y adecuado para nosotros. Queremos lo que nos hace bien, pero no tenemos la fuerza para elegirlo. Este problema no es nuevo ni único para el mundo actual. El hombre de toda época experimentó la misma dificultad. Esta es una de las razones para que, durante miles de años, haya practicado una variedad de ejercicios espirituales. Uno de los muchos beneficios de estos ejercicios es la fuerza de voluntad que proporcionan.

El ayuno es un ejemplo claro de estos ejercicios espirituales. Abre tu corazón y tu mente. Deja a un lado tus prejuicios y redescubre la grandeza del ayuno y cómo puede cambiar tu vida.

• El Ayuno y las Escrituras •

Para el pueblo hebreo, el ayuno era ocasional y usualmente usado como un signo de arrepentimiento. La Torá exige solo un día de ayuno cada año: en el Yom Kippur, el Día de la Expiación. Mucho después se agregaron cuatro días más de ayuno a la tradición judía, para conmemorar los eventos que llevaron a la destrucción de Jerusalén.

Los israelitas ayunaron por petición de Samuel cuando quitaron a los dioses falsos Baal y Astarté y sirvieron sólo a Yaveh (cf. 1 Samuel 7, 2-6). El ejército israelita entero usó el ayuno como preparación para la batalla (cf. Jueces 20, 26 y 2 Crónicas 20, 3-4). Daniel ayunaba mientras oraba, pidiendo a Dios que le concediera la sabiduría para entender las Escrituras (cf. Daniel 9, 3). Ante el pedido de Jonás y para salvar a la ciudad de Nínive, el rey proclamó un ayuno, pidiendo al pueblo que abandonara su mala conducta y sus acciones violentas (cf. Jonás 3, 7-9).

En cada uno de estos casos, el ayuno se usó para buscar con humildad la voluntad de Dios. Una y otra vez, el Antiguo Testamento deja totalmente claro que el ayuno auténtico implica alejarse del mal y volver la mirada hacia Dios. El ayuno que no está ligado a la conversión es inservible. Isaías habla en contra de esto, anunciando la falta de valor que esta práctica tiene en un espíritu erróneo (cf. Isaías 58, 3-7). Las Escrituras nos recuerdan continuamente que las acciones externas son insuficientes; deben ir ligadas a una conversión interna de corazón.

El Nuevo Testamento también resalta la antigua práctica espiritual del ayuno y la vida y enseñanzas de Jesús proporcionan señales específicas de su papel y significado.

Antes de que Jesús iniciara su vida pública, fue «conducido por el Espíritu al desierto», donde ayunó durante cuarenta días (Mateo 4, 1). Jesús no ayunó en expiación por sus pecados; pues él era libre de pecado. Su ayuno fue en preparación para su misión. El hecho de que Jesús fuera conducido por el Espíritu hacia el desierto para ayunar, es tal vez la mayor evidencia que tenemos acerca de la naturaleza del ayuno como un ejercicio espiritual en vez de una simple práctica física o logro personal.

En el desierto, Jesús fue tentado por el diablo para abandonar su ayuno y darse un festín. Jesús lo rechazó diciendo: «No sólo de pan vive el hombre, sino de toda palabra que sale de la boca de Dios». (Mateo 4,4). El ayuno es un poderoso recordatorio de que hay cosas más importantes en la vida que la comida. El auténtico ayuno cristiano nos ayuda a liberarnos de nuestras ataduras hacia las cosas de este mundo que, con frecuencia nos impiden que nos convirtamos en la-mejor-versión-de-nosotros-mismos. Ayunar también nos sirve como recordatorio de que todo en este mundo pasará y nos anima a tener presente la vida después de la muerte.

Deja de comer por algunas horas y te darás cuenta de lo débiles, frágiles y dependientes que somos. Este auto conocimiento elimina la arrogancia y promueve un reconocimiento de nuestra absoluta dependencia de Dios.

Posteriormente, durante su vida pública, Jesús fue desafiado y cuestionado acerca del por qué sus discípulos no ayunaban como los discípulos de Juan el Bautista y los fariseos. En su respuesta, reveló uno de los principales propósitos del ayuno: «¿Pueden acaso ayunar los invitados a la boda mientras el novio está con ellos? Mientras el novio está con ellos, no tiene sentido que ayunen. Pero llegará un día en que el novio les será quitado. Entonces ayunarán» (Marcos 2, 19-20).

Uno de los fines principales del ayuno es ayudarnos a ser conscientes de la presencia de Dios en nuestra vida y en el mundo que nos rodea. El ayuno también nos hace conscientes de la ausencia de Dios en distintas áreas de nuestra vida. Puesto que Jesús—Dios y hombre—estaba ya en su presencia, los discípulos no necesitaban ayunar como nosotros cuando Jesús estaba con ellos.

Jesús enseñó a sus discípulos sólo una vez lo concerniente al ayuno. Durante el Sermón de la Montaña en el Evangelio de Mateo, Jesús se refiere al ayuno tal como lo hace sobre la limosna y la oración. «Cuando ayunen, no anden tristes como lo hacen los hipócritas, que desfiguran su apariencia para que la gente vea que ayunan. Les aseguro que ya han recibido su recompensa. Tú, cuando ayunes, perfúmate la cabeza y lávate la cara, de modo que nadie note tu ayuno, sino tu Padre, que está en lo escondido y tu Padre que ve hasta lo más escondido, te recompensará» (Mateo 6, 16-18).

En cuanto a la limosna y la oración, Jesus nos pide que recordemos que el ayuno es un ejercicio espiritual y como tal es predominantemente una acción de la vida interior. No ayunamos para impresionar a los demás. Ayunamos para cultivar la vida interior. Ayunar debería ser ocasión de júbilo, mas no causa de tristeza. El ayuno auténtico nos acerca a Dios y abre nuestro corazón para recibir sus muchos regalos.

Jesús menciona el ayuno en una ocasión más. En mi caso, este ha sido el pasaje más importante en lo que tiene que ver con el maravilloso ejercicio espiritual del ayuno. Pienso que este pasaje esconde una de las mayores enseñanzas espirituales prácticas; y sin embargo, ha sido removido o alterado en la mayoría de Biblias modernas.

En el Evangelio de Marcos, se nos habla de un hombre que trae a su hijo poseído para que Jesús lo sanara. El padre del muchacho explica que pidió a los discípulos de Jesús que lo expulsaran, pero no pudieron hacerlo aun cuando habían sido capaces de sanar a muchos otros con males similares. Cuando

Jesús llega a la escena, expulsa al espíritu inmundo, ordenándole que saliera del cuerpo del joven y este quedó curado. Los discípulos estaban confundidos por que ellos no habían podido expulsar al demonio; entonces, cuando la multitud se había dispersado y estaban a solas con Jesús, «sus discípulos le preguntaron en privado, "¿Por qué nosotros no pudimos expulsarlo?" Él les contestó, "Esta clase de demonios no puede ser expulsada sino con oración y ayuno."» (Marcos 9, 28-29).

Tal vez pienses que la gente no sufre de posesiones demoníacas en los tiempos actuales. No estés tan seguro. Los demonios de la actualidad son en muchos casos más sutiles que los de la época de Jesús. Yo les aseguro que muchos borrachos toman actitudes de una persona que está sufriendo de posesiones demoníacas y hay muchos otros tipos de posesión que se han vuelto pavorosamente comunes hoy en día. La próxima vez que veas a alguien perder los estribos, pregúntate a ti mismo si no parece ser alguien poseído. Mira a tu alrededor y descubrirás que con demasiada frecuencia te cruzas con personas que están poseídas de una forma u otra por «espíritus malignos».

En mi propio caso, yo he conocido al demonio del pecado habitual. Cuando volví la mirada hacia Dios por primera vez en el ocaso de mi adolescencia, me encontraba poseído por aquel demonio. Traté de luchar contra él con todas mis fuerzas, pero nada funcionaba. Oraba, rogando a Dios que me liberara de este pecado, pero no lo hacía. Traté de usar toda mi fuerza de voluntad, pero tampoco funcionó. Un día me di cuenta del pasaje del Evangelio de Marcos que cité anteriormente y en ese momento sentí la mano de dios sobre mi hombro. Animado por el ejemplo de un amigo, algunas semanas después empecé a ayunar todos los viernes, comiendo solo pan y bebiendo solo agua. Ofrecía este ayuno a Dios, pidiéndole que me liberara y fue entones cuando Dios ahuyentó de mi vida al demonio del pecado habitual. Estoy convencido de que ciertos demonios de nuestra vida «solo pueden ser expulsados mediante la oración y el ayuno.» (Marcos 9, 29). Si estás sufriendo la esclavitud de malos hábitos enraizados, vuelve tu mirada a Dios a través de la oración y del ayuno. Si estás siendo atormentado por los demonios del pecado habitual, vuelve a Dios mediante la oración y el ayuno.

Es importante notar cuán diferentes son las razones para ayunar de las razones para hacer dieta. El ayuno es en esencia una declaración de humildad, mientras que la dieta está usualmente ligada al ego, la vanidad y el orgullo. También es interesante notar que la cultura secular toma todo aquello que es sagrado y lo diluye, ridiculizándolo al tomar la posición contraria, o separándolo de su verdadero significado y propósito. Hacer dieta es la secularización del maravilloso ejercicio espiritual llamado ayuno. Pero el hacer dieta está exento de los motivos y razones más importantes: arrepentimiento, auto negación, humildad, dominio propio y el poder espiritual que se logra de estas disposiciones.

Tú eres una delicada mezcla de alma y cuerpo. El ayuno es para el cuerpo lo que la oración es para el alma. Efectivamente, el ayuno es la oración del cuerpo y el ayuno corporal conduce hacia el banquete espiritual.

• La Historia del Ayuno Cristiano •

Luego de la muerte, resurrección y ascensión de Jesús, el ayuno rápidamente se convirtió en parte integral de las prácticas de los primeros cristianos. En aquella época, algunos grupos·judíos ayunaban los martes y jueves. Para distinguir sus propias prácticas, los primeros cristianos ayunaban los miércoles y los viernes. En el mundo judío-cristiano un día de ayuno generalmente implicaba abstenerse de toda clase de alimento hasta la comida vespertina, que se servía después de la puesta del sol.

Aunque algunos argumentan que el ayuno no fue incorporado a la práctica de la vida cristiana por siglos, hay evidencia considerable de lo contrario. De hecho, el ayuno era parte del estilo de vida de los primeros cristianos. Un manuscrito muy antiguo conocido como la Didaché que describe las prácticas y creencias cristianas, recomienda a los fieles: «Ayuna por aquellos que te persiguen».

El ayuno era también común entre estas primeras comunidades cristianas como preparación para los sacramentos, incluyendo la primera comunión y el bautismo. En el caso del bautismo de adultos, tanto el bautista como el bautizado, observaban un ayuno de preparación.

En el Siglo IV, la Iglesia empezó a regular la práctica del ayuno y desde entonces, esta ha cambiado notablemente en distintas ocasiones. En la Edad Media, se empezaron a hacer distinciones sobre la cantidad y tipo de alimentos a ser consumidos durante un día de ayuno. Fue durante esta época en que se establecieron reglas para abstenerse de alimentos como carnes, huevos y productos lácteos en los días de ayuno.

Paulatinamente, el número de días de ayuno se incrementó con los años, designándose como días de ayuno las vísperas de las fiestas más importantes así como los días de ceniza. Mientras el número de días de ayuno aumentaba, también lo hacían las razones para ser dispensado de ello. Todo esto coadyuvó para que la práctica del ayuno se hiciera cada vez más compleja. Estas crecientes complicaciones tendieron a transformarla más en un asunto legal que una práctica espiritual y desviaron el objetivo de transformación interior hacia demostración exterior. El motivo para ayunar se convirtió en una obligación y dejó de ser la conversión y la penitencia.

Aunque ha habido algunos cambios en la práctica del ayuno a través de los siglos, el entendimiento que la Iglesia tiene de ella se ha mantenido invariable. En el siglo XIII, el gran estudioso, santo y doctor de la Iglesia, Tomás de Aquino, estableció estos tres valores del ayuno: para la represión de la concupiscencia (deseos incontrolables) de la carne, para la expiación de los pecados y para una mejor disposición hacia las cosas del cielo.

Fue tal vez en los monasterios donde se preservaron los propósitos y objetivos del ayuno a lo largo del tiempo. Aquí, era claro que el propósito y meta principales eran la unión con Dios. Este punto ha sido drásticamente subestimado, principalmente debido a la idea equivocada de que la unión con Dios era un premio reservado únicamente para los santos y místicos.

En la época actual, hemos visto también muchos cambios en las prácticas del ayuno. Hasta antes de 1917, los católicos debían ayunar durante la cuaresma excepto los domingos, debiendo hacer sólo una comida diaria. Debían también abstenerse de consumir carne, huevos y productos lácteos durante los días de ayuno, así como todos los viernes y sábados. Para principios de la década de los cincuenta, los días de ayuno para los católicos en Estados Unidos consistían de una comida principal y dos comidas frugales sin carne.

En 1966, el Papa Pablo VI advirtió sobre los peligros de una interpretación legal del ayuno y ofreció nuevas directrices para su práctica en la época actual, en su Constitución Apostólica sobre la Penitencia. Nos recordó a los católicos que la expresión exterior del ayuno siempre debe ir acompañada de una actitud interior de conversión. En este documento, Pablo VI no solo resaltó el valor del ayuno y de otras formas de penitencia, sino que también nos recordó a todos los católicos sobre la importancia que los primeros cristianos le dieron al vínculo entre el acto externo del ayuno y el acto interno de la conversión, la oración y las obras de caridad. Al hacerlo, Pablo VI reiteró la idea de San Agustín: «¿Deseas que tu oración vuele directo hacia Dios? Dale dos alas: el ayuno y la limosna». Habiendo reiterado el valor del ayuno junto a la oración y la caridad como «los medios fundamentales de cumplir con el precepto divino de la penitencia», Pablo VI flexibilizó las reglas del ayuno y abstinencia y otorgó autoridad a las conferencias episcopales locales para establecer estas políticas de acuerdo a cada cultura.

En los Estados Unidos, la Conferencia Episcopal publicó una declaración posteriormente ese mismo año anunciando, « En los Estados Unidos, los católicos están obligados a abstenerse de comer carne el día Miércoles de Ceniza y todos los días viernes de Cuaresma. También están obligados a observar ayuno los días Miércoles de Ceniza y Viernes Santo». La disposición pastoral alentaba a los fieles a continuar con la práctica tradicional de abstinencia los días viernes, también sugería a los católicos a realizar obras de caridad en penitencia, incluyendo las visitas a los enfermos y encarcelados, el cuidado de los indigentes y el dar limosna a los necesitados. Para la época, estos fueron cambios radicales que eliminaron muchas de las antiguas reglas y normas sobre el ayuno, la abstinencia y la penitencia. En consecuencia, muchos católicos sintieron que no ya no estaban obligados a seguir ninguna práctica penitencial. Solo algunos lograron ver la sabiduría de estos cambios y se dieron cuenta de que estaban llamados a un estado de conversión penitencial.

A pesar del hecho que muchos católicos modernos han abandonado la penitencia y particularmente el ayuno, la Iglesia continúa sosteniendo el gran valor de estas prácticas como medios válidos para un crecimiento espiritual. A través de esta era moderna, los papas y obispos han invitado a los católicos a practicar el ayuno y la abstinencia, a orar y a hacer obras de caridad como medios probados a lo largo del tiempo para acercarnos hacia Dios y al prójimo. En medio de la abundancia y gran riqueza de muchas naciones modernas como los Estados Unidos, es muy fácil caer seducido presa del estilo de vida auto suficiente que promueve nuestra cultura popular.

En la actualidad, el ayuno es más practicado en círculos seculares que entre los católicos. Los entusiastas de la salud están recurriendo a ayunos periódicos para curar enfermedades desde el insomnio hasta el cáncer. Otros están adoptando esta antigua práctica espiritual para «limpiar» su cuerpo de impurezas tales como las sustancias oxidantes y el exceso de químicos utilizados como fertilizantes. El ayuno ha encontrado incluso lugar en muchos programas dietéticos como herramienta para lograr considerables pérdidas de peso.

Yo le ruego al Señor que, como católicos modernos, podamos redescubrir el valor de este antiguo recurso espiritual—no por causa de Dios, sino por nosotros. Estoy absolutamente convencido que si queremos desarrollar esa libertad interior que nos permita resistir a las tentaciones que nos acosan en el mundo actual, debemos aprender a imponer nuestro dominio del espíritu sobre el cuerpo, de lo eterno sobre lo temporal. Si el espíritu dentro de cada uno es quien debe dominar, entonces el cuerpo es el que debe ser sometido. La oración no es suficiente para lograrlo, tampoco lo son las obras de caridad y mucho menos el poder de voluntad. Esta es una tarea que solo la logran el ayuno, la abstinencia y las prácticas penitenciales.

• Ayuno Cuaresmal •

Hay gran sabiduría en la práctica cristiana del ayuno. Aunque este ha sido considerablemente abandonado, la única expresión de ayuno (y práctica penitencial) que al parecer ha logrado sobrevivir en medio de la confusión del mundo actual es la penitencia cuaresmal. Aunque sospecho que se sostiene de un muy delgado hilo cultural, que se romperá si no logramos que la gente sea consciente de la gran belleza y significado espiritual que tienen estos actos.

Como he dicho una y otra vez en mis libros y charlas, nuestra vida cambia cuando nuestros hábitos cambian. La experiencia cuaresmal es un perfecto ejemplo del íntimo entendimiento de la Iglesia sobre la naturaleza del hombre. Los cuarenta días de Cuaresma son un período ideal para la renovación. La Cuaresma es el período de tiempo perfecto para cultivar nuevos hábitos vivificantes y para abandonar los viejos hábitos autodestructivos. Pero muchos de nosotros solo nos abstenemos de comer chocolates y cuando llega la Pascua no estaremos muy lejos espiritualmente de donde estábamos al comienzo de la Cuaresma.

• El Ayuno y Tú •

Nuestra fe busca integrar nuestra relación entre cuerpo y alma. Dentro de ti se está librando una guerra. Es la continua batalla entre tu cuerpo y tu alma. A cada momento del día, ambos están luchando por el dominio. Si deseas tener una experiencia de vida enriquecedora y abundante, debes dejar que tu alma prevalezca, pero para hacerlo, primero necesitas dominar y entrenar tu cuerpo. No puedes ganar esta guerra una vez a la semana, una vez al año, o una vez al día. Todo el tiempo nuestros deseos deben ser dominados.

El ayuno debe ser parte de tu espiritualidad cotidiana. Por ejemplo, supón que tienes un deseo desesperado por beber una Coca Cola, pero en vez de eso te tomas un vaso de jugo o de agua. Es algo insignificante. Nadie lo nota y sin embargo, mediante esta sencilla acción le estás diciendo no a los deseos de tu cuerpo que buscan controlar tu vida y lograr dominio sobre el alma. La voluntad se fortalece y el alma se libera un poco cada vez. En esa sola acción estás creando una pizca de auto control.

Otro ejemplo. Digamos que tu sopa está algo insípida. Podrías echarle sal y pimienta, pero no lo haces. Es algo insignificante. Es casi nada. Pero si lo haces por las razones apropiadas, con la actitud interior correcta, es un ejercicio espiritual. Le dices no al cuerpo. Al hacerlo, logras el dominio del espíritu. La voluntad se fortalece y el alma se libera un poco más. De nuevo, creas otra pizca de auto control.

Jamás dejes la mesa sin haber realizado alguna forma de ayuno. Son estos actos insignificantes los que someten al cuerpo como un digno sirviente y fortalecen la voluntad para aquellos momentos de decisión que son parte de nuestra vida.

Más allá de estos pequeños momentos de renuncia, cada uno de nosotros debería buscar encuentros más intensos con el ayuno y la abstinencia, si es que tomamos en serio nuestra vida espiritual—no porque esté en el catecismo, sino porque nos ayudará a alejarnos del pecado y a volver nuestra mirada hacia Dios, que es la razón por la cual está en el catecismo. Ayunar nos ayuda a dar la espalda a la-versión-inferior-de-nosotros-mismos para acoger la-mejor-versión-de-nosotros-mismos.

Tal vez puedas ayunar una vez por semana—dos comidas pequeñas, una comida completa y nada entre comidas. Tal vez puedas ayunar un día a la semana a pan y agua. O tal vez logres no tomar café un día. Tal vez no puedas dejar de tomar café por un día, pero sí por un par de horas. Personaliza tu ayuno. Tú sabes qué es lo que te domina. El viernes ha sido un día tradicional de ayuno y te animo a que uses esta tradición a tu propia manera. Solo tú puedes decidir cuál es el ayuno adecuado para ti.

Trata de no mostrar orgullo al respecto. Acude humildemente a Dios en oración y ahí, en la habitación del silencio, decide alguna forma de práctica regular de ayuno y abstinencia. Luego, de vez en cuando, revisa esta práctica. Si te sientes llamado a intensificarla, hazlo.

También es importante reconocer que no todas las formas de ayuno involucran a la comida. Puedes ayunar dejando de juzgar a los demás, dejando de criticar, dejando de maldecir, dejando de quejarte, solo por nombrar algunas.

Dos formas de ayuno que me ayudaron a crecer tremendamente fueron la práctica del silencio y la quietud. De vez en cuando, haz ayuno de ruidos y movimientos. Siéntate perfectamente quieto y en silencio por veinte minutos. No es fácil, tal vez por esta razón muchos nunca adoptan seriamente el hábito de la oración. Luego de que hayas logrado estar a gusto con el silencio, quédate quieto por veinte minutos. Completamente quieto. Es difícil. Pero estoy convencido de que el silencio y la quietud son dos grandes herramientas espirituales.

Ayunar es una forma simple y sin embargo, poderosa de volver la mirada hacia Dios. Si hay alguna duda en tu vida, ayuna y pídele a Dios que te guíe. Él lo hará. Si tienes un pecado recurrente que no puedes dejar de cometer, ayuna. Algunos demonios solo pueden ser expulsados mediante la oración y el ayuno juntos.

Ayunar es extremadamente contra cultural, así como lo es el cristianismo.

• El Universo y Tú •

Hasta este punto, había evitado mencionar al ayuno como una forma de penitencia para revertir los efectos del pecado. Lo he hecho, porque hay un estigma negativo muy grande alrededor de esta idea en el mundo actual. Pero sería irresponsable de mi parte no hacerlo e intentaré buscar argumentos positivos al respecto.

Nos enseñan las leyes que gobiernan el universo incluso antes de entrar al jardín de infantes. Una de estas leyes es la ley de causa y efecto: toda causa tiene una consecuencia; toda acción tiene una reacción.

Figurativamente, el universo tiene un sistema de contabilidad perfecto. Este es solo un pequeño aspecto de lo maravillosa y perfecta que es la creación de Dios. Estas leyes están diseñadas para mantener todo en balance y armonía. Como resultado, ninguna deuda queda pendiente en el universo. Todas las deudas deben ser canceladas.

Aquí surge el vínculo entre la penitencia y el ayuno. Insisto, tarde o temprano las deudas deberán ser pagadas.

Practicamos el ayuno como una forma de penitencia no porque queramos castigarnos o destruirnos, sino más bien porque deseamos expresar lo apenados que estamos por nuestras caídas morales y para restaurar nuestra integridad. La Iglesia nos invita a la práctica espiritual del ayuno no porque quiere que nos sintamos culpables, o para que tengamos una pobre imagen de nosotros mismos, sino para que nos liberemos. En el proceso se nos regala la gracia para luchar con mayor determinación para alcanzar a ser la-mejor-versión-de-nosotros-mismos.

Está por demás decir que si te pasaras sentado en un sillón comiendo papitas y tomando cerveza todos los días durante diez años, los efectos de estas acciones serán la subida de peso y el deterioro de tu salud. Para contrarrestar este incremento de peso y regresar a un estado óptimo de salud, tendrías que hacer ejercicios y consumir alimentos que provean a tu cuerpo los nutrientes y energía necesarios. Ninguno de estos dos caminos son fáciles al principio, pero borran los efectos de las acciones erróneas del pasado que te llevaron a ser una versión inferior de ti mismo.

Lo mismo sucede con la espiritualidad. Cada vez que pecamos, hay un impacto en nuestra alma. Cada palabra, pensamiento o acción que va en contra de la- mejor-versión-de-ti-mismo también daña tu relación con Dios y con tu prójimo. No lo notas, pero sucede. Cuando pecas, no solamente dañas tu alma, sino que también se incrementa tu *tendencia hacia el pecado* y tu *apetito por el pecado* en el futuro.

Es verdad que Dios perdona nuestros pecados a través del sacramento de la reconciliación, pero si se han de revertir los efectos de estos pecados en nuestra personalidad, esto deberá requerir cierto tipo de penitencia. Ayunar es una práctica espiritual que puede ayudar a restaurar la belleza del alma, a reducir nuestra tendencia hacia esas acciones que son autodestructivas y pecaminosas y a reducir nuestro apetito por el pecado en el futuro.

• Siempre un Camino, Nunca una Meta •

Ayunar es un camino, pero no una meta. El propósito del ayuno es ayudar al alma a volver su mirada hacia Dios. Sus beneficios son innumerables, pero todos ellos son secundarios comparados con el deseo de acoger a Dios más plenamente en nuestra vida.

Cualquiera que sea la forma de ayuno que decidas emplear en tu vida, habrán días buenos y días malos. Tendrás triunfos y fracasos. Mantente firme. No te des por vencido. Si caes, vuelve a intentarlo.

Hace años regresé a Australia para el inicio de la cuaresma. El Miércoles de Ceniza por la tarde, sonó el teléfono y al contestarlo escuché una vocecita decir « ¿Tío Matt, eres tú?». Era mi sobrina Zoe.

« ¿Cómo estás, Zoe?» Repuse.

«Estoy bien tío Matt».

« ¿Qué hiciste hoy?» Pregunté.

«Oh… fue un día ocupado. Fui a la escuela, luego a la práctica de vóleibol y después regresé a casa e hice mi tarea y de ahí fui a la iglesia y recibí la ceniza».

« ¿De qué habló el padre en la iglesia?» le pregunté.

«Habló sobre renunciar a cosas durante la cuaresma. Adivina a qué estoy renunciando tío Matt», me dijo.

«Pues no sé, ¿a qué estás renunciando este año Zoe?»

«Estoy renunciando a la Coca Cola».

«Pero Zoe, a ti te gusta mucho la Coca Cola».

«Lo sé, pero el padre habló sobre renunciar a algo que sea muy muy difícil. Entonces estoy renunciando a la Coca Cola».

Dos días después, el viernes por la noche, estaba en un juego de básquetbol con mis dos sobrinas, Emma y su hermana Zoe. Emma es la mayor y tenía casi catorce años en aquella época; Zoe tenía doce. Emma jugaba en el equipo y Zoe estaba sentada junto a mí con cinco o seis de sus bulliciosos amigos de la escuela.

En el medio tiempo, voltee hacia Zoe, quien se estaba bebiendo una gran botella de Coca Cola. No dije nada. Solo sonreí para mis adentros y volví mi atención al juego. Pero cinco minutos después, sentí un tirón en mi camisa y una palmada en mi hombro.

«Tío Matt, lo olvidé».

« ¿Olvidaste qué, Zoe?», le pregunté.

«Oh, tío Matt, olvidé que había renunciado a la Coca Cola por cuaresma y acabo de tomarme una». No dije nada. Solo la miré y sonreí. Ella suspiró y me dijo, «Oh, bien. Todo ha terminado. Tendré que esperar el siguiente año».

Nuestra vida cambia cuando nuestros hábitos cambian. Nuestros hábitos cambian si tomamos resoluciones, tenemos presentes esas resoluciones y nos sentimos capaces de cumplirlas y lo hacemos. A veces fallamos, pero no hay éxito si no está marcado con el fracaso. No te rindas. Esfuérzate, poco a poco. El camino espiritual no se hace de kilómetro en kilómetro. Con frecuencia los avances son tan pequeños que es difícil medirlos pero estos se van sumando en un cúmulo de retos enriquecedores y vivificantes y en una eterna unión con Dios junto con todo aquello que es bueno, verdadero, hermoso y noble.

Nuestro cuerpo es el vehículo que Dios ha dado a nuestra alma para experimentar la vida en el ámbito material. Hasta que no controlemos nuestro cuerpo, nunca controlaremos nuestra vida. Hasta que no aprendamos a reinar sobre nuestro cuerpo, jamás experimentaremos realmente todo lo que la vida puede ser.

Capítulo Diecisiete

LECTURAS ESPIRITUALES

Los libros cambian nuestra vida. Mucha gente puede identificar un libro que ha significado un cambio en su vida. Fue probablemente un libro el que te dio aquel mensaje adecuado en el momento adecuado. Pudieron haber sido solo palabras impresas en un papel, pero se hicieron vivas para ti y en ti y gracias a ellas nunca volverás a ser el mismo. Los libros realmente cambian nuestra vida, porque aquello que leemos hoy camina y habla con nosotros mañana.

Previamente, en nuestra discusión sobre la oración y la contemplación, mencionamos a la relación causa-efecto entre el pensamiento y la acción. El pensamiento define la acción y una de las influencias más poderosas del pensamiento es el material que elegimos para leer.

La lectura es para la mente, lo que el ejercicio es para el cuerpo y lo que la oración es para el alma.

• Una Antigua Tradición •

La lectura espiritual es una tradición muy antigua. Ha existido en la Iglesia mucho antes de que tuviéramos libros para leer, cuando todo manuscrito debía ser copiado a mano pues aún no se había inventado la imprenta. En aquellos días, esta tradición espiritual se practicaba principalmente en los monasterios, donde los monjes tenían acceso a los manuscritos de las Escrituras y otros excelentes escritos espirituales.

El objetivo de la lectura espiritual es encender el alma con un deseo de crecer en virtud y, por lo tanto, que una persona pueda ser la-mejor-versión-de-sí-misma. Tal como los demás ejercicios y actividades espirituales, la lectura espiritual busca animarnos a vivir vidas de santidad.

• ¿Qué Debemos Leer? •

Las Sagradas Escrituras, especialmente el Nuevo Testamento y en particular los cuatro Evangelios, obviamente deben estar en primer lugar de nuestra lista de lecturas espirituales. En mi experiencia, todo hombre de bien encontrará deleite en los Evangelios, al irse familiarizando con ellos, pues son el mejor instructor de la vida y enseñanzas de Jesucristo. Nada enciende más el alma para imitar al Divino Maestro, que una familiaridad íntima con la historia de su vida, obra y enseñanzas.

El Antiguo Testamento también puede ser una fuente muy valiosa de lecturas espirituales, aunque en este caso hay ciertos libros cuyas enseñanzas son más difíciles de entender. En libros como los Salmos y Proverbios, nuestro corazón es rápidamente motivado a vivir una mejor vida y a esforzase por alcanzar la virtud a través de nuestras relaciones con Dios, nuestro prójimo y nosotros mismos. Por otro lado, muchos de los libros históricos y proféticos requieren más bien cierta preparación seria si queremos entender la cultura y contexto bajo el cual fueron escritos y el mensaje que en ellos se intenta trasmitir.

Más allá de las escrituras, hay también excelentes escritores espirituales que pueden ser de ayuda en nuestra aventura de salvación. Estos maestros y guías de la vida espiritual siempre están disponibles para consultas.

Los grandes maestros de los escritos espirituales son capaces de dejar de lado los asuntos del día y sus propios asuntos personales y colocar en el centro de sus escritos el sueño de Dios para que cada uno de nosotros pueda crecer en virtud y santidad. En sus escritos, siempre escucharás un llamado a ser una mejor persona. Mientras lees sus palabras, te sentirás constantemente inspirado y motivado a cambiar, crecer y convertirte en la-mejor-versión-de-ti-mismo.

Son también guías muy valiosos, si les permites entrar en tu vida, te revelarán tus defectos con gran discreción y sutileza. Ellos señalarán tus debilidades no para empequeñecerte, sino para que puedas crecer y te conviertas en todo lo que eres capaz de ser. Para esto, colocan un espejo espiritual en frente tuyo y te invitan a un auto examen. Te animan a hacer resoluciones generosas. Te guían hacia una cooperación divina con el Espíritu Santo. También te enseñan cómo maximizar el impacto e influencia de tus aptitudes.

Hasta el momento, la definición clásica de lectura espiritual ha sido encerrada dentro de estos límites. Pero por el bien del católico moderno—que está en medio de la era de la información, me gustaría extender un poco esos límites y al mismo tiempo mantener nuestra vista fijada firmemente en el objetivo de esta práctica ancestral.

Considero que en el contexto de la lectura espiritual, también hay lugar para que estudiemos ciertos asuntos, pues la mayoría de ex católicos, católicos no practicantes y muchos católicos poco comprometidos están separados de la Iglesia debido a una razón en particular. Esta razón puede ser distinta para cada quien, pero usualmente es algo que desemboca en la separación y lleva a las personas a darle la espalda a la Iglesia. Para algunos, es la anticoncepción, para otros, el aborto y para muchos católicos modernos, el divorcio. Pienso que la gran mayoría de los católicos no practicantes no nos acompañan los domingos debido a un pequeño número de razones, a lo mucho cinco o seis. Con esto en mente, tenemos la obligación de estudiar y conocer estos temas para poder construir aquellos puentes de verdad y conocimiento tan necesarios para lograr que vuelvan a la plenitud de nuestra hermosa y ancestral fe.

Si quieres crecer en la fe, identifica aquella enseñanza de la Iglesia Católica que encuentres más difícil de entender y aceptar y lee al respecto. Estudia ese tema. Consigue un catecismo y lee lo que ahí se escribe. Busca las fuentes y encuentra otros libros que expliquen por qué la Iglesia enseña lo que enseña respecto a ese tema y llega al centro del asunto. No leas libros de autores rencorosos que buscan destruir a la Iglesia. Lee libros de hombres de oración que a través de sus escritos, busquen revelar la verdad y profundidad de las enseñanzas de la Iglesia. Si abordas ese asunto con humildad, se revelará ante tus ojos la sabiduría y belleza del catolicismo. Son tan pocos estos cuestionamientos en contra de la Iglesia. Empecemos a estudiarlos.

• ¿Cuándo, Dónde y por Cuánto Tiempo? •

Cuando empecé a tomar en serio la vida espiritual, tuve la suerte de que por mi camino se cruzara un sacerdote muy santo. Era un hombre de oración que luchaba por crecer en virtud y estaba seriamente comprometido en tratar de vivir una vida de santidad. Su única preocupación en cualquiera de nuestras pláticas era mi crecimiento espiritual. Me solía decir una y otra vez «Dios te está llamando a una vida de santidad». Dentro de la confesión, me recordaba que Dios nos llama a todos para que seamos santos. En nuestras conversaciones sobre mis luchas con la oración, me recordaba que estaba llamado a la santidad. Cuando le pedía sus consejos en situaciones de mi vida personal y luego en mi negocio o en mi apostolado, siempre me recordaba que nuestra preocupación número uno debía ser honrar el llamado que Dios nos hace a la santidad en nuestra vida y en la vida de las personas que cruzan nuestro camino.

Digo todo esto porque él también solía sugerirme libros para leer. En cada uno de ellos, encontré valiosos guías, maestros espirituales y consejeros llenos de gracia que reforzaron la enseñanza de que Dios nos llama a que nos convirtamos en la-mejor-versión-de-nosotros mismos. Dios nos invita a la santidad.

Para cerciorarnos de que un libro es bueno nos podemos preguntar: ¿Me está invitando este libro a vivir una vida de santidad?

«Quince minutos diarios», me decía este viejo sacerdote. «Es sorprendente ver cómo quince minutos diarios de lectura de un libro adecuado pueden sacudir tu alma». En la mañana, en la tarde, durante el almuerzo, en cualquier momento que puedas, encuentra quince minutos diarios para nutrirte espiritual e intelectualmente con un buen libro. Trata de hacerlo a la misma hora todos los días. Tal vez antes de ir a trabajar, tal vez en cama antes de dormirte o quizá mientras estás almorzando. Encuentra un rincón apacible en tu trabajo o en casa y lee. Si no estás seguro sobre qué leer, visita DynamicCatholic.com y escríbeme un e-mail y te enviaré una lista de diez libros que cambiaron mi vida.

No necesitas leer dos horas diarias, solo quince minutos. Pero hazlo todos los días. Haz de la lectura espiritual una disciplina diaria, parte de tu estilo de vida. Recuerda, el catolicismo no es una serie de reglas y normas muertas; el catolicismo es un estilo de vida. Empieza a construirlo ahora. Lee durante quince minutos diarios y se convertirá en un hábito—y nuestra vida cambia cuando nuestros hábitos cambian.

• Educación de Adultos •

Uno de los retos que está enfrentando la Iglesia el día de hoy es la imperiosa necesidad de la educación de adultos. Muchas generaciones han logrado pasar a través del sistema de formación católica con algo más que un conocimiento elemental sobre el catolicismo y con el tiempo, más y más católicos han decidido no enviar a sus hijos a escuelas católicas o programas de formación religiosa. Todo esto está teniendo consecuencias devastadoras en las futuras generaciones.

Podemos soñar con todo tipo de programas de educación para adultos cuidadosamente elaborados, pero mi propuesta es que motivemos a los católicos adultos a leer buenos libros espirituales. No podemos recuperar el terreno perdido de un día para el otro, pero quince minutos al día es un buen comienzo.

Sin duda, esta propuesta será ignorada por algunos y desaprobada por otros tantos, debido a su absoluta sencillez. No obstante, puedo asegurarles que la solución más sencilla usualmente es la mejor y las soluciones a la mayoría de los problemas modernos yacen escondidas en nuestra antigua tradición.

La lectura espiritual es un perfecto ejemplo de una solución antigua para un problema moderno. Si todo católico leyera un buen libro católico durante quince minutos al día, este sólo hábito podría constituir un cambio en el panorama de la Iglesia de nuestro tiempo.

¿Qué porcentaje de católicos crees que han leído un libro católico en los últimos doce meses? Esta es una pregunta que he estado haciendo a mis audiencias últimamente. Parece ser que el consenso es cerca del uno por ciento.

Ahora imagina por un momento ¿qué sucedería si todos los católicos de tu parroquia leyeran un buen libro espiritual por quince minutos diarios?, aprendiendo sobre su fe, ¿cuán diferente sería la Iglesia en un año, cinco años, diez años?

Roma no fue construida en un día. Muchas de las grandes cosas se logran poco a poco.

• Manteniendo la Estrella a la Vista •

La lectura espiritual es una gran herramienta que nos ayuda a mantener la gran Estrella Polar a la vista. Cuando vemos todo en relación a nuestro llamado a que nos convirtamos en la-mejor-versión-de-nosotros-mismos, todo encuentra sentido. Incluso las tareas más pequeñas e insignificantes toman nueva vida, porque llegamos a comprender que cualquier acción está destinada a forjar nuestro carácter, para bien o para mal.

Dirige todos tus pensamientos y acciones hacia la gran Estrella Polar. Lo que quiero decir es que encuentres formas de compartir momentos con aquellos amigos que te ayudan a ser la-mejor-versión-de-ti-mismo. De igual forma, encuentra actividades familiares que saquen lo mejor de cada uno y los desafíe a crecer. De la misma manera, lee libros que te hagan querer ser una mejor persona, libros que te enseñen cómo convertirte en la-mejor-versión-de-ti mismo. Aléjate de esos materiales de lectura vacíos de nuestros tiempos. ¿Qué hay en esas revistas que te ayuden a vivir una vida más rica, más llena? ¿Cuándo fue la última vez que leíste un periódico y te dijiste a ti mismo «soy una mejor persona por haber leído el periódico?» Hemos aceptado el mito moderno de que entrometernos en la vida de todo el mundo es una obligación.

Los libros cambian nuestra vida. Si realmente quieres cambiar, lee buenos libros espirituales. Si te acercas a ellos con espíritu de fe, sincero deseo de crecer en santidad y recta intención de practicar lo que lees, estas lecturas espirituales se convertirán en una herramienta poderosa en tu vida.

Capítulo Dieciocho

EL ROSARIO

Jim Castle estaba agotado cuando abordó su vuelo una noche en Cincinnati. Este consultor de cuarenta y cinco años había asistido durante toda la semana a una serie de reuniones de negocios y seminarios, por lo que se dejó caer sobre su asiento, agradecido y listo para su viaje de regreso a su hogar en Kansas City.

Mientras el avión se iba llenando de pasajeros, el ambiente se llenaba de murmullos y conversaciones, mezclados con el sonido de maletas siendo acomodadas. De pronto, todos se callaron. El silencio invadió lentamente el pasillo del avión como la estela que va dejando un bote en el agua. Jim estiró su cuello para ver qué era lo que estaba sucediendo y se quedó boquiabierto.

Caminando por el pasillo había dos monjas ataviadas con sus sencillos hábitos blancos con filo azul. De inmediato reconoció el rostro familiar, la piel arrugada y los cálidos ojos de una de ellas. Era aquel rostro que había visto tantas veces en televisión y en la portada de la revista *Time*. Las dos monjas se detuvieron y Jim supo que su compañera de asiento iba a ser la Madre Teresa.

Mientras la gente terminaba de acomodarse, la Madre Teresa y su acompañante sacaron sus rosarios. Jim notó que cada decena de las cuentas tenía un color diferente. «Las decenas representan varios lugares del mundo», le diría la Madre Teresa más tarde, agregando, «yo rezo por los pobres y moribundos de cada continente».

El avión se aproximó hacia la pista y las dos mujeres empezaron a rezar, con su voz en un bajo murmullo. Aunque Jim se consideraba un católico no muy comprometido que iba a la iglesia más por costumbre, inexplicablemente se halló atraído a unirse al rezo. Para cuando susurraron la oración final, el avión había alcanzado la altitud de crucero,

La Madre Teresa se volteó hacia él. Por primera vez en su vida, Jim entendió el significado de que una persona tuviera un aura. En el momento en que ella lo miró, lo llenó una sensación de paz; no era más visible que el viento, pero se sentía, igual que una tibia brisa de verano. «Señor», le preguntó, « ¿reza usted el rosario con frecuencia?»

«No, en realidad no», admitió el hombre.

Ella le tomó la mano y sus ojos recorrieron los de él. Luego, le sonrió. «Bueno, lo hará ahora», entregándole su rosario.

Una hora después, Jim entró en el Aeropuerto de Kansas City, donde se encontró con su esposa, Ruth. « ¿Pero qué pasó?», le preguntó Ruth al notar el rosario en su mano.

Se besaron y Jim le contó sobre su encuentro. De regreso a casa, él le dijo, «siento como si hubiera conocido a la hija de Dios».

Nueve meses después, Jim y Ruth visitaron a Connie, una vieja amiga. Connie les contó que tenía cáncer en los ovarios. «El doctor dice que es un caso difícil», les confesó Connie, «pero voy a luchar. No me daré por vencida».

Jim apretó sus manos y buscando en su bolsillo, enrolló suavemente el rosario sobre la mano de Connie. Le contó la historia y le dijo, «toma esto Connie. Tal vez te sirva de ayuda».

Aunque Connie no era católica, apretó las pequeñas cuentas plásticas del rosario con total disposición. «Gracias», susurró. «Espero poder devolverlo».

Pasó más de un año, antes de que Jim volviera a ver a Connie. Esta vez ella, con su cara iluminada, se apuró hacia él y le entregó el rosario. «Lo he llevado conmigo todo el año», dijo. «Me hicieron una intervención y he recibido quimioterapia también. El mes pasado, los doctores me hicieron una segunda cirugía de evaluación y el tumor había desaparecido. ¡Completamente!» Sus ojos se cruzaron con los de Jim. «Sabía que era hora de devolver el rosario».

El siguiente otoño, la hermana de Ruth, Liz, cayó en profunda depresión a causa de su divorcio y pidió a Jim si le podía prestar el rosario y cuando él se lo envió, ella lo colgó de uno de los postes de su cama dentro de una pequeña funda de terciopelo.

«Por las noches, me aferraba a él, solo lo acercaba a mí físicamente. Me sentía tan sola y asustada», decía, «y cuando apretaba ese rosario, sentía como si estuviera apretando una mano amorosa». Paulatinamente, Liz salió de su depresión y encontró una nueva perspectiva en su vida y envió de vuelta el rosario por correo. «Alguien lo puede necesitar», decía la nota que lo acompañaba.

Una noche, algo así como un año después, una desconocida telefoneó a Ruth. Ella había escuchado a una vecina sobre el rosario y preguntó si se lo podíamos prestar para llevarlo al hospital, donde su madre yacía en estado de coma. La familia esperaba que el rosario pudiera ayudar a morir en paz a su madre.

Pocos días después, la mujer devolvió la cadenilla. «Las enfermeras me dijeron que los pacientes en estado de coma aún son capaces de escuchar», dijo, «entonces le expliqué a mi madre que tenía el rosario de la Madre Teresa y que cuando se lo entregue, ella podía irse tranquila; todo estaría bien. Entonces puse el rosario en su mano. ¡En pocos minutos, notamos alivio en su rostro! Las líneas de su rostro se fueron haciendo cada vez más tenues hasta que tuvo una expresión tan pacífica, tan juvenil», prosiguió la mujer. «Pocos minutos después, se había ido». Apretó las manos de Ruth, la miró profundo a los ojos y le dijo, «Muchas gracias».

¿Es que acaso había algún poder especial en esas pequeñas y sencillas bolitas? ¿O es simplemente que el poder del espíritu humano se renovaba en cada persona que lo pedía prestado? Jim solo sabe que los pedidos siguen llegando, muchas veces de forma inesperada. Siempre accede, solo que cada vez que presta el rosario, hace un pedido, «Cuando ya no lo necesites, envíalo de vuelta. Alguien más lo podría necesitar».

La vida de Jim también ha cambiado desde aquel inesperado encuentro en el avión. Cuando se dio cuenta que la Madre Teresa llevaba todo lo suyo en una pequeña bolsa, hizo un esfuerzo para simplificar su propia vida. El suele decir, «trato de recordar aquello que realmente cuenta—no el dinero, los títulos o las posesiones, sino la forma en que amamos a los demás».

• ¿Por Qué Hemos Abandonado el Rosario? •

Hay muchas razones por las que los católicos modernos han abandonado el rezo del rosario. Sin duda, una de ellas es el excesivo énfasis que algunos le han dado al papel de María y al rosario. Pero dudo mucho que esta sea la verdadera razón por la que los católicos hayan dejado masivamente de rezar el rosario y de enseñárselo a sus hijos en el hogar y en la escuela. Como lo dije en la discusión sobre los santos, la solución para una distorsión o exceso de énfasis de algo bueno, jamás es eliminándolo.

Creo que una de las razones por las que el rosario se ha olvidado tanto en esta época actual es porque ha sido estereotipado como una práctica de ancianas muy devotas sin mucha educación y con mucho tiempo libre. En un mundo en el que reverenciamos el conocimiento y los títulos académicos, se considera que la devoción raya en la superstición, pero en realidad, la devoción es la reverencia hacia Dios. ¿Acaso no es parte de la meta de toda vida cristiana dedicar todo nuestro ser a Dios?

Hoy en día, los católicos hemos abandonado el rosario porque hemos sido seducidos por la complejidad. Hemos rendido pleitesía y respeto a la complejidad, cuando la clave de la perfección es la sencillez. La paz en nuestro corazón nace de la sencillez de vida. Todos los grandes líderes a lo largo de la historia han coincidido que usualmente la mejor solución es la más sencilla. La magnificencia de Dios es la sencillez. Si quieres aprovechar la maravilla y gloria de Dios, vive tu vida y tu oración con sencillez.

Sufrimos el insoportable peso de dificultades cada vez más crecientes; todo lo complicamos y conforme esta enferma fascinación por lo complejo ha invadido nuestra cultura actual, también ha afectado la forma en que nos acercamos a la oración. Consecuentemente, como católicos modernos, hemos dejado al rosario como algo inservible. No desprecies aquello que es sencillo, pues ahí hay verdadero poder.

El rosario no es una oración solo para ancianas canosas con mucho tiempo libre. Es una maravillosa práctica de la que todos podemos beneficiarnos.

Tal vez tu objeción sea que te obligaron a rezar el rosario cuando eras niño. Si este es el caso, deja atrás esa experiencia y redescubre para ti esta oración maravillosa. No dejes que tu futuro sea robado por tu pasado.

• Beneficios •

Contrariamente a lo que la mayoría de personas piensan, el primer libro que publiqué se tituló *«La Oración y el Rosario»*. El hecho de que alguien publique un libro sobre el rosario a los diecinueve años probablemente haga que muchos piensen que crecí en uno de aquellos hogares donde se rezaba el rosario todas las noches, mas no fue así. De hecho, nunca recé el rosario con mi familia—ni una sola vez.

Entonces, ¿cómo fue que llegué a tener tan alta estima por esta sencilla oración, que ha sido ferozmente rechazada por el sofisticado mundo de hoy? Permítanme explicarles.

Cuando estaba en cuarto grado, la Sra. Rutter nos habló acerca del rezo del rosario y nos dio dos rosarios a cada uno. No le presté mucha atención ni estaba muy interesado, pero por alguna razón los guardé junto con los demás tesoros de mi niñez.

En quinto grado, el Sr. Greck nos habló mucho sobre Lourdes. Su hijo había sido curado milagrosamente ahí y todos los viernes dirigía el rezo del rosario en la capilla durante la hora del almuerzo. Si te portabas mal, tenías que ir al rosario. Yo no me portaba mal con mucha frecuencia, pero el rezo obligado no ayudó mucho a cultivar mi amor por esta poderosa devoción.

A los dieciséis conocí a un hombre que se convertiría en pilar fundamental de mi viaje espiritual. Él impartía un curso de metodología de estudio al que asistía después de la escuela y me invitó un sábado a visitar un asilo cercano. Mientras caminábamos hasta el asilo, conversamos sobre muchas cosas, principalmente sobre mí, mis deportes, mi trabajo de medio tiempo, mis aspiraciones en la vida y mi novia. La experiencia de esa tarde fue la primera de muchas visitas a asilos en mi ciudad que empezarían a despertar mi sentido moral. Al regresar a casa ese día, me preguntó si me gustaría rezar el rosario. Acepté. Quiero decir, ¿qué más podía hacer en una situación así? Pero por alguna razón, las oraciones me calmaron y empecé a rezar el rosario por mi cuenta los días y semanas que siguieron. En poco tiempo, adquirí la costumbre de rezar el rosario regularmente con mi buen amigo Luke.

Empecé a rezar el rosario porque es una forma de oración que me parece muy tranquilizadora, tanto espiritual como mentalmente. Hoy, rezo el rosario porque pienso que es la manera más simple de reflexionar sobre la vida y enseñanzas de Jesucristo. Para ubicar esto en el contexto de nuestro viaje espiritual, pienso que como cristianos estamos llamados a imitar a Jesús. Es imposible imitar a alguien que no conocemos y a Jesús llegamos a conocerlo en las Escrituras, en los sacramentos y por medio de tantas personas y lugares. El rosario es una forma más. Al rezar el rosario, podemos meditar muchos otros aspectos de la vida de Jesús en un tiempo relativamente corto. Como dijimos anteriormente, las acciones de nuestra vida son definidas por nuestros pensamientos más dominantes: si nuestras acciones van a ser similares a aquellas de Cristo, ayudaría mucho si meditáramos sobre su vida y enseñanzas con regularidad.

Previamente habíamos hablado sobre el poder de las historias. No hay historia más poderosa que la de Jesucristo. Esta historia ha forjado la historia de la humanidad y es esencial para nuestra misión como cristianos que estemos familiarizados íntimamente con ella. El rosario nos ayuda a conocer esta historia y nos enseña a integrarla a nuestra vida.

• Creciendo en Virtud •

Uno de los beneficios espirituales prácticos que nos ofrece el rosario es su capacidad para ayudarnos a crecer en virtud. Al haber estudiado a los grandes maestros espirituales de la tradición católica, he descubierto cuán esencial es la virtud para nuestros viaje. Cuando conectamos los actos nobles y buenos de nuestro exterior con las actitudes e intenciones positivas de nuestro interior, crecemos en virtud. Pero también he aprendido que cuando diriges intencionalmente tus energías hacia el crecimiento en una virtud particular, automáticamente creces en todas las demás virtudes. La virtud genera más virtud. Con el tiempo, el esfuerzo habitual de la práctica de la virtud, hace florecer en nosotros espontáneamente las acciones correctas.

He encontrado que el rosario es particularmente útil en mis intentos por aumentar la práctica de varias virtudes en mi vida.

El fruto de todos los ejercicios espirituales es el aumento de las virtudes teologales: fe, esperanza y amor. San Pablo habla de ellas en su primera carta a los Corintios: «Ahora, pues, son válidas la fe, la esperanza y el amor; las tres, pero la mayor de estas tres es el amor» (1 Corintios 13, 13). En tiempos en los que el mundo está lleno de duda y escepticismo, brilla la belleza de la fe. Con tantas personas sufriendo de depresión, desesperación y desánimo, brilla el resplandor de la esperanza. En una cultura que exalta la obtención egoísta de placer y los bienes materiales, una verdad eterna permanece clara para todos: el amor es la única vía.

Más allá de las virtudes sobrenaturales, cada decena del rosario introduce ejemplos prácticos de virtudes humanas y nos enseña a practicar estas virtudes en nuestra propia vida. Exploremos estas virtudes humanas ahora, una decena a la vez.

• Veinte Lecciones •

Las acciones de tu vida están determinadas por tus pensamientos más fuertes, por lo tanto, pon tu mente en aquellas cosas que son buenas, verdaderas, bellas y nobles y tu vida será un reflejo de estas acciones.

Una mente tranquila es fruto de la sabiduría. La tranquilidad mental es resultado de la práctica paciente del auto control. Muy pocas prácticas te ayudan a adquirir esta paz mental, de corazón y de espíritu como lo hace el rosario y al aprender a dirigir tus pensamientos hacia Dios, aprendes a dirigir tu vida hacia Dios.

En el rosario, tenemos veinte misterios que engendran veinte lecciones de vida, de amor, de búsqueda de la virtud y de la grandeza del plan de Dios para la humanidad.

Los Misterios Gozosos

La Anunciación: en el Primer Misterio Gozoso aprendemos sobre la importancia de decirle sí a Dios en la vida, al ver cómo María se entrega con todo su corazón a los designios de Dios para su vida (cf. Lucas 1, 28-38). Fruto del misterio: el deseo de hacer la voluntad de Dios.

La Visitación: en el Segundo Misterio Gozoso aprendemos el valor del servicio cuando María deja su hogar para asistir a su prima Isabel (cf. Lucas 1, 39-42). Fruto de este misterio: humildad.

El Nacimiento de Jesús: en el Tercer Misterio Gozoso encontramos la humildad de Jesús, el Hijo de Dios, nacido en el pesebre de un establo (cf. Lucas 2, 1-7). Fruto de este misterio: desprendimiento de las cosas de este mundo

La Presentación: en el Cuarto Misterio Gozoso presenciamos un poderoso ejemplo de obediencia, cuando María somete a su hijo, el Hijo de Dios, a la Ley de Moisés (cf. Lucas 2, 23-32). Fruto de este misterio: obediencia

El Hallazgo de Jesús en el Templo: en el Quinto Misterio Gozoso aprendemos que la verdadera sabiduría no viene de la simple acumulación de conocimiento, sino que es un regalo de Dios (cf. Lucas 2, 45-49). Fruto de este misterio: vocación y evangelización.

Los Misterios Luminosos

El Bautismo de Jesús: en el Primer Misterio Luminoso escuchamos la voz del Padre diciendo, «Este es mi hijo amado, en quien me complazco», (Mateo 3, 16-17) y aprendemos a acercarnos al Padre. Fruto de este misterio: apertura al Espíritu Santo

El Milagro en las Bodas de Caná: en el Segundo Misterio Luminoso, Jesús transforma el agua en vino (Juan 2, 12) y se nos recuerda de su capacidad para transformar nuestra vida y al mundo. Fruto de este misterio: confianza en la Providencia Divina.

La Proclamación del Reino: en el Tercer Misterio Luminoso, Jesús invita a los hombres de todas las épocas a la conversión—«Arrepiéntanse, pues el Reino de Dios está cerca» (Marcos 1, 15) —y rogamos ser colmados con un deseo de santidad. Fruto de este misterio: arrepentimiento.

La Transfiguración: en el Cuarto Misterio Luminoso presenciamos a Jesús, como realmente es, luz del mundo y rogamos por el coraje espiritual para buscar la verdad y la luz donde quiera que nos lleve (Lucas 9, 28-31). Fruto de este misterio: deseo de santidad.

La Institución de la Eucaristía: es en el quinto Misterio Luminoso, en donde Jesús nos enseña cómo amar sin guardarnos nada, al entregarse a sí mismo completamente (Juan 6, 51). Fruto de este misterio: amor a la Eucaristía.

Los Misterios Dolorosos

La Oración en el Huerto: en el Primer Misterio Doloroso aprendemos la importancia de perseverar en la oración (cf. Lucas 22, 41-45). Fruto de este misterio: paciencia

La Flagelación: en el Segundo Misterio Doloroso nuestro espíritu se renueva por los sacrificios de cada día y aprendemos a nunca despreciar las pequeñas cosas y el valor de la atención a los detalles (cf. Juan 19, 1). Fruto de este misterio: auto-control

La Coronación de Espinas: en el Tercer Misterio Doloroso aprendemos la compasión por los despreciados y rechazados y pedimos perdón por las veces que hemos insultado a otros (cf. Mateo 27, 27-30). Fruto de este misterio: fortaleza moral.

Jesús con la Cruz a Cuestas: en el Cuarto Misterio Doloroso nos sentimos empujados a ayudar a Jesús a cargar su cruz protestando contra la injusticia e influenciando a los que nos rodean de una forma positiva (cf. Juan 19, 17-18).

Fruto de este misterio: el deseo de sacrificar nuestra vida por los demás.

La Crucifixión y Muerte de Jesús: en el Quinto Misterio Doloroso experimentamos el dolor que causa el mal y sentimos el peso de nuestros pecados (cf. Lucas 23, 42-46). Fruto de este misterio: abandono.

Los Misterios Gloriosos

La Resurrección: en el Primer Misterio Glorioso se nos recuerda acerca de la realidad de la vida después de la muerte y aprendemos a vivir con esto en mente (cf. Marcos 16, 1-7). Fruto de este misterio: fe

La Ascensión: en el Segundo Misterio Glorioso se nos recuerda acerca de la gran misión de continuar con el trabajo de Jesús en la tierra trasmitiendo el Evangelio (cf. Marcos 16, 15-20). Fruto de este misterio: esperanza

La Venida del Espíritu Santo: en el Tercer Misterio Glorioso se nos recuerda que estamos acompañados en nuestros esfuerzos por el inconmensurable poder del Espíritu Santo vivo en nosotros (cf. Hechos 2, 1-4). El fruto de este misterio: sabiduría.

La Asunción de María Santísima: en el Cuarto Misterio Glorioso se nos recuerda acerca de la hermosura de la pureza de mente, cuerpo, espíritu e intención (cf. Apocalipsis 12, 1, 17). El fruto de este misterio: pureza.

La Coronación de María Santísima Como Reina y Señora de la Creación: en el Quinto Misterio Glorioso aprendemos a honrar y a buscar el consejo de aquellos que han adquirido la virtud en su vida (cf. Cantar de los Cantares 4, 7-12). El fruto de este misterio: amistad con María

Estas son veinte lecciones dignas de continua reflexión; veinte lecciones que nunca dejan de desafiarnos. Espero que puedas convertir este antiguo ejercicio espiritual en parte de tus rutinas espirituales.

• Más de Una Forma •

Rezar el rosario encierra algo más que sólo recitarlo. Cualquiera puede recitar las oraciones—basta aprenderlas y pueden ser repetidas de memoria. Pero para rezar verdaderamente el rosario, debemos tener un objetivo claro en nuestra mente. El rosario no es mágico. No se trata de ningún acuerdo con Dios. Una cantidad X de rosarios no equivalen a un favor por parte de Dios. La oración no cambia a Dios; nos cambia a nosotros. Es más enriquecedor acercarse a la oración buscando entender más a Dios, antes que hacerlo viendo en ella una oportunidad para darle a Dios las instrucciones de lo que necesitamos. Si nos acercamos a la oración con la esperanza de crecer en virtud, nunca nos decepcionaremos.

Hay muchas visiones prácticas del rosario. La primera es enfocarse en las palabras, mismas que están profundamente sembradas en las Escrituras y la tradición cristiana. El Padre Nuestro fue, de hecho, enseñado por el mismo Jesucristo (cf. Mateo 6, 9-13). El Credo representa la primera expresión de convicción cristiana. La primera parte del Ave María viene del mensaje entregado a ella por el ángel en Nazaret: «Alégrate, llena de gracia. El Señor está contigo» (Lucas 1, 28). Este saludo es seguido por las palabras que Isabel usó para saludar a María durante la Visitación: «Bendita eres entre las mujeres y bendito el fruto de tu vientre» (Lucas 1, 42). La Gloria es la expresión más simple de la alabanza y dogma del Dios trino y desde tiempos antiguos, los cristianos se han colocado bajo el nombre de Dios y la señal de salvación, dándonos la Señal de la Cruz.

Las palabras del rosario son poderosas y están llenas de significado, pero también lo están los misterios que usamos como base de cada decena.

Una cosa es cierta: tu mente no puede hacer dos cosas a la vez. Aquí es donde mucha gente se desanima con el rezo del rosario, pues intentan pronunciar las palabras y meditar el misterio al mismo tiempo. ¡Imposible! Debemos decidirnos por una de las dos.

En aquellas ocasiones en las que decidas meditar los misterios, deja que las palabras fluyan. Piérdete en la escena. Imagínate estando ahí. Cuando escojas enfocarte en las palabras, tal vez sea buena idea meditar los misterios durante un momento antes de cada decena.

También me es fructífero rezar cada decena por una intención. Pues el hacerlo me ayuda a estar enfocado y me permite rezar por muchas personas en mi vida.

Hay algunos que piensan que deberíamos rezar el rosario todos los días. En mi caso, ha habido meses, incluso años, en los que he rezado el rosario todos los días. En otras ocasiones, han pasado semanas, incluso meses sin que lo hiciera. Generalmente, he descubierto que cuando hago espacio para esta sencilla y profunda práctica de oración, me convierto en una mejor persona. Cuando tengo la disciplina de rezar el rosario regularmente, parecería que tengo cierta calma y sensibilidad, que me hacen estar más atento y dispuesto a vivir una vida de virtud.

No creo que necesitemos entrar en el debate sobre si los católicos deberían o no rezar el rosario diariamente. No obstante, sí creo que todos los católicos deberían ser capaces de sacar el rosario de su estantería espiritual, de cuando en cuando, cada vez que el Espíritu los empuje a hacerlo.

Nuestra vida de oración debe ser dinámica, como el amor. Nuestro amor, aunque constante, puede expresarse en muchas formas distintas en momentos distintos. Igual que la oración. Aprende a dejar que el Espíritu te guíe hacia el tipo de oración que te será más beneficioso en un día particular—no la oración que «tengas ganas» de hacer, sino la oración que más te beneficie ese día, dependiendo de la disposición de tu alma.

• La Verdadera Objeción •

Sospecho que la verdadera razón por la que los católicos modernos no tienen una relación más apasionada con el rosario es porque, en general, no estamos cómodos con el papel de María en nuestra espiritualidad. Durante cientos de años, nuestros hermanos cristianos no-católicos nos han acusado de adorar a María y a los santos y no creo que hayamos hecho un buen trabajo desmintiendo esta acusación.

¿Los católicos adoramos a María y a los santos? No. Los católicos les rezamos, pero no los adoramos y lo hacemos de forma distinta a la que rezamos a Dios. Míralo de esta forma: si tú te enfermas y me pides que rece por ti, yo lo haría. Esto no me hace exclusivamente católico, ni siquiera exclusivamente cristiano. Hay muchos no-católicos que creen en el poder de la oración. Si les pregunto a mis amigos cristianos no-católicos si rezan por sus cónyuges o sus hijos, me responderán que sí. Si les pido que recen por mí, dirán que sí. El principio es el mismo. Creemos que María y los santos han muerto en este mundo, pero también creemos que están vivos en el otro mundo y creemos que sus oraciones son tan poderosas—o incluso más poderosas que las nuestras. En esencia les estamos diciendo, «tenemos problemas aquí abajo. Ustedes saben cómo es porque ya estuvieron aquí; ¡por favor recen por nosotros!»

Nuestros amigos cristianos no-católicos no creen que las personas pueden seguir rezando después de la muerte. Nosotros sí creemos esto. Nuestro universo espiritual es más grande. De hecho, una de las cosas más increíbles de nuestra fe católica es la grandeza de nuestro universo espiritual.

• María •

María es la mujer más famosa de la historia. Ella está a la cabeza de todas las mujeres importantes que han ganado fama por vivir vidas de virtud. Ella ha inspirado más arte y música que ninguna otra mujer en la historia, e incluso en la época actual, María fascina la imaginación de hombres y mujeres de toda creencia. En nuestra época, María ha aparecido en la portada de la revista *Time* más que ninguna otra persona.

Sospecho que si queremos enmendar la gran desigualdad que existe entre el papel del hombre y el de la mujer en la sociedad moderna, necesitamos los puntos de vista de este gran ejemplo femenino. ¿Es posible que podamos entender la dignidad, el valor, el misterio y la maravilla de la mujer sin entender primero a esta mujer?

Pero más allá de su fama e importancia histórica, está su centralidad en la vida cristiana. Los primeros cristianos se reunieron en torno a ella buscando consuelo y dirección, aun así algunos católicos modernos la tratan como si tuviera alguna enfermedad contagiosa. Uno de los mayores retos que enfrentamos como católicos es encontrar el verdadero lugar que tiene María en nuestra espiritualidad.

Recientemente, mi esposa dio a luz a nuestro primer hijo. Ser padre me ha permitido comprender nuevas realidades espirituales. Si amo tanto a ese pequeño niño a pesar de mi debilidad y limitación, cuánto más debe amarme Dios. A través de mi hijo he experimentado el amor de Dios en una forma completamente nueva; solo deseo estar con él. Cuando estoy viajando o en la oficina durante el día, deseo regresar a casa para cargarlo o jugar con él; estar con él. Me parece que quizá más que cualquier otra cosa, Dios solo anhela estar con nosotros.

El nacimiento de nuestro hijo también ha renovado mi relación con María. Se me ha ocurrido que sin importar cuánto ame yo a mi hijo, mi esposa siempre va a tener una perspectiva única en su vida. Esto no significa que ella lo ame más o que yo lo ame menos. Esto solo significa que una madre puede ver a su hijo y su vida en una forma en la que nadie más puede. Si no me tomo el tiempo ocasionalmente para preguntarle a ella sobre su perspectiva maternal, me pierdo una parte de la vida de mi hijo.

Una madre tiene una perspectiva única. Nadie ve la vida de un hijo de la forma en que lo hace su madre—ni siquiera el padre. Esta es la perspectiva que María tiene de la vida de su hijo Jesús. A mí me parece que todo verdadero cristiano, no solo católico, debería interesarse en esta perspectiva—y no solo interesarse, fascinarse. En el rosario meditamos la vida de Jesús a través de los ojos de su madre. Esta es una experiencia maravillosa si nos adentramos completamente en ella.

CUARTA PARTE

AHORA ES EL NUESTRO TIEMPO

• • •

La misión encomendada a los católicos de todos los tiempos es transformar el mundo en que viven, trabajan y se desenvuelven. Transformar las distintas áreas de la vida es un reto continuo. Cada ambiente que tocamos debería ser mejor porque nosotros estuvimos ahí. Es demasiado fácil decir que estos tiempos son más difíciles que otros. Todos los períodos de la historia han tenido retos singulares y el nuestro no es la excepción. Las personas de todas las épocas piensan que su tiempo y su lugar son especiales y que sus circunstancias son extraordinarias, pero no es así. La humanidad enfrenta los mismos retos de tiempo en tiempo. Pueden estar disfrazados con distintas máscaras pero son, en esencia, los mismos retos.

Hay verdadera grandeza en el catolicismo. El corazón del hombre anhela ser feliz y Dios quiere que seamos felices, pero solo experimentamos esta felicidad y la plenitud que la acompaña cuando estamos cambiando, creciendo, pareciéndonos más a Jesucristo y a través suyo, convirtiéndonos en la-mejor-versión-de-nosotros-mismos. El catolicismo es ese estilo de vida dinámico y ese sistema de aprendizaje diseñado desde el cielo para acompañarnos en nuestra transformación.

Los beneficios de esta transformación no se limitan a lo individual. Cuando se vive el catolicismo tal como fue concebido, eleva toda actividad humana, toda persona y todo entorno que toca.

En 1517, cuando Martín Lutero empezó la Reforma, no había duda de que la Iglesia Católica necesitaba una reforma. Hoy, la Iglesia necesita de nuevo una reforma. Elevo mis plegarias para que esta reforma sea el resultado de los frutos que surjan del momento en que tú y yo acojamos la antigua tradición llamada catolicismo de una forma dinámica, siendo la-mejor-versión-de-nosotros mismos, ayudando a otros a hacer lo propio y trayendo unidad a todos los cristianos.

• • •

Capítulo Diecinueve

TIEMPO DE UN CAMBIO

He pasado las dos últimas décadas viajando por el mundo y dando conferencias a hombres, mujeres y niños de todas las edades y culturas. Durante este tiempo, he sido bendecido con la oportunidad de ver más del mundo que la mayoría de los presidentes y más de la Iglesia que la mayoría de los obispos. Sospecho que estas singulares experiencias han producido en mí una perspectiva única, pero espero que las ideas que forman esta perspectiva resuenen también en tu corazón.

Amo a la Iglesia. Para mí, el catolicismo es un regalo que nunca será apreciado, descrito o entendido en su real magnitud pero para al menos empezar a apreciarlo debemos primero vivirlo. Mis viajes me han confirmado que la gente ama a la Iglesia. La prensa podrá atacarla, los católicos separados podrán ridiculizarla, e incluso los católicos practicantes podrán criticarla, pero estoy seguro que solo son extrañas demostraciones de amor; en última instancia, son demostraciones de un deseo para que la Iglesia sea ese faro de luz que debería ser en este mundo. A veces el amor se torna amargo, como le ha sucedido a muchos católicos modernos en su relación con la Iglesia. Cuando el amor se torna amargo, es usualmente por una de estas cuatro razones: malos entendidos, indiferencia, egoísmo o el orgullo que hace a una persona incapaz de pedir perdón o perdonar. A veces es una combinación y usualmente ambas partes tienen culpa en cierta medida.

Es verdad que la Iglesia atraviesa por muchos problemas en los momentos actuales de la historia. Estos problemas me llenan de tristeza pero no de angustia, pues los veo como oportunidades para cambiar, crecer y hacernos más efectivos en la tarea de llevar a la gente desde donde están hacia donde Dios los llama a estar. Veo los desafíos de nuestro tiempo como una ocasión para que soñemos una vez más en lo que significa verdaderamente ser católicos y en el papel que la Iglesia debería desempeñar en el mundo de hoy

Matthew Kelly

desde las comunidades locales hasta el ámbito nacional y así, como miembros de la Iglesia que es una, santa, Católica y apostólica, debemos también preguntarnos: ¿Es esta la-mejor-versión-de- la Iglesia

• ¿Estamos Dispuestos a Cambiar? •

Las circunstancias de este momento de la historia se han conjugado para formular a la Iglesia la siguiente pregunta: ¿Cambio o más de lo mismo?

Una de las leyes naturales del universo es el cambio. La naturaleza nos enseña que todo en este mundo se está transformando constantemente. Todo lo que Dios creó está en un continuo proceso de crecer o morir. La historia también nos enseña que aquellos que tratan de evitar o prevenir el cambio siempre fracasan.

Mientras estas leyes de cambio son verdaderas en el aspecto natural, también experimentamos realidades sobrenaturales. La fe, la esperanza y el amor son perfectos ejemplos personales—que son invariables. En medio de este ambiente natural siempre cambiante, también experimentamos la verdad—y la verdad también es invariable. El ambiente cambia, la cultura cambia, la gente cambia, pero la verdad no; las realidades teologales de fe, esperanza y amor tampoco; y menos aún, Dios.

Curiosamente, el anhelo del corazón humano tampoco cambia. Es por esta razón que la verdad invariable del Evangelio resuena en los hombres de todos los tiempos.

Por lo tanto, la pregunta no es « ¿Cambiará la Iglesia?» Pues ciertamente lo hará, tal como lo ha venido haciendo siglo tras siglo durante los últimos dos mil años. La pregunta tampoco es « ¿Debería cambiar la Iglesia?» Los problemas y dilemas que enfrentamos son prueba suficiente de aquello. La pregunta es « ¿Cómo debería cambiar la Iglesia en el siglo XXI?»

Para responder esta pregunta, es importante entender que la Iglesia es la conexión entre dos mundos. El primero es el mundo sobrenatural. El segundo es el mundo natural, como lo conocemos. En una mano, la Iglesia tiene la verdad, eterna e invariable. En la otra mano, tiene las prácticas que permiten y fomentan la aplicación de esa verdad invariable llamada Evangelio a las circunstancias siempre cambiantes de nuestra vida diaria.

Por eso, antes de exaltarnos por los cambios que según nosotros necesita la Iglesia, o los cambios que según nosotros necesitan hacerse a la Iglesia, es importante que entendamos lo que constituye un auténtico cambio. Más que todo, necesitamos desarrollar un entendimiento íntimo de la relación entre cualquier asunto particular y la verdad eterna e inalterable que lleva a la Iglesia a mantener una posición con relación a ese asunto.

Lo que la Iglesia menos necesita es el cambio por el cambio y peor aún nosotros, no necesitamos cambios que sean consecuencia de filosofías como el individualismo, el hedonismo, el minimalismo, el relativismo y el materialismo. Estamos donde estamos porque durante las últimas décadas hemos permitido que estas filosofías egocéntricas operen cambios en la sociedad, en la Iglesia y en nuestra vida.

Algunos piensan que la respuesta es volver al modelo de Iglesia de los años cincuenta. Otros preferirían que volviésemos a la Edad Media. Yo estoy seguro, que la respuesta jamás será ir hacia atrás. A lo largo de la historia de la salvación, el mismo Dios nos ha enseñado esta lección. Adán y Eva fueron bendecidos para que vivieran en el Edén y después desterrados del paraíso por haber desobedecido las reglas que Dios les había dado para su propio bien (cf. Génesis 3, 23). Dios siempre actúa para bien de la humanidad. En la plenitud de los tiempos, Dios envió a su único Hijo para redimirnos (cf. Gálatas 4, 4 y Juan 19, 30). Después de esta reconciliación, Dios no nos envió de vuelta al jardín del Edén. No, Él imaginó algo nuevo y más grandioso. Dios nunca retrocede; siempre va hacia adelante y siempre quiere que nuestro futuro sea más grande que nuestro pasado.

La historia de la salvación nunca va hacia atrás; marcha continuamente hacia adelante. No hay duda que necesitaremos tener presente la sabiduría del pasado en el proceso de movernos hacia adelante, pero esta conciencia del pasado no es lo mismo que ir hacia atrás. La respuesta nunca está atrás; la respuesta está siempre adelante. ¿A qué nuevo lugar está llamando Dios a la Iglesia ahora?

Sin importar el aspecto que tenga ese lugar, necesitaremos cambiar para llegar hasta ahí y seguramente la transición no será fácil. ¿Cómo cambiará la Iglesia en el siglo XXI? ¿Aprenderemos a sacar de nuestro tesoro lo nuevo y lo viejo (cf. Mateo 13, 51) mientras nos movemos hacia adelante?

La renovación dinámica en la Iglesia llegará cuando consideremos el futuro con respecto al pasado. No será suficiente una simple reorganización. Necesitamos ciertos cambios radicales, pero no en la forma en que muchos imaginan. En la actualidad, cuando el cambio y la Iglesia Católica coincidan durante una conversación, lo más probable es que las personas hablen sobre los asuntos más controversiales y todos estos asuntos son secundarios comparados con los verdaderos cambios a los que nos enfrentamos.

Es verdad que necesitamos cambiar, pero necesitamos un cambio vivificante que genere frutos verdaderos, estación tras estación. Necesitamos empezar a educar a los católicos en su anhelo de felicidad. Debemos enseñarle a los católicos que ese anhelo de felicidad que tienen se alcanza con disciplina Necesitamos mostrarle a la gente de forma práctica cómo alcanzar la máxima felicidad cuando dejamos que las revelaciones eternas del Evangelio gobiernen nuestras acciones. Necesitamos redescubrir las abundantes riquezas de la espiritualidad católica. Necesitamos ofrecer respuestas a las constantes preguntas de estos tiempos y a las objeciones comunes hacia el catolicismo, respuestas que hagan profundo eco en las personas de hoy. Necesitamos articular la importancia del catolicismo en el mundo actual de maneras audaces, brillantes, coherentes e inspiradoras. Necesitamos invitar a los católicos a participar activamente en la misión de la Iglesia y sobre todo, necesitamos convertirnos en personas que rezan y consecuentemente, en personas de oración.

Pero primero y más importante, necesitamos inspirar a las personas. Si no somos capaces de inspirar a las personas para que enciendan en su vida el conocimiento, las revelaciones y la sabiduría que a lo largo de la historia ha acumulado la Iglesia Católica, entonces no tiene sentido poseer estos tesoros.

Nadie hace nada digno sin inspiración. El Espíritu en acción siempre eleva nuestras emociones a alturas de inspiración. Necesitamos inspirar a las personas para que vivan en plenitud (cf. Juan 10, 10). Necesitamos inspirar a las personas para que sigan a Cristo. Necesitamos *inspirar* a las personas para que se involucren. Necesitamos inspirar a las personas.

El cambio es necesario e inevitable. En vez de permitir que el espíritu del mundo nos dirija, elevo mi plegaria al Señor para que sea el Espíritu vivo de Dios quien dirija este cambio en la Iglesia y en nuestra vida.

Si crees que nada debe cambiar, ve a la iglesia el próximo domingo y mira a tu alrededor. Luego pregúntate, « ¿dónde están los jóvenes?» No los niños, sino las personas de veintitantos y de treinta y tantos. Yo me encuentro en la actualidad dentro de lo que se conoce estadísticamente como el mayor rango de edad de católicos en los Estados Unidos y sin embargo, es también el rango de católicos menos practicantes de los Estados Unidos.

En su mayoría, fueron a escuelas católicas y crecieron en familias católicas, pero no les enseñamos a rezar o a tener una relación efectiva con Dios. En algún lugar del camino, algo falló drásticamente. De algún modo, hemos fracasado en comunicar el valor de vivir una vida de virtud y fe. De algún modo, hemos fracasado en convencer a los jóvenes de hoy que caminar junto a Dios es la mejor forma de vivir. Hemos fracasado en demostrarles la relevancia que tienen Jesús y la Iglesia en el clima moderno y mientras no hagamos esto de forma convincente, estos jóvenes no volverán en el corto plazo.

Sólo en los Estados Unidos hay cerca de treinta millones de ex católicos. Esto es uno de cada diez estadounidenses, haciendo que los ex católicos sean la segunda denominación Cristiana más grande de la nación.

¿Estamos dispuestos a cambiar? Espero que sí. Casi todas las personas con las que hablo acerca del futuro del catolicismo me dicen, «la Iglesia necesita un cambio de verdad», o algo parecido. Lo que tal vez se están olvidando al hacer esta afirmación es que nosotros somos la Iglesia y aquí viene la verdadera pregunta: ¿estás dispuesto a cambiar tú? ¿Lo estoy yo? ¿Estamos tú y yo dispuestos a ser el cambio que necesita la Iglesia? En mi experiencia, la mayoría no está dispuesta. Nos declaramos expertos, criticamos desde lejos y usamos las recientes fallas de la Iglesia como excusas para no involucrarnos.

Pedimos a gritos un cambio, pero nos olvidamos de lo difícil que es cambiar. Pedimos un cambio, pero con frecuencia nos negamos a involucrarnos. Piensa en lo difícil que se te hace cambiar un mal hábito, especialmente si es uno que está profundamente enraizado en tu personalidad y en tu estilo de vida. Toma solo un aspecto de tu propia vida como ejemplo. Toma uno de tus malos hábitos y trata de remplazarlo por un buen hábito. ¿Cuánto tomaría? ¿Cuántas veces fracasarías antes de que finalmente tengas éxito?

Lo mismo sucede con la Iglesia. Por lo tanto les pido que sean pacientes con la Iglesia, que tiene dos mil años de existencia y mil doscientos millones de seres humanos maravillosamente falibles como tú. El cambio vendrá lentamente, porque la Iglesia cambiará para mejor tan rápido como tú y yo respondamos al llamado de Dios para crecer en virtud y convertirnos en la-mejor-versión-de-nosotros mismos. Cuando te conviertes en una mejor versión de ti mismo la Iglesia se convierte en una-mejor-versión-de-sí misma.

• ¿En qué Deberíamos Enfocarnos? •

Si la Iglesia Católica cambia, crece, prospera y cumple su misión en el clima actual, será por una sola razón: porque nos hayamos convertido en personas espirituales. Solo entonces esa salud espiritual hará explosión para convertirse en acciones auténticas.

Para mí, la educación y la evangelización son las claves para ayudar a que la Iglesia entera florezca. Se trata de los pilares de la renovación. Es imposible conocer a Dios y no amarlo. Aquellos que no aman a Dios sencillamente no lo conocen. De igual forma, es imposible sentir a Dios y no querer que otros también lo sientan. Aquellos que no evangelizan, sencillamente no han tenido una experiencia íntima con Dios.

El primer paso es reconocer que los sistemas y procesos que hoy rodean a la educación y evangelización en la Iglesia están gravemente defectuosos, o por lo menos son preocupantemente inadecuados. Desde ahí podemos empezar a construir todo lo que sea necesario para comprometer a los demás.

• La Educación •

Tarde o temprano, alguien empezará a demandar a las instituciones educativas católicas por publicidad engañosa. ¿Cómo es posible que tanta gente haya pasado por el sistema de educación católica y sepa tan poco sobre la Iglesia, el catolicismo y sobre todo, Cristo? ¿Cómo es posible que tantos se gradúen en escuelas católicas sin saber cómo construir una relación efectiva con Dios?

El sistema educativo católico, como estructura, es una de las maravillas de la historia de la humanidad. Constituye motivo de envidia entre innumerables grupos y organizaciones, todos aquellos con suficiente motivación como para soñar en tener acceso a un sistema docente tan poderoso como el católico. ¿Por qué? Porque se dan cuenta de lo poderoso que sería si se usara en la práctica. Por eso está siendo tan atacado y tantas personas han dirigido sus críticas en su contra y mientras tanto, nosotros hemos fracasado en utilizarlo para el fin para el que fue creado: el bien de los estudiantes, sus familias, la Iglesia y la sociedad.

¿Queremos que nuestros hijos aprendan sobre Jesús, el valor de la virtud y el carácter y la belleza de la Iglesia? ¿O queremos solamente que tengan acceso a una educación privilegiada que les dé las herramientas necesarias para ingresar a las mejores universidades? ¿Queremos que se preparen para la vida? ¿O queremos prepararlos para que sean un eslabón más de la cadena económica global? ¿Creemos de verdad que al enseñarles sobre Jesús y el papel que la Iglesia puede jugar en sus vidas, estamos brindándoles la mejor preparación posible para su vida universitaria y adulta? ¿O hemos sucumbido ante el espíritu del mundo?

La educación católica es uno de los grandes milagros de la civilización moderna. Es un hito portentoso y sin precedentes. Por eso ha sido imitado por todas las demás organizaciones religiosas del planeta. Ellos conocen el poder del sistema educativo católico. Pero este ingenioso método está siendo utilizado de forma incompleta, incorrecta, ineficiente, al punto que está fracasando en su misión y se encuentra en desesperada necesidad de renovación.

Al mismo tiempo, las escuelas católicas soportan tremendas presiones debidas a crecientes regulaciones y ordenanzas, población estudiantil siempre decreciente y constantes apuros económicos. Todas estas circunstancias les llevan inevitablemente a enfocarse más en su mantenimiento antes que en su misión. Estamos demasiado preocupados en sobrevivir como para explorar en profundidad aquello que hará que la educación católica vuelva a ser próspera.

La educación en cualquier contexto se dirige mejor a través de preguntas. Muchos educadores a lo largo de la historia han tratado de imponer su posición sobre el resto. Tales maestros, si se les puede llamar así, tienden a dar clases orales. Es decir, su estilo es un monólogo. Pero los verdaderos maestros no tratan de imponer sus puntos de vista en sus estudiantes; más bien, tratan de llevarlos hacia el bosque del razonamiento, la duda, la reflexión y el cuestionamiento de la belleza que encierra la verdad. En este proceso, extraen la-mejor-versión de cada estudiante. Los grandes maestros proponen preguntas. En otras palabras, su estilo se asemeja más a un diálogo que a un monólogo.

Las preguntas que hacemos son tanto o más importantes que las respuestas que hallamos. Si hacemos preguntas equivocadas, siempre encontraremos respuestas equivocadas. Si la educación católica cambia de forma auténtica y vivificante, será solo porque escogimos las preguntas correctas sobre las cuales basarla.

La sociedad actual, usualmente cuestiona y pone en duda la posición de la Iglesia respecto a cualquier asunto, calificándola como fuera de foco o irracional. Auto proclamados «expertos» ridiculizan las enseñanzas de la Iglesia sin saber mucho sobre la sabiduría en que se fundamentan. Esta tendencia cultural es un enemigo real y poderoso cuando de la educación católica se trata.

La única respuesta a este ambiente cultural capaz de mantener a nuestros estudiantes en constante condición es encender en ellos amor por el aprendizaje y hambre de la verdad.

Si quieres ganar una guerra, hay tres cosas que necesitas saber: primero, necesitas saber que estás en guerra. Segundo, necesitas saber quién es tu enemigo. Tercero, necesitas conocer las armas y estrategias que usarás para derrotar a tu enemigo.

Nuestros enemigos son la ignorancia y la indiferencia. Es sorprendente cuántos títulos académicos puedes obtener en una cultura y seguir manteniendo a las masas casi completamente ignorantes sobre cualquier verdad de vida. La ignorancia y la indiferencia hacia la verdad son los enemigos de la Iglesia, de la educación católica y ciertamente de Dios.

¿Tienes hambre por conocer la verdad? ¿Buscas la verdad en todas las áreas de tu vida?

Si nos tomamos el tiempo para estudiar las enseñanzas de la Iglesia, descubriremos en ellas una singular belleza y una profunda sabiduría. Algunos podrían argumentar que son muy difíciles de entender. La verdad nunca fue diseñada para asimilarse en un aviso publicitario de veinte segundos, lo cual es un problema en esta cultura de la brevedad y el apuro. Pero en el ambiente de una escuela católica, no estamos limitados a breves anuncios de veinte segundos. Más bien, disponemos de años enteros para explorar la verdad de las preguntas esenciales sobre la vida y la fe.

En vez de cuestionar las enseñanzas de la Iglesia sin hacer ningún esfuerzo para entenderlas y en vez de desechar sus puntos de vista por considerarlos anticuados y desactualizados, tal vez deberíamos tratar de entender su posición.

¿De verdad creemos que sabemos más que la imponente y grandiosa colectividad de filósofos y teólogos católicos de los últimos dos mil años? ¿Cómo es que nos hemos vuelto tan orgullosos y arrogantes al punto de llegar a cuestionar a estas extraordinarias personas sin ningún tipo de investigación previa? ¿Qué prejuicio personal está nublando nuestra visión? ¿Tienen reales fundamentos nuestras objeciones, o es simplemente que las enseñanzas de la Iglesia nos incomodan?

Es verdad que nuestro tiempo, estamos enfrentándonos a grandes preguntas y desafíos que las grandes mentes católicas del pasado no enfrentaron, pero al menos con seguridad ellos nos proporcionaron un importante punto de partida. Si tuviéramos mentes y espíritus sagaces, si buscáramos la verdad en cada circunstancia, nos preguntaríamos humildemente, «¿Por qué la Iglesia enseña lo que enseña sobre…?»

Esta es la pregunta que debería forjar la educación católica y nuestra exploración personal de la fe. Tal vez deberíamos dejar que estudiantes de secundaria expresen todas las preguntas sobre el catolicismo y todas las objeciones que hayan escuchado sobre la Iglesia y tal vez deberíamos asignarles la tarea de defender ciertas posturas o responder las grandes preguntas de nuestro tiempo. Después, podríamos explorar juntos la pregunta «¿Por qué la Iglesia enseña lo que enseña sobre eso?»

No hagamos esta pregunta con el tono sarcástico, cínico y hasta despectivo con que lo hacen en muchos círculos académicos de la actualidad, como si la pregunta misma fuera la respuesta. Hagámosla sabiendo que en poco tiempo los frutos de miles de años de sabiduría grandiosa, práctica, intelectual y espiritual se eclipsarán ante nuestros ojos. Este eclipse intelectual y espiritual es una experiencia de enseñanza, un momento de cambio de rumbo y una influencia que encamina nuestra vida. Si pudiéramos mostrar a todos los jóvenes católicos de escuela secundaria solo una de estas experiencias, tendrían un respeto sine qua non por la gran sabiduría de la Iglesia. Si les mostráramos la verdad y la belleza de esa verdad, respecto a solo una de sus preguntas y objeciones, elevaríamos infinitamente su amor y entendimiento de la Iglesia. Podrán seguir alejándose y podrán seguir actuando contrario a sus enseñanzas, pero muy dentro de su corazón, sabrán que la Iglesia no es otra simple institución humana, sino la divina depositaria de la verdad y la sabiduría.

Seamos realistas, seguro que los argumentos que la cultura secular moderna usa para robarles la fe a los católicos de hoy no llegan a una docena. ¿Será tan difícil organizar un sistema educativo que responda claramente a esas objeciones, subrayando elocuentemente la posición de la Iglesia y explicando la relevancia moderna de cada uno de estos puntos y que inspire a las personas a vivir las verdades que vayan descubriendo?

Puede ser que no podamos explicar todo sobre el catolicismo, pero no deberíamos dejar que aquello que no podemos hacer interfiera con lo que sí podemos. Si sembramos en los jóvenes católicos amor por el aprendizaje y hambre por la verdad y luego los empujamos a buscarla, les habremos hecho un gran bien. Para lograrlo, debemos inculcar en ellos formas positivas de curiosidad, la curiosidad en su máxima expresión: la curiosidad por la verdad. Los buscadores de la verdad siempre terminan junto a Dios. Es mucho más difícil conocer a Dios para aquellos que son indiferentes a la verdad, o quienes nieguen la existencia de la verdad objetiva e invariable.

La verdad es bella. Si tan solo pudiéramos aprovechar la energía del sistema educativo católico para enseñarles a los jóvenes cómo esta verdad del Evangelio *los puede liberar* (cf. Juan 8, 32). Solo entonces seremos capaces de mostrarles la verdad en su interior. Solo entonces creerán en nosotros. El auténtico amor por uno mismo y la verdadera auto estima surgen de la relación adecuada con Dios y de la verdad que él ha revelado.

Educadores, padres, políticos y psicólogos coinciden en que probablemente el mayor problema entre los jóvenes de hoy sea la baja auto estima. No se puede corregir este problema simplemente con llenar al chico de halagos. La auto estima tiene tres fuentes: obrar el bien; llevar una relación adecuada con Dios, los demás y uno mismo; y el servicio. Obrar el bien es tan sencillo y tan difícil como escuchar la suave voz de la conciencia y permitir que nos guíe. Una relación adecuada con Dios, los demás y todo en el universo, se desarrolla mediante una siempre creciente conciencia de todo aquello que es bueno, verdadero, bello y correcto y nada fomentará más el sano sentido de sí mismo que la experiencia de ser valioso para otros a través del servicio.

Es imposible poseer un sano sentido de sí mismo mientras no busquemos activamente vivir la verdad que Dios nos ha revelado. Espero que podamos aprender a valorar la verdad de nuevo, incluso en medio de esta cultura de apariencias, decepción y compromiso. Hay gran belleza en la verdad. Cuando la escuchamos, la leemos o la vivimos, nuestra alma se eleva. Así como Juan Pablo II lo expresó de forma muy poética y poderosa en su encíclica, *Veritatis*

Splendor, «EL ESPLENDOR DE LA VERDAD sale a la luz en la obra del Creador y, de manera especial, en el hombre, creado a imagen y semejanza de Dios (cf. Génesis 1, 26). La verdad ilumina la inteligencia del hombre y modela su libertad, guiándolo hacia el amor de Dios».

El sistema educativo católico es perfectamente capaz de encender en el corazón y la mente de los católicos jóvenes un sentido de pasión, asombro y hambre por la verdad. En esta coyuntura, es crítico que volvamos a valorar lo que queremos comunicar a los que asisten a las escuelas católicas. Si es simplemente una educación de élite para unos pocos privilegiados, seguramente estamos en directa contraposición con el mismo Evangelio, en cuya enseñanza decimos estar basándonos. Pero si deseamos comunicar a nuestros niños los valores y creencias que surgen de la vida y enseñanzas de Jesucristo, entonces claramente es hora de un cambio.

Lo irónico es que la gran mayoría de jóvenes está buscando alguien que tenga el valor de mirarlos a los ojos y decirles la verdad. Sobre todo, quieren ser ellos mismos, pero no cualquier versión. Ellos anhelan profundamente ser la mejor-versión-de-sí-mismos. A veces están conscientes de ese anhelo y a veces no. Los jóvenes necesitan y requieren de una guía para descubrir y comprender sus más altos potenciales.

Enseñar a los jóvenes a reconocer y celebrar la-mejor-versión-de-sí-mismos es también la mejor forma de enseñarles a participar en la sociedad, a encontrar un trabajo que sea específicamente adecuado para ellos y a comprometer sus responsabilidades sociales.

El sistema educativo católico tiene el potencial para jugar un papel muy importante en la renovación de la Iglesia. La educación, más que ninguna otra actividad de la Iglesia, tiene una singular oportunidad de reorientar al hombre de hoy hacia Dios. Me parece—y puedo estar equivocado—que el sistema educativo católico no renovará su potencial renunciando a todo aquello que es católico, sino haciendo lo que predica y ofreciendo una educación católica.

Reconozco que dirigir una escuela implica grandes desafíos, reconozco que la compensación que reciben nuestros maestros está peligrosamente cercana a ser un salario injusto y sé que con demasiada frecuencia los maestros no tienen voz cuando se trata de asuntos importantes relacionados con el futuro y bienestar de sus escuelas. En todo caso, con tantos estudiantes de escuela secundaria rechazando la fe en la misma escuela o poco después de graduarse—y les aseguro que el porcentaje es enorme—es imposible no cuestionar nuestro actual enfoque del asunto. Por lo menos deberíamos preguntarnos constantemente de qué forma podemos comprometer con la fe a los estudiantes de escuelas católicas, de manera que esta se convierta en faro para el resto de su vida.

También es importante anotar que muchos católicos reciben su formación de catequesis fuera de las escuelas católicas. Más de dos tercios del total de estudiantes católicos no asisten a escuelas católicas. Esto significa que su primera formación en la fe fuera de sus casas se da en las aulas de catequesis. Este número se está incrementando año a año al tiempo que cada vez más padres deciden no inscribir a sus hijos en escuelas católicas y cada vez más escuelas católicas cierran sus puertas. En pocas palabras, tenemos una hora a la semana para cautivar la imaginación de estos jóvenes, demostrarles la grandeza del catolicismo y convencerlos de que seguir a Jesús es la mejor manera de vivir. Creo que estamos de acuerdo con que no es una tarea fácil.

Si no podemos darnos el lujo de perder otra generación de católicos y pienso que todos estamos conscientes de ello, ¿no es hora de invertir recursos en serio para desarrollar programas de catequesis de excelencia? ¿No deberíamos destinar más recursos de los presupuestos de nuestras parroquias y diócesis para atraer genuinamente a los jóvenes hacia su fe?

• La Evangelización •

Mi experiencia ha sido que muchos católicos de hoy se sienten incómodos con la palabra *evangelización*. Probablemente porque el término ha sido secuestrado por las iglesias Evangélico-Protestantes y sus métodos de evangelización con frecuencia son bastante argumentativos, intimidantes y enérgicos. A esto se suma la vinculación con todo tipo de escándalos, que durante los últimos veinte años han tenido varios evangelistas de la televisión quienes se auto promueven y sirven a sus propios intereses.

No solo que han secuestrado el término *evangelización*, sino que se han robado también el término *cristiano*. Sorprendentemente, muchas iglesias cristianas modernas ni siquiera consideran a los católicos como cristianos, lo que es como decir que la Coca-Cola no es cola. En todo caso, el asunto que nos compete es la evangelización, que en esencia significa «compartir el evangelio con toda la humanidad».

Las organizaciones tienen la tendencia a preocuparse por las presiones, problemas y programas cotidianos. El peligro de esto es que perdemos la noción de lo que estamos tratando de alcanzar. Es por eso que la mayoría de instituciones, desde universidades hasta corporaciones multinacionales, están constantemente revisando y replanteando sus declaraciones de misión, valores esenciales, metas a corto y largo plazo y planes estratégicos generales. De otro modo, sería demasiado fácil caer presa de la rutina y perder de vista la misión

Si fueras a una heladería y no tuvieran helado, dirías, « ¡algo anda mal!» Si visitaras una chocolatería y no tuvieran chocolates, dirías, « ¡algo anda mal!» La misión de la Iglesia es compartir el evangelio y enseñar, incentivar, desafiar a la gente para que imite a Jesucristo. ¿Entonces cómo podemos pertenecer a una parroquia que año tras año sigue sin buscar a los que se mantienen al margen de la iglesia y con muy pocos que imiten a Cristo notoriamente, sin pensar que algo anda mal? Te aseguro que si lo que acabo de describir se parece a tu comunidad parroquial, *¡algo anda mal!*

Supongo que en realidad todo se reduce a si nosotros creemos verdaderamente que conocer y seguir a Jesús es la mejor forma de vivir. Sospecho que, en cierta medida, muchos católicos no lo creemos. Si lo hiciéramos, quisiéramos compartirlo con más entusiasmo.

La naturaleza y razón de ser de la Iglesia es incentivar a personas y comunidades a hacer vivas las enseñanzas de Jesucristo en todo tiempo y lugar. Una parroquia local debería ser contagiosa. Todos los que pertenecen a ella deberían extender sus manos activamente, haciendo esfuerzos por evangelizar; y pasivamente, con el ejemplo de sus vidas.

Una cosa sí es evidente: necesitamos una estrategia. Los católicos de hoy no van a cambiar hacia un estilo de vida más Cristo-céntrico por sí mismos. Nuestras comunidades locales no van a hacerse contagiosas de la noche a la mañana. Necesitamos una estrategia, porque este tipo de cosas solo suceden intencionalmente.

Permítanme sugerir un sencillo plan de evangelización de cuatro pasos:

Primero: debemos empezar a cultivar las amistades. La amistad fue el modelo original de evangelización. Los primeros cristianos no buscaban esparcir su fe mediante el poder político ni tuvieron a su alcance los medios masivos de comunicación. Simplemente echaron mano del más antiguo y confiable método de influencia—la amistad.

Cada año, los anunciantes gastan millones de dólares para crear una percepción positiva de sus productos. Pero los más talentosos ejecutivos de publicidad saben que la recomendación verbal de un amigo, alguien a quien conoces y en quien confías, tendrá más influencia sobre ti que el mejor anuncio jamás publicado.

Vivimos en una cultura en que las autoridades espirituales e instituciones religiosas se ven cada vez más cuestionadas, ignoradas y desacreditadas. Afortunadamente, los amigos todavía se escuchan y confían entre ellos. Visita cualquier cultura de cualquier continente y descubrirás esta dinámica humana universal.

Segundo: el siguiente paso en nuestra estrategia de evangelización es rezar por las personas a las que estamos tratando de llegar con las enseñanzas, principios y valores del Evangelio.

La oración es poderosa, esencial. Llega directo y clarifica. Nos da visión, valentía, fortaleza y templanza. La oración disuelve nuestros prejuicios, elimina nuestra estrechez de mente y diluye nuestra tendencia a hacer juicios. Erosiona nuestros motivos impuros. La oración abre nuestro corazón hacia Dios y sus caminos.

Nuestro trabajo de compartir el evangelio con los demás nunca debería ir separado de la oración por esas personas porque si ocurre esta separación, corremos el gran peligro de caer en motivaciones personales.

Tercero: el tercer paso en nuestra estrategia de evangelización es contar nuestra historia.

Las historias cambian la vida de las personas. Las historias de San Francisco de Asís, la Madre Teresa, Juan Vianney, Tomás Moro y Juan Pablo II han tenido una influencia muy grande en mi vida. Sus vidas cambiaron la mía, pero las historias de cientos de personas ordinarias con las que me he encontrado también han tenido un gran impacto en mí.

Ya hemos discutido sobre el gran poder de las historias en el Capítulo Once. Ahora tú necesitas descubrir la tuya. Todos la tenemos—la secuencia de eventos que nos llevaron por aflicciones y problemas, dudas y preguntas, hasta llegar a un momento y lugar en que empezamos a creer que vivir correctamente es la única forma de ser felices. Esto no significa que a veces no tengamos aflicciones, dudas y preguntas. Tampoco significa que no nos atraigan ciertas acciones y cosas que resultan auto destructivas de cuando en cuando.

Cuenta tu historia. Sin importar lo corriente que pienses que sea, te sorprenderá lo fácil que las personas se identificarán con tu relato. Sin importar tus fallas y caídas, tu historia tiene verdadero poder.

Cuarto: el componente final de esta estrategia de evangelización es invitar a tus amigos y vecinos a eventos de difusión organizados por tu parroquia.

Esto representa un problema en la mayoría de las parroquias católicas porque no hay muchos eventos de difusión a los cuales invitar. Algunos dirán que tienen programas de catequesis para adultos para aquellos interesados en explorar el catolicismo pero estos programas duran meses y solo aquellos con un elevado nivel de interés seguirán asistiendo. Lo que necesitamos son programas mensuales o trimestrales a los que la comunidad pueda invitar a su familia, vecinos y amigos. Programas que inspiren, que enciendan en la gente una llama de pasión por el buen vivir, que hablen sobre los verdaderos problemas y necesidades a los que el hombre se enfrenta. Necesitamos programas de difusión y estos deben ser relevantes e innovadores.

Estos programas de difusión pueden no tener ninguna relación con la fe directamente. Tu iglesia puede organizar un evento sobre cómo manejar las deudas de tarjetas de crédito, o un seminario para los desempleados, o una reunión para aquellos que están atravesando un momento de duelo por la muerte de un ser amado.

Este fue el modelo de Jesús. Él nunca predicó a alguien sin antes calmar sus necesidades temporales. El los sanaba, los consolaba, los alimentaba y solo entonces compartía con ellos su mensaje. Jesús se encontraba con ellos donde estaban y los guiaba hacia donde Dios los llamaba a estar.

Nuestra falta de programas de difusión es una de las mayores barreras hacia la evangelización católica. Los Protestantes y Evangélicos pueden invitar a sus amigos a la iglesia con facilidad. Pero los católicos no. ¿Por qué? Porque se nos hace incómodo al momento de la Comunión, en que todos la van a recibir y les tienes que decir a tus amigos que ellos no lo pueden hacer. El resultado: los invitados no se sienten bienvenidos, se sienten apartados y no vuelven más.

¿Cuándo fue la última vez que fuiste a una fiesta a la que no te invitaron? A las personas no les gusta asistir a eventos donde no se sienten bienvenidos y la verdad es que hay muchos católicos que no se sienten bienvenidos en la Iglesia Católica. De ahí que no es de sorprenderse que un no católico se sienta algo apartado. Como católicos, necesitamos encontrar el poder de invitar. Necesitamos invitar gente y necesitamos algo para invitarlos.

Una vez ahí, necesitamos hacerlos sentir bienvenidos, sea que nosotros los hayamos invitado o no. Necesitamos hacer todo para que las personas que invitemos se sientan cómodas en la Iglesia, que sientan pertenencia. Este sentido de pertenencia es importante para todos nosotros. Si la gente no lo encuentra en su parroquia católica, irán a otra iglesia hasta que se sientan bienvenidos.

Tal vez esta estrategia sea demasiado simple y estoy seguro de que no es perfecta, pero sé que necesitamos un plan paso a paso específicamente diseñado para llegar a las personas con las que vivimos, trabajamos y socializamos.

La Iglesia primitiva fue imparable y hasta donde sé, lo fue porque siguió esta simple estrategia. Creyeron que los valores y principios del Evangelio eran la mejor forma de vida. Cultivaron la amistad. Se comprometieron profundamente con una vida de oración. Tuvieron el valor de contar sus historias. Fueron generosos y abiertos hacia los demás.

El hombre de hoy anhela ser feliz tal como lo hicieron los primeros cristianos. De aquí surge la pregunta: «¿Crees que conocer y seguir a Jesús es la mejor forma de vivir?» Nosotros no somos meros espectadores en la gran misión de la Iglesia. Somos participantes.

Ahora, seamos prácticos por un momento. ¿Cómo puedes ayudar a otros a descubrir la belleza de la vida y enseñanzas de Jesucristo? Podemos cumplir nuestro llamado a trasmitir el Evangelio enseñando a nuestros hijos y viviendo los valores y principios del Evangelio en nuestra propia vida. Pero también tenemos una oportunidad única de compartir con nuestros amigos las vivificantes enseñanzas del cristianismo. Nadie está en mejor posición de influenciar a tus amigos con la belleza y bondad de nuestra fe que tú. Aprendemos más de nuestros amigos que de cualquier libro. Nosotros tenemos más influencia sobre la vida de nuestros amigos de lo que podríamos imaginar. Ya sea que estemos conscientes de ello o no, todos ejercemos una tremenda influencia sobre las personas con que compartimos. Yo te pregunto, ¿son tus amigos mejores personas desde que te conocen? ¿Les estás ayudando a ser la-mejor-versión-de-sí-mismos? ¿Estás viviendo tu vida de forma tal que aquellos que te conocen a ti pero no a Dios lleguen a conocer a Dios al conocerte?

El principal vehículo que Dios quiere usar para compartir la verdad, belleza y sabiduría de sus caminos con el mundo actual no son los medios de comunicación o el internet. El vehículo que Dios quiere utilizar es la amistad.

La amistad es el modelo de evangelización original y es el modelo que triunfará en el contexto moderno. La amistad genera confianza y respeto mutuo, que juntos generan apertura y aceptación, que a su vez generan diálogo vulnerable. Solo entonces podemos empezar a formularnos las preguntas que todo ser humano desea responder: ¿quién soy? ¿De dónde vengo? ¿Para qué estoy aquí? ¿Cómo lo hago? ¿A dónde voy? La amistad es la clave de la evangelización.

¿Cómo aplicar estas ideas de manera práctica en tu vida? En algún momento de este día, tómate unos breves minutos en la habitación del silencio y pídele a Dios que te indique cinco personas que se beneficiarían de un mayor conocimiento y aprecio de Dios y la Iglesia. Escribe los nombres de esas cinco personas. Pega esos nombres mentalmente uno a cada dedo de tu mano derecha.

Reza por ellos todos los días durante el siguiente mes. Nómbralos en tu oración, diaria. Entrega tu disponibilidad a Dios. Dile que te gustaría ayudarlos a descubrir los beneficios de vivir una vida de virtud y la aventura de caminar junto a él.

Después de que hayas rezado por estas cinco personas todos los días durante un mes, llámalos y arregla reunirte con ellos por un par de horas, cada uno por separado. Invítalos a almorzar, a dar un paseo, a hacer deporte, o a tomar un café. Cuando tengas este momento con ellos, uno a uno, háblales sobre aquello que está sucediendo en su vida.

Haz esto una vez al mes con cada una de tus cinco personas, individualmente, durante tres a seis meses, no hables sobre Dios, religión, o la Iglesia, a menos que ellos traigan el tema a colación. Después de que hayan pasado estos meses, en una de tus visitas, invítalos a alguna obra de caridad a la que asistas, ya sea visitar algún asilo, hospital u orfanato. Ve a estos lugares y colabora activamente, aunque sea solo visitando a las personas que ahí viven. Nada despierta más los sentidos espirituales, morales y éticos que el contacto con los menos favorecidos

Entonces y solo entonces, habiendo formado una amistad y desarrollado cierto nivel de respeto mutuo, comienza a dialogar sobre el lugar que Dios tiene en tu vida y la de ellos. Este respeto mutuo es esencial en el proceso de evangelización. Sin él, podrás hablar, pero las personas no te escucharán.

Pero una vez que te hayas ganado su respeto, ellos escucharán lo que tienes que decir, aun cuando discrepen vehementemente con tu punto de vista. Si alguien a quien no respetamos dice algo con lo que no estamos de acuerdo, sencillamente lo rechazamos. Pero si una buena persona, alguien que sabemos tiene consideración por nuestro bienestar dice algo con lo que no estamos de acuerdo, es mucho más difícil de rechazar. Lo consideraremos y sopesaremos con mucho cuidado. De esta forma, la verdad tendrá oportunidad de echar raíces en la buena tierra de su corazón (cf. Marcos 4, 8).

Con el pasar del tiempo y del diálogo, regálales un buen libro sobre espiritualidad que los desafíe a pensar, a cambiar, a crecer y a convertirse en la-mejor-versión-de-sí-mismos. Asegúrate de que sea un libro adecuado a su nivel y no un libro que esté muy lejos de su alcance. Entonces, cuando se reúnan cada mes, hablen sobre las ideas del libro. Pregúntales: ¿qué te gusta sobre el libro? ¿Qué no te gusta? ¿Qué parte constituye un desafío para ti? ¿Qué ideas te reconfortan? ¿Cómo te hace querer vivir distinto?

Cuando sea el momento adecuado, invítalos a alguna actividad pastoral de tu parroquia y luego, invítalo a hablar sobre esa actividad.

Continúa cultivando estas cinco amistades y Dios te usará de forma poderosa. Nunca olvidaré a los que hicieron esto por mí. Sin su tiempo y esfuerzo, sin su pasión por los caminos vivificantes de Jesucristo, no sé donde estaría hoy día. Estaré eternamente agradecido con ellos y un día tus amigos estarán eternamente agradecidos contigo.

Es imposible vivir una vida Cristo céntrica y no querer compartir la sabiduría del buen vivir con los demás. Elevo mi plegaria para que acojamos la virtud cada día más en nuestra propia vida y ruego para que empecemos a compartir los infinitos tesoros de la Iglesia con otros de manera más entusiasta.

La gran evangelización que la Iglesia necesita no se hará a través de los medios de comunicación masiva, aunque ciertamente deberíamos echar mano de estos recursos y del internet para promover el Reino de Dios. La gran evangelización tendrá lugar a través del sencillo y eterno tesoro de la amistad. Este es el modelo de evangelización original y sigue siendo el más efectivo.

• Las Vocaciones •

Todos tenemos una vocación y nuestro corazón encuentra descanso una vez que la encontramos y seguimos. Tu vocación es la respuesta íntima de Dios a tu deseo particular de ser feliz. El coloca en tu interior este deseo y te llama a buscar esa felicidad con una vocación específica. Tal es la grandeza de Dios.

La vida es vocacional.

En muchos países modernos estamos atravesando por una falta de vocaciones sacerdotales. La crisis es mucho mayor de lo que creemos. La situación es tan grave que las estadísticas sugieren que si no se produce algún cambio, en quince años la mitad de las parroquias en Estados Unidos no tendrán un párroco titular.

¿Cuál es la solución para este problema? ¿Por qué hay tal escasez de sacerdotes? Pienso que la razón principal es porque hemos dejado de predicar el Evangelio. Probablemente una de cada diez veces que salgo de la iglesia el domingo me digo a mí mismo, *esa homilía realmente me desafió, me inspiró, me convenció, me mostró los cambios que necesito hacer y me enseñó cómo aplicar el Evangelio de forma práctica en mi vida.*

Hemos dejado de predicar el Evangelio. Estamos predicando para los tibios. Paralizados por el miedo, hemos diluido tanto el mensaje, que a la mayoría de los católicos les cuesta encontrar su relevancia. Esto sucede en nuestras escuelas, en nuestras universidades y sucede en las iglesias los domingos. Se me puede acusar de ser demasiado crítico, pero hasta que no estemos dispuestos a admitir que estamos fallando, nunca triunfaremos. Hasta que no estemos dispuestos a admitir que tenemos grandes problemas, no encaminaremos nuestro esfuerzo para encontrar grandes soluciones.

Los jóvenes viven deseosos de dar su vida por una causa que valga la pena. Puede que no estén conscientes de este deseo. Sin embargo, es lo que los mueve. A ellos no les interesa el camino fácil. Quieren explorar su gran potencial. Quieren ser entrenados para ser la-mejor-versión-de-si-mismos. En otras palabras, quieren conocer el Evangelio

Si predicamos el Evangelio, tendremos vocaciones. Si vivimos el Evangelio, nuestros seminarios estarán llenos de nuevo. Nada es más seguro.

Capítulo Veinte

LIDERAZGO

Las personas necesitan liderazgo y en ausencia de este, escucharán a cualquiera que se pare frente a un micrófono. Las personas quieren liderazgo pero cuando perciben que a sus líderes les falta valor y les sobra egoísmo, los rechazan y asumen el rol directamente. Saben que no están capacitados, pero prefieren arriesgarse bajo su propio liderazgo antes que bajo la guía de un falso líder.

Como católicos, esperamos con avidez encontrar lideres intrépidos. Hace cincuenta años, la gente apoyó y elevó a sitiales de liderazgo simplemente a aquellos que ostentaban posiciones de prominente autoridad. Hoy en día esto se acabó. Las personas ya no respetan a las autoridades en estos días. De hecho, las cuestionan, son escépticos de su autoridad, son incluso cínicas hacia ellas.

¿No te parece una gran crisis de liderazgo el hecho de que en los Estados Unidos no podamos tener una sola persona reconocida por los ciudadanos de costa a costa como líder católico? ¿Dónde está ese «alguien» que hable por nosotros? Es verdad que ocasionalmente un obispo o cardenal logra influenciar a la opinión pública en su diócesis y se convierte en un prominente líder católico en su área geográfica. También es cierto que algunos laicos católicos con altos cargos en el mundo de los negocios, el entretenimiento y la política, han logrado con éxito establecer una identidad católica de muchas formas pero no tenemos figuras nacionales, ni dentro del clero, ni tampoco en el laicado. ¿No te parece que esto constituye una crisis masiva de liderazgo? ¿Dónde está aquel líder católico que hable al mundo de hoy de forma audaz, valiente, brillante, lógica, articulada e inspiradora? ¿Dónde está aquel católico que se presente en el noticiero estelar y sus palabras retumben en todos los católicos y despierte la curiosidad de los no católicos? Todo esto ha sido evidente en medio de las recientes controversias que han rodeado a la Iglesia. ¿Por qué no somos capaces de presentar aunque fuera una sola figura católica de carácter nacional, que hable sobre los asuntos actuales de forma clara y articulada y que sea valiente, brillante e inspiradora?

Tal vez lo estamos haciendo mal. Es posible que todo el sistema de organización que nos sirvió en el pasado ahora nos esté haciendo daño. Tal vez el modelo de administración y estructura provincial—parroquia, diócesis y arquidiócesis, bajo la jurisdicción de Roma—esté perjudicándonos en momentos en que el mundo entero está convirtiéndose en una aldea global y sobre todo, si no somos capaces de apoyar y fortalecer a aquellos líderes talentosos que están listos para sobresalir, truncamos su camino haciendo su asenso casi imposible.

¿Por qué estamos tan poco dispuestos a levantar a estos líderes cuando están a punto de surgir? ¿Por qué los cohibimos? ¿Por qué los regionalizamos? ¿Por qué los perseguimos? ¿Tenemos miedo de que se hagan tan populares que no podamos controlarlos? Tenemos que tratar de identificar la razón, cualquiera que sea, porque a falta de este liderazgo tan necesario, la Iglesia tendrá que conformarse con sobrevivir. Debemos dirigir nuestra atención al asunto del liderazgo. Si en el siglo XXI la Iglesia Católica florece, será a causa y en razón de un liderazgo audaz e inspirador.

El hecho de que en los Estados Unidos no tengamos ni un solo portavoz reconocido a nivel nacional que hable sobre los diversos asuntos católicos de manera brillante, valiente, articulada e inspiradora debería encender las alarmas. Algo anda mal.

Probablemente sea verdad que ninguno de nosotros pueda hacer nada al respecto de esta situación particular, pero oremos para que el Señor haga surgir a esa gran voz de nuestro tiempo. ¿Dónde está nuestro San Francisco o nuestro San Ignacio? y cuando Dios levante esa gran voz, oremos para que juntos, la jerarquía y los laicos, reconozcan a esta persona y el papel que ha sido llamado a desempeñar.

• Paralizados por el miedo •

Hay un gran temor que se ha apoderado del liderazgo de la Iglesia Católica. No me refiero solo a los obispos y sacerdotes, sino al liderazgo laico. El miedo ha paralizado a todos nuestros líderes.

Los rápidos cambios en el mundo en los últimos setenta y cinco años han sorprendido a la Iglesia totalmente desprevenida. Entre la invención del arado y la del automóvil transcurrieron seiscientos años, mientras que solo sesenta años separaron la invención del automóvil y la era espacial. Fue fue precisamente en este período de rápido cambio donde el modelo de la iglesia fue desafiado por una cultura que reorientó completamente al corazón y a la mente humana.

Antes de este período de cambio rápido, muchos aceptaban con fe la autoridad, liderazgo y enseñanzas de la Iglesia, en la humildad de su falta de educación. Pero a mediados de los sesenta, hombres, mujeres y niños de los países occidentales modernos se habían comenzado a cuestionar absolutamente todo. Este cuestionamiento fue una gran oportunidad para que la gente profundizara, pero la Iglesia estaba desprevenida para operar ese gran cambio cultural.

Este acelerado cambio cultural puso a la Iglesia en desventaja. Su postura a la defensiva fue el comienzo del miedo que ha secuestrado a la Iglesia, que simplemente no fue capaz de adaptarse a los cambios con suficiente rapidez. No fuimos capaces de rediseñar y reorientar nuestras instituciones educativas con la misma rapidez para responder a las nuevas demandas del intelecto moderno. No fuimos capaces de re educar a nuestro clero de forma que pudiera responder a los criterios cambiantes de la mente moderna. Como resultado, nos vemos continuamente en desventaja, a la defensiva, luchando solo por sobrevivir.

Entumecidos por el miedo, en los últimos cincuenta años, demasiados líderes se han escondido tras la pasividad, poniendo como excusas a la discreción, la prudencia y el discernimiento. Hay una diferencia entre el miedo y la discreción, entre el miedo y la prudencia, entre el miedo y el discernimiento. El miedo no es una virtud.

La frase que con más frecuencia aparece en el Nuevo Testamento es «No tengáis miedo». La frase que con más frecuencia aparece en el Antiguo Testamento es «No tengáis miedo». Entre el Antiguo y el Nuevo Testamento, esta frase aparece más de mil veces. ¿No crees que Dios está tratando de trasmitirnos un mensaje?

• Valentía •

La emoción más dominante en nuestra sociedad moderna es el temor. Tenemos miedo—miedo a perder las cosas que nos ha costado tanto conseguir, miedo al rechazo y al fracaso, miedo a ciertas partes de la ciudad, miedo a cierta clase de personas, miedo a las críticas, a sufrir una decepción, al cambio, a decir a las personas cómo nos sentimos en realidad. Tenemos miedo a tantas cosas, incluso a ser nosotros mismos. Somos conscientes de algunos de estos temores, mientras que otros existen en nuestro subconsciente. Pero todos estos miedos dirigen las actividades y acciones de nuestra vida. El miedo tiene una tendencia a encarcelarnos. Una persona es incapaz de hacer de su vida algo increíble más por miedo que por falta de destreza, de contactos, de recursos, o de cualquier otra variable. El miedo paraliza al espíritu humano.

La valentía no es ausencia de temor, sino la habilidad adquirida de superar el temor. Cada día debemos sobreponernos a la jungla de dudas y cruzar el valle del miedo porque solo entonces podremos vivir en los sitios elevados; en las cima de las montañas de la valentía.

Tómate un momento para reflexionar las páginas de la historia—tu historia familiar, la historia de tu país, la historia de la humanidad—y escoge aquellas páginas de los hombres y mujeres que más admiras. ¿Dónde estarían ellos sin valentía? Nada valioso en la historia se logró sin valentía. La valentía es el padre de todo gran momento y movimiento de la historia.

Yo he sentido la fría sensación del temor en mi piel. He descubierto que la valentía es aprender a reconocer y dominar ese momento. Ese momento es un preludio, preludio al valor o preludio al miedo. Se puede alcanzar mucho en un momento de valor, pero también se puede perder mucho en un momento de temor.

Nadie nace siendo valiente. Es una virtud que se adquiere. Puedes aprender a montar bicicleta subiéndote a una bicicleta. Puedes aprender a bailar bailando. Puedes aprender a jugar fútbol entrando a la cancha y jugando fútbol. Se adquiere valentía practicándola. De igual manera que las otras cualidades del carácter cuando se practican, nuestra valentía se hace más fuerte, presta y accesible con cada día que pasa. Las virtudes son como los músculos—cuando los ejercitas se vuelven más fuertes.

Todo en la vida requiere de valor. Ya sea jugar o entrenar fútbol, caminar hacia una chica para salir con ella, renovar un amor que se ha enfriado, empezar un negocio, luchar contra una enfermedad mortal, contraer matrimonio, luchar para superar una adicción, o acercarse humildemente a Dios en oración. La vida requiere de valor.

El valor es esencial para la experiencia humana. Nos anima, nos da vida y hace posible todo lo demás; no obstante es la cualidad humana más difícil de encontrar.

La medida de tu vida será la medida de tu coraje.

• Liderazgo Valiente •

Lo que necesitamos es un liderazgo valiente. El famoso autor alemán Goethe escribió una vez, «sé valiente y poderosas fuerzas vendrán en tu auxilio». Esta es la valentía que la Iglesia necesita. Les prometo que donde sea y cuando sea que aparezca un líder con esta valentía, las personas lucharán por apoyar ese liderazgo. Responderán como personas sedientas a las que se les ofrece un vaso de agua fría. Será así para el párroco de la iglesia local como lo fue para Juan Pablo II a nivel internacional. La gente está sedienta de líderes. Están perdidos y solos, como ovejas sin pastor. Los hombres no siguen a títulos o autoridades, siguen a los valientes.

En el catolicismo hay valentía cuando se vive de verdad. El hombre está hambriento de verdad, pero tenemos temor a decirla. La verdad los hará libres, pero no tenemos el valor para proclamarla (cf. Juan 8:32).

En el capítulo anterior escribí, «Lo irónico es que la gran mayoría de jóvenes están buscando alguien que tenga el valor de mirarlos a los ojos y decirles la verdad. Sobre todo, quieren ser ellos mismos, pero no cualquier versión. Ellos anhelan profundamente ser la mejor-versión-de-sí-mismos. A veces son conscientes de ese anhelo y a veces no. Los jóvenes necesitan y requieren de una guía para descubrir y comprender sus más altos potenciales». Esto es verdad no solo para los jóvenes sino para todos.

¿De dónde proviene este valor que tan desesperadamente necesitamos? Tal vez la respuesta esté en la vida de nuestros ancestros espirituales, los santos. Ellos no fueron tímidos, quejumbrosos e impasibles, fueron valientes y audaces. ¿Por qué? Porque sabían cuál era su objetivo central. Siempre caminaban en dirección de la gran Estrella Polar espiritual. Crearon hábitos que los ayudaron a ser la-mejor-versión-de-sí mismos. Supieron que la felicidad era imposible separada de los caminos de Dios y se tomaron en serio la oportunidad de compartir la verdad y sabiduría del catolicismo con los demás. ¿De dónde sacaron todo esto?, de la oración. En todas sus formas, la oración nutrió sus vidas.

El consejo de Cervantes fue este: «Aquel que pierde riqueza pierde mucho; aquel que pierde amigos pierde aún más; pero aquel que pierde el valor lo pierde todo». Shakespeare escribió, «La virtud es valiente y la bondad nunca es temerosa».

Ser un líder católico es tener una posición de liderazgo espiritual; de ahí que la principal preocupación de un líder católico debe ser la dedicación a la vida espiritual. Nunca he conocido a un devoto cobarde. La virtud es audaz, la bondad no es temerosa y los líderes devotos son líderes valientes y el valor, como el resto de las virtudes es contagioso.

• Liderazgo Servicial •

Algunos piensan que Jesús es solo un buen tipo; otros, que es un profeta; algunos, que es un sabio y otros piensan que es Dios y Salvador. Jesús es universalmente admirado de una forma u otra. No obstante, pocos lo consideran un modelo de liderazgo para sus vidas.

Jesús engendró un método de liderazgo nunca antes visto. A través de la historia, los grandes reyes, reinas y emperadores han medido su grandeza, poder y fortaleza a través de sus riquezas y el número de sirvientes que tuvieron. Sin embargo, Jesús, el líder más grande de todos los tiempos, no vino a ser servido. Jesús vino para servir.

«Se levantó de la mesa, se despojó de su túnica y tomando una toalla se la ciñó. Luego, echó agua en un recipiente y se puso a lavar los pies de sus discípulos y a secárselos con la toalla que se había ceñido… Después que les había lavado los pies, tomó su túnica, volvió a la mesa y les dijo: "¿Comprendéis lo que he hecho con vosotros? Vosotros me llamáis 'el Maestro' y 'el Señor' y decís bien porque lo soy. Pues si yo, el Señor y el Maestro os he lavado los pies, vosotros también debéis lavaros los pies unos a otros. Porque os he dado ejemplo, para que también vosotros hagáis como yo he hecho con vosotros"» (Juan, 13, 4-15).

Incluso algunos de sus discípulos esperaban que usara su poder para gobernar en forma terrena, pero de nuevo los métodos de liderazgo de Jesús eran muy distintos de todo aquello que habían visto antes. Durante miles de años reyes, reinas y emperadores habían enviado a otros para que muriesen por ellos. Jesús fue el único líder que escogió morir por su pueblo.

El verdadero método de liderazgo de Jesús se basaba en voltear de arriba abajo la jerarquía. El modelo de liderazgo que el mismo Cristo nos dejó fue uno de servicio y sacrificio.

Si utilizas tu poder para que las personas hagan cosas que no quieren, no eres un líder; solo otro dictador o tirano, pero si puedes inspirar a las personas para que hagan cosas difíciles pero buenas para ellos y su comunidad, entonces eres un líder.

Los líderes más efectivos son los líderes auténticos. En el Capítulo Uno, discutimos cómo en nuestro propio tiempo existen líderes parados en los cruces de caminos, pidiéndonos que tomemos vías que ellos jamás han transitado. Pero necesitamos líderes auténticos, hombres y mujeres dispuestos a guiar a la humanidad por el buen camino, mediante el ejemplo de sus propias vidas. Los líderes auténticos guían con el ejemplo.

Las leyes del liderazgo auténtico parecen haber sido probadas a lo largo de la historia de la humanidad ya sea en los negocios, en las batallas, en los deportes o en la iglesia. Pienso que encontramos un extracto razonable en la siguiente cita anónima:

«Les digo que los líderes nunca serán más o menos que lo que sus soldados piensan de ellos. Este es el verdadero reporte de eficiencia. Puedes esperar encontrar un valor igual a tu valor, agallas iguales a tus agallas, resistencia igual tu resistencia, motivación igual a tu motivación, espíritu igual a tu espíritu, un deseo de alcanzar lo mismo que tu has alcanzado. Puedes esperar un amor por Dios, por el país y por el deber iguales a los tuyos. No les importará el calor si sudas junto a ellos y no les importará el frío si tiemblas a su lado.

Verás, no es que tú aceptas tu tropa; ellos estuvieron ahí primero. Ellos te aceptan a ti y cuando lo hagan lo sabrás. No repicarán los tambores, ni ondearán las banderas, ni te llevarán en sus hombros, pero tú lo sabrás. Verás, tus órdenes te llevarán a comandar. Ni órdenes, ni cartas, ni insignias de rango te apuntarán como líder. El liderazgo es un asunto intangible. El liderazgo se desarrolla en tu interior; y te harás más fuerte al caminar».

Estamos llamados a ser líderes en un momento dado. Algunos como madres y padres, otros como presidentes ejecutivos y otros como sacerdotes y obispos. Cualquier forma de liderazgo que estemos llamados a ejercer, hagámoslo con una cosa en mente: la gente no fracasa porque quiere. La gente fracasa porque no sabe cómo triunfar.

Capítulo Veintiuno

DE VUELTA A LA VIRTUD

Hace ochocientos años, un joven italiano que buscaba sentido a su vida entró en una vieja iglesia en ruinas y escuchó la voz de Dios que le decía «Reconstruye mi Iglesia, ¿no ves que está en ruinas?» Si escucháramos con atención, escucharíamos la misma voz diciendo lo mismo en nuestro interior en este mismo instante.

La primera respuesta de San Francisco fue reparar y reconstruir varias iglesias en Asís y sus alrededores, pero la voz seguía diciéndole: «Francisco, reconstruye mi iglesia, ¿no ves que está en ruinas?»

Durante los últimos veinticinco años, hemos gastado enormes cantidades de dinero, energías y tiempo construyendo y restaurando las instalaciones físicas de nuestras iglesias. Pero la voz de Dios continúa hablándonos. Una vez más, Dios nos está diciendo, «reconstruye mi iglesia» y la reconstrucción que se requiere es de naturaleza espiritual.

La única forma para que nuestra vida pueda crecer genuinamente es adquiriendo virtud. De igual forma es imposible para una sociedad crecer genuinamente si sus miembros no crecen en virtud. La renovación que la Iglesia necesita tan desesperadamente es una renovación de virtud. Es nuestra relación con Cristo lo que nos da la fuerza, la gracia y la sabiduría para crecer en virtud. ¿Qué es virtud? «Es una disposición habitual y firme para hacer el bien» (Catecismo de la Iglesia Católica CIC can. 1883).

La gran falacia de la vida de moral tibia es creer que nuestra única responsabilidad es eliminar el vicio de nuestra vida, pues el vicio entrará en nosotros disfrazado de cientos de hábitos egoístas y autodestructivos, si no mostramos un sincero esfuerzo por crecer en virtud y una apertura a la voluntad de Dios.

Nadie nació siendo una persona de virtud. Los buenos hábitos no se infunden. La virtud debe ser buscada y puede ser adquirida solo mediante la práctica constante. Solo montando bicicleta se puede aprender a montar bicicleta. Solo puedes aprender a jugar béisbol si juegas béisbol. Solo podrás aprender a ser paciente si practicas la paciencia y solo te podrás convertir en una persona de virtud, si practicas la virtud.

Durante miles de años, los políticos, filósofos y sacerdotes han discutido sobre la mejor forma de organizar a la sociedad. Muchos conceptos organizativos incluyendo tareas, obligaciones, leyes, fuerza, obediencia, tiranía y codicia, han sido empleados por incontables sociedades y organizaciones. En los Estados Unidos, en los momentos actuales usamos el principio organizativo de la ley, que es apoyada por nuestra Constitución, la Carta de Derechos y el capitalismo. ¿Pero cuál es el principio organizativo máximo? La virtud, porque dos personas de virtud siempre tendrán una mejor relación que dos personas sin virtud. Dos personas pacientes siempre tendrán una mejor relación que dos personas impacientes. Dos personas amables y generosas siempre tendrán una mejor relación que dos orgullosos. No a veces, sino siempre y el mundo es solo una extensión de nuestras relaciones. Si tanto tú como yo estamos luchando por vivir vidas de virtud, nuestras relaciones florecerán. Pero cuando dejamos de buscar la virtud, nuestra relación se desintegra. De igual forma, dos países humildes tendrán una mejor relación que dos naciones poderosas. La virtud lleva a lograr una sociedad con mejores personas, mejor vivir, mejores relaciones y un mejor mundo. Si en el siglo XXI, la humanidad debe florecer lo hará porque nos dimos cuenta de una vez por todas que el concepto organizativo de una gran civilización es en realidad la virtud.

Es incuestionable la conexión que existe entre la virtud y la realización de un individuo. Vivir una vida de virtud es ir más allá del caos y la angustia que producen agonía al corazón del hombre, asumiendo una vida de coherencia. De igual forma, la relación entre la virtud de los miembros de una comunidad y la realización de esa comunidad ha sido una constante a lo largo de la historia.

Nunca he conocido a un ladrón o a un mentiroso genuinamente feliz o realizado. Si deseamos satisfacer nuestro deseo de felicidad, es esencial que volvamos nuestra atención a la búsqueda de la virtud.

En mi cumpleaños número dieciocho, mis padres me obsequiaron una tarjeta con el poema de Rudyard Kipling, «Si», impreso en el frente. Durante años guardé la tarjeta en el cajón superior de mi mesa de noche. Con frecuencia, durante las noches, mientras estaba acostado aún despierto pensando en algún asunto de mi vida, volvía a leer estas palabras. El poema contiene una maravillosa lista de virtudes. La lista de Kipling no es de ningún modo exhaustiva, sino más bien llena de sugerencias prácticas y profundas y ciertamente proporciona un estimulante punto de partida.

> Si logras conservar intacta tu firmeza,
> Cuando todos vacilan y tachan tu entereza.
> Si a pesar de esas dudas mantienes tus creencias,
> Sin que te debiliten extrañas sugerencias.
> Si puedes resistir inmune a la fatiga,
> Y fiel a tu verdad, reacio a la mentira,
> El odio de los otros te deja indiferente,
> Sin creerte por ello muy sabio o muy valiente.
>
> Si sueñas, sin por ello rendirte ante el ensueño.
> Si piensas, mas de tu pensamiento sigues dueño.
> Si triunfos o desastres no menguan tus ardores,
> Y por igual los tratas, como a dos impostores.
> Si soportas oír tu verdad deformada,
> Para trampa de necios por malvados usada,
> O mirar hecho trizas, de tu vida, el ideal,
> Y con gastados útiles recomenzar igual.
>
> Si el total de victorias conquistadas,
> Arriesgar puedes en audaz jugada,
> Y aun perdiendo, sin quejas ni tristeza,

Con bríos renovados reinicias tú la empresa;
Y extraes energías, cansado y vacilante,
De heroica voluntad que te ordena: ¡Adelante!

Si a la gente te acercas sin perder tus virtudes,
O con reyes alternas, sin cambiar de actitudes.
Si no logran turbarte ni amigos ni enemigos,
Pero en justa medida, contar pueden contigo.
Si alcanzas a llenar el minuto sereno,
Con sesenta segundos de un esfuerzo supremo.
Lo que existe en el mundo en tus manos tendrás,
Y además, hijo mío, un Hombre tu serás

La Iglesia siempre ha proclamado que las siete virtudes fundamentales son la piedra angular de la moral. Esta base está hecha de las virtudes teologales (Fe, Esperanza y Amor) y las cuatro virtudes cardinales (Prudencia, Justicia, Templanza y Fortaleza). Las virtudes teologales nos liberan del egocentrismo y nos protegen del mayor vicio—el orgullo—y nos disponen a vivir una vida en relación con Dios. Las virtudes cardinales, que a veces se las llama «virtudes humanas», nos permiten adquirir el auto control necesario para ser libres y capaces de amar. Estas virtudes nos permiten hacer esto al ordenar nuestras pasiones y guiar nuestra conducta a la luz de la razón y la fe (CIC can. 1834).

La única forma en que nuestra vida mejore genuinamente es mediante la búsqueda de la virtud. Crecer en virtud es crecer como persona. Las virtudes son las herramientas que Dios utiliza para construir las-mejores-versiones-de-nosotros-mismos.

• El Mundo Necesita a la Iglesia •

Como dije antes, pareciera que el único prejuicio aceptable en el actual clima hipersensible y políticamente correcto, es el anti catolicismo. Este prejuicio está creciendo mientras es alimentado sutilmente—y no tan sutilmente—por las artes y los medios y promovidos por el debilitamiento del catolicismo causado por las filosofías prevalecientes.

Se ha proclamado a la tolerancia como la máxima virtud secular y sin embargo, aquellos que defienden la tolerancia son completamente intolerantes de las cosas católicas y cristianas, así como de cualquier código moral de conducta.

En medio de este descaradamente obvio clima anti católico que ha creado nuestra cultura, es fácil pasar por alto algunas realidades fundamentales y prácticas. El mundo necesita a la Iglesia hoy más que nunca y esta tendencia no muestra signos de decrecer. En el esquema moderno en el que el hombre se está volviendo más absorto en sí mismo y completamente centrado en el cumplimiento de sus propios deseos egoístas, la Iglesia será necesaria más y más.

La Iglesia Católica alimenta, viste, acoge y educa a más personas que cualquier otra organización en el mundo y cuando la opinión pública y la cultura secular modernas hayan terminado de ocasionar el mayor daño posible a la Iglesia yo les pregunto, ¿quién tomará nuestro lugar? ¿Quién alimentará a los hambrientos? ¿Quién vestirá a los desnudos? ¿Quién visitará a los solitarios y encarcelados? ¿Quién acogerá a los que no tienen techo? ¿Quién atenderá a los moribundos? ¿Quién educará a las masas?

El mundo necesita de la Iglesia. Incluso los políticos más cínicos y con el corazón más duro sin otro objetivo más que su propio bienestar reconocen esta realidad con sorprendente claridad. Aunque solo sea por motivos económicos, los políticos saben que no serían capaces de recoger los escombros que queden si la Iglesia desapareciera de sus comunidades.

La Iglesia puede estar profundamente desacreditada y ferozmente perseguida, pero debemos perseverar. Después de todo, siempre ha sido así. Jesús no prometió que sería fácil. Él prometió que seríamos ridiculizados, perseguidos y humillados como él mismo, pero que aun así experimentaríamos júbilo y plenitud de vida.

Debemos tratar de recordar que cuando Jesús estuvo en la cruz no volteó hacia el que estaba a su lado diciendo, «Cometiste tu crimen, ahora paga el precio». Por el contrario, le ofreció una mejor vida. Esa es la responsabilidad que recae sobre nuestros hombros como sus seguidores.

Una parte de nuestra misión actual como Iglesia es ofrecer a la gente una mejor vida. La palabra clave de todo esto es ofrecer. La Iglesia no fuerza a nadie a hacer cosas, más bien se acerca amorosamente y propone a sus amados (tú y yo). La Iglesia propone ciertas líneas de acción para ciertas situaciones, tal como un médico receta una medicina. Pero tu médico no te fuerza a comprar los medicamentos. Tampoco te fuerza a tomarlos. Somos libres para elegir. La Iglesia nos propone cierta línea de acción. Cada uno, como los amados a los que se les propone, puede aceptar o rechazar la propuesta. Pero cualquiera que sea nuestra decisión, tendremos que vivir con ella para siempre.

• Algo Maravilloso Está Por Suceder •

He querido escribir este libro por largo tiempo; aun así, desearía haber tenido unos cincuenta años más para prepararlo. En este libro no he tratado de contestar todas las preguntas que rodean al catolicismo. Tampoco he tratado de cubrir todos los asuntos controversiales. Este libro no es un trabajo teológico, estrictamente hablando, ni tampoco es un libro que promete gran virtud con seductora facilidad. Son solamente reflexiones de mis experiencias como católico y sobre el catolicismo en nuestros días. Simplemente he tratado de compartir aquello que he presenciado, aprendido, descubierto y experimentado sobre el catolicismo en lo que va de mi corta vida. Al hacerlo, he intentado demostrar que el catolicismo es un sistema de aprendizaje increíble, un estilo de vida y una odisea espiritual que Dios Padre nos invita a vivir a través de la Iglesia Católica. La aventura de proporciones épicas comienza cuando aceptamos esa invitación. Esta aventura no dejará ni un rincón de nuestra vida igual que antes.

El problema con los libros es que nunca se terminan en realidad; solo se abandonan. Puedes pasarte escribiendo y re-escribiendo el mismo libro durante toda tu vida y nunca sentirte completamente satisfecho con él.

Al volver a leer estas páginas, encuentro que hay tanto que quisiera compartir con ustedes. Estas letras parecen tan inadecuadas e insuficientes comparadas con el cariño que siento por el catolicismo. Espero que las palabras de estas páginas sean una celebración de fe, una celebración de todo lo que es y todo lo que puede ser el catolicismo. Espero que al leerlas y aplicarlas, en retribución hagamos de nuestras vidas una celebración del catolicismo. Más que todo espero que estas palabras les hayan llenado de esperanza y hayan renovado su entusiasmo por la vida espiritual.

En mi escritorio tengo pegado un papelito adhesivo con una nota que dice simplemente, « ¡Algo maravilloso está por suceder!» Ha estado ahí por mucho tiempo. He pensado imprimir estas palabras en caligrafía y hacerlas enmarcar, pero hay algo muy poderoso en ese sencillo papel.

Pienso que algo maravilloso está por suceder, en mi vida, en la tuya y en la vida de la Iglesia y ruego a Dios que estemos absolutamente disponibles para que Dios nos utilice como instrumentos para lograrlo. Verás, Dios no utiliza necesariamente a los más talentosos, tampoco a las personas que ostentan posiciones de poder y autoridad y ciertamente tampoco a los mejor educados. Con mucha frecuencia la educación, el poder, la autoridad y el talento pueden convertirse en vanidosos impedimentos que no nos dejan hacer la obra de Dios. ¿Qué tipo de personas utiliza Dios de formas poderosas? ¿A quiénes ha usado Dios a través de la historia para hacer sus obras en el mundo? A aquellos que han mostrado su disponibilidad.

Dios utiliza a aquellos que se muestran disponibles. ¿Cuán disponible estás dispuesto a mostrarte hacia Dios?

Es cierto que la Iglesia se encuentra en medio de un momento difícil de su historia. Los dilemas a los que nos enfrentamos como iglesia son causa de profunda tristeza para todos los que la amamos. En la mitología, se ha creído durante miles de años que el momento más oscuro es justo antes del amanecer y que los grandes héroes de los nuevos tiempos nacen en la hora de mayor oscuridad. La oscuridad que está viviendo la Iglesia en este momento no durará. Hay una luz al final de ella.

A veces, algunas personas me preguntan qué me impide caer en la desesperación. Dos cosas, les contesto. Primero, yo sé que la renovación que tan desesperadamente necesita la Iglesia no es solo mi responsabilidad; y segundo, la esperanza. ¿De dónde proviene la esperanza? ¿Qué la alimenta? Proviene de Dios y de mi prójimo. Mi esperanza proviene de Dios, que me ama y de mi prójimo, que me ama.

En un mundo lleno de cinismo, las virtudes teologales—fe, esperanza y amor—muchas veces son ridiculizadas y rechazadas como tontas e ingenuas. Algunos dicen que la esperanza solo nos prepara para la decepción y por ello, es algo malo.

La esperanza es algo bueno, tal vez lo más bueno de todas las cosas. La esperanza no es algo que puedas comprar, pero te puede ser otorgada si la pides. La verdad es la única cosa sin la cual no puede vivir el hombre. La esperanza encierra una gran belleza.

Tengo esperanza . . .

Tengo la esperanza de poder vivir a la altura de los talentos y dones que Dios me ha dado. Tengo la esperanza de tener la valentía para ser un verdadero amigo, un buen padre y un esposo amoroso. Tengo la esperanza de nunca dejar de luchar por convertirme en la-mejor-versión-de-mi-mismo. Tengo la esperanza de seguir tomándome un momento para escuchar la voz de Dios cada día. Tengo la esperanza de ser lo suficientemente valiente para seguir a donde su voz me indique. Tengo la esperanza de juntos poder construir un mundo en donde nuestros niños puedan crecer libres y fuertes.

Tengo la esperanza... y esto ya es algo maravilloso. Acompáñame en esta esperanza y juntos despertaremos a todos los hombres para que descubran el increíble sueño que Dios tiene para ellos y para el mundo.

SOBRE EL AUTOR

Matthew Kelly ha dedicado su vida a ayudar a que las personas y organizaciones se conviertan en la-mejor-versión-de-sí-mismas. Nacido en Sydney, Australia, empezó a escribir y dar conferencias al final de su adolescencia mientras asistía a la escuela de negocios. Desde entonces, más de cuatro millones de personas han asistido a sus seminarios y presentaciones en más de cincuenta países.

Hoy, es un conferencista aclamado internacionalmente, autor de best sellers y consultor de negocios. Sus libros han sido publicados en veinticinco idiomas, ha aparecido en las listas de libros más vendidos del New York Times, Wall Street Journal y USA Today y ha vendido más de tres millones de ejemplares.

Matthew es también conocido como uno de los conferencistas y autores católicos más apasionados de nuestra época. Criado como católico, Kelly descubrió lo que él llama 'la grandeza del catolicismo' durante su adolescencia y ha ocupado las dos últimas décadas inspirando a millones de hombres, mujeres y niños para que exploren la fe de una forma fresca. Fundó *The Dynamic Catholic Institute* para investigar el por qué los católicos se comprometen o se alejan y determinar qué se necesita para establecer comunidades católicas palpitantes en el siglo XXI.

El mensaje central de Matthew Kelly resuena en personas de todas las edades y estilos de vida. Ya sea que esté hablando en un foro empresarial, en una secundaria, o en una iglesia, él invita a su audiencia a ser la-mejor-versión-de-sí-mismos.

Sus intereses personales incluyen el golf, el piano, la literatura, la espiritualidad, las inversiones, compartir tiempo con su esposa Maggie y su hijo Walter y hacer la diferencia en el mundo.

Para más información, visite:
www.mattewkelly.com
www.DynamicCatholic.com
www.TheBestVersionofYourself.com
www.FloydConsulting.com

Why are some Catholics *highly* engaged?

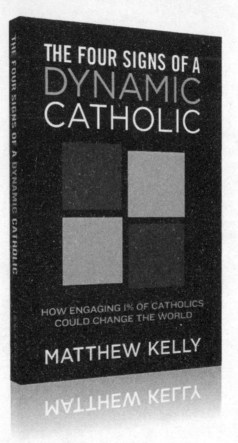